시의 격려

시의 격려

나를 고요케 하는 중국 최고 명시 읽기

모리펑 지음 · 오수현 옮김

위즈덤하우스

●

시를 읽는다는 것,
나를 지켜낸다는 것

선조들의 사유세계는 전반적으로 시적인 지혜를 담고 있기에 경서經
書, 사서史書, 제자諸子, 시문집詩文集 등 각종 서적에 남아 있는 그들의
시적 삶과 자취는 모두 독서 범위에 들어가야만 한다.[1)]
그러나 그중에서도 가장 중요한 독서 대상은 단연코 《시경》과 《초사楚
辭》로부터 시작되는 중국 고시古詩다. 특히 고시는 선조들의 내면을 진
실하게 그려낸 기록이자 삶을 대하는 태도가 잘 드러난 문장이다. 섭
섭葉燮이 《원시》에서 말한 다음의 글이 이를 잘 설명한다.

 "시는 마음의 소리다. 그래서 시에는 진짜 속마음을 위반한 말이 나올
 수 없고 또 나와서도 안 된다. 공명을 추구하는 선비에게서 산수를 노
 래하는 담박함이란 나올 수 없고, 경박한 사람에게서 고상한 언어를 기

대할 수 없는 것과 같은 이치다. 이런 까닭에 도연명陶淵明에게선 소박한 언어가, 이백李白에게선 탈속의 시구가, 두보에게선 가난한 선비들을 위해 만 칸의 너른 집을 세우려는 바람이, 소식蘇軾에게선 '사해 안은 모두 형제'라는 말이 나올 수 있었던 것이다. 이러한 일은 모두 마음의 소리에 반응한 결과다. 마음이 해와 달을 흠모하면 그의 시에는 해와 달의 빛이 비치고, 그 빛이 머무는 곳에서 해와 달을 감상할 수 있게 된다. 이 때문에 모든 시는 사람으로부터 뜻이 묻어나고, 사람도 시로 말미암아 마음속에 품은 뜻을 드러내게 된다."

이처럼 시를 읽는다는 것은 사람을 읽는 것이나 다름없다. 장편, 단편의 다양한 시를 읽다 보면 선조들의 미소 띤 얼굴과 목소리가 눈에 선히 보이는 것만 같다. 그러니 선조들의 마음을 이해할 수 있는 최상의 방법은 바로 시를 읽는 것이라고 하겠다. 그런데 일부 사람들은 '그렇다면 고시 중에는 허구의 상상이나 과장된 요소가 전혀 없나?'라는 의문을 품기도 할 것이다. 당연히 있다. 금나라의 원호문元好問은 진나라 시인 반악潘岳을 비판하면서 《논시論詩》에 다음과 같은 글을 남겼다.

> 마음의 그림 '글'과 마음의 소리 '말'은 늘 진실함을 잃나니 心畵心聲總失眞
> 문장만 보고 어찌 그 사람됨을 알아보겠는가? 文章寧復見爲人
> 천고에 길이 빛날 '한거부'를 지은 반악만 해도 高情千古閒居賦
> 누가 믿으랴, 그가 가밀의 수레 아래 엎드렸던 이라는 걸. 爭信安仁拜路塵

반악은 권세와 명리를 향한 욕심이 있었는지 권신 가밀賈謐이 외출할 때마다 수레가 일으키는 먼지를 바라보며 절을 했다고 한다. 그런데도 그는 《한거부閒居賦》라는 작품에서 스스로 일컬어 "안분지족하며 부귀를 뜬구름처럼 여긴다"고 표현했으니, 이러한 작품이 어찌 사람들에게 신뢰를 얻을 수 있겠는가. 반악과 같은 시인들은 고전 시 역사에서 드물지 않게 볼 수 있는데 당나라의 심전기沈佺期와 송지문宋之問, 송나라의 손적孫覿과 방회方回, 명나라의 엄숭嚴嵩과 완대성阮大鋮이 모두 비슷한 예다. 고대 선조들은 '말을 할 때는 잘 다듬어서 진실함이 묻어나도록 해야 한다', '교묘하게 꾸며낸 말은 덕을 어지럽힌다'는 원칙에 따라 작품을 썼다. 그러니 하물며 '말의 뜻'을 가장 우선시하는 시 창작에서야 오죽하겠는가?

청나라 심덕잠沈德潛은 "높은 이상을 품고 학문적 깊이가 있어야만 진실한 시가 나올 수 있다"라고 말했고, 설설薛雪 또한 "포부를 지닌 사람은 인품도 탁월하다. 인품이 훌륭하면 말 한마디를 나누거나 글 한 줄을 써도 범속한 사람과 다른 무언가가 있다"라고 했다. 이 책에서도 품은 뜻과 도량이 큰 시인의 시를 당신에게 추천하고자 한다. 뜻이 크고 도량이 넓은 시인의 작품은 필연적으로 진실하다. 시에 담긴 그들의 숨소리를 충분히 느껴보자.

중국 시 역사의 뿌리와 원형은 《시경》이다. 《시경》은 고대 선조의 삶의 모습과 인생관을 생동감 있게 표현해내고 있어서 시대를 막론하고 영원토록 감상할 만한 가치를 지닌 문학 작품이다. 그러나 노효여勞孝輿가 《춘추시화春秋詩話》에서 "당시에는 시만 있었지 시인은 없었다"라고 말한 것처럼, 《시경》 속 작품은 기본적으로 무명작가의 손에서 탄생한 것들이다. 그러므로 시를 감상하면서 시인의 삶까지 느끼고 공유할 방법은 없다. 다만 시구를 따라가며 이름 모를 무명 시인의 삶에 함께 아파하고 눈물 흘릴 뿐이다.

《시경》이후 다양한 명시와 탁월한 시인들이 탄생했다. 그렇다면 이렇게 많은 시인과 시 중에서 어느 것을 선별하여 소개해야 하는가? 나는 여기에 대해 한 가지 원칙을 세웠다. 즉, '삶을 대하는 태도'와 '작품 자체의 가치'다. 이 두 가지 측면에서 사람들에게 막대한 영향을 끼친 시인만을 가려낸다는 원칙이다. 이 기준으로 선별하여 이 책에서 소개하고자 하는 시인은 이백, 도연명, 두보, 굴원, 신기질, 소식이다.

이백은 어느 한곳에 얽매이지 않는 자유로운 영혼으로 호사豪士, 즉 호기롭고 재주와 능력이 뛰어난 사람이라 일컬어졌다. 천성적으로 솔직하고 진실할 뿐 아니라 정형화된 틀에 구속당하는 성격이 아니었다. 그래서 낭만적이고 낙관적이며 호탕하고 적극적인 시 정신을 자신의 시에 잘 구현해낼 수 있었다. 당나라의 문학사를 초당初唐, 성당盛唐, 중당中唐, 만당晚唐의 네 시기로 구분하는데 가장 융성한 때였던 성당 시기를 구가한 인물이다. 이백은 자유분방하고 독립적이어서 어떤 권위나 특정인도 맹종하지 않았기에 평생 자유롭고 독립적인 사상을 유지할 수 있었다. 그래서 그의 시는 열정적이고 호방하기가 도도하게 흘러가는 황하 물결과도 같다. 곳곳에 표현된 탈속의 경지, 천지 만물을 소재로 삼는 그의 폭넓은 관찰력은 읽는 이로 하여금 경이로움조차 느끼게 한다. 이백은 시를 짓는 데 그치지 않고 직접 행동함으로써 인격의 존엄성을 지키고 삶을 바라보는 가치관과 정신을 고양시켰다는 점에서도 의미가 있는 인물이다. 그의 시는 우리로 하여금 속됨을 거부하고 숭고함을 추구하게 할 뿐 아니라 구속 없는 자유를 얻게 한다.

도연명은 시 세계에서 가장 유명한 은둔 지사다. 진에서 송으로 넘어가는 과도기의 혼란 속에서 일생을 평범하게 살다가 말단 관직마

저 내려놓고 고향으로 내려가 마지막까지 은둔 생활을 했던 이다. 그의 작품은 소박하고 담담할 뿐, 장대하거나 화려하지 않아서 당시 문단에서는 크게 주목받지 못했다. 그렇지만 사후에 도리어 명성이 갈수록 높아지더니 지금은 누구와도 비견할 수 없는 위대한 문인으로 자리매김했다. 그 비결은 무엇일까? 남에게 뒤질세라 저마다 부와 권력의 뒤꽁무니를 좇으며 사회 전체가 위선과 어수선함으로 몸살을 앓을 때, 도연명은 진실하고 정직하며 곧은 기개로 군계일학의 빛을 발했다. 안빈낙도하는 고결한 인격의 전형을 보여주고 실제로 행동함으로써, '평범한 삶'의 의미가 무엇인지 전 생애를 통해 알려주었다. 그는 공훈과 업적 쌓기와 무관한 평범한 삶만으로도 범속함을 뛰어넘는 성인의 경지에 이를 수 있고, 소박하고 가난한 삶에서도 짙은 시적 감성이 묻어날 수 있다는 사실을 삶을 통해 증명해냈다.

두보는 중국 시 역사에서 가장 전형적인 유사儒士, 즉 유학적 소양이 깊은 선비라고 할 수 있다. 그는 유가의 인의仁義정치와 애민정신을 품고 백성을 껴안는 것을 자기에게 주어진 소임으로 여겼다. 두보는 당나라 제국의 기운이 쇠잔해지는 전환기를 살면서 안녹산安祿山과 사사명史思明이 일으킨 '안사의 난' 전후 어수선한 시기를 온몸으로 겪어냈다. 시대의 질풍과 노도를 온몸으로 받아내던 그에게 주체할 수 없는 거대한 감정의 파란이 일었고, 이내 붓을 들어 전란으로 피폐해진 참상을 시대라는 화폭에 그려냄으로써 나라와 백성의 안위를 걱정하는 울적한 마음을 표현했다. 이 같은 탈속의 인격과 가히 최고 수준이라 할 만한 시적 성과로 그는 중국 시 역사에서 유일하게 시성詩聖으로 칭송받는 인물이 되었다. 두보와 그의 사람됨이 우리에게 주는 가장 큰 의의는 이것이다. 관직도 없이 평생 빈한한 삶을 살았지만, 그 가운데서도 끊임없이 위대한 시를 내놓는 노력 끝에 중국 문화사에서 마침내 '성현'이라고 불리는 영광을 얻었다는 점이다. 유가에서 "사람은 누구나 노력하면 요순堯舜과 같은 성인이 될 수 있다"라고 한 말이 바로 두보의 삶을 통해 현실화된 셈이다. 앞으로도 영원히 두보는 후대 사람들에게 인격의 고아함을 만들고 그 범주를 확장하는 데 도움을 줄 정신적 지도자가 될 것이다.

굴원은 시의 세계에서 유일무이한 열사烈士, 즉 조국이나 어떤 뜻을 위해 장렬히 싸운 사람이자 중국 역사에서 가장 먼저 등장한 대시인이다. 그의 작품은《시경》과 어깨를 나란히 할 만큼 중국 시 역사를 떠받치는 두 기둥 중 하나로 인정받았다. 그가 품은 우아하고 숭고한 인격을 비롯해서 죽음조차 아끼지 않았던 애국의 정신은 역사 속에 살아 숨 쉬며 지금까지도 우리 마음에 각인되어 있다. 초나라와 진나라 간 패권 다툼 속 저마다 자신의 안위를 위해 최종 승자 앞 줄서기에 한창일 때, 굴원은 조국에 대한 충성심 하나로 결국 먹라수汨羅水에 몸을 던지는 순국의 길을 택했다. 그는 고결한 정치 품격으로 소인배들을 초월했고 고결한 삶을 선택함으로써 속세를 떠났다. 비록 투신이라는 극단적인 방법으로 육체의 삶을 끝내긴 했지만, 그의 정신만큼은 영원히 살아남아 지금도 우리와 함께 숨 쉬고 있다.

신기질은 시 역사에서 보기 드물게 용맹한 호걸이다. 지략과 용맹을 두루 갖춘 명장으로 청년 시절 전장을 누비며 수많은 전적을 올렸다. 그는 본래 금나라에서 나고 자랐지만 남송에 귀순했다. 그런 뒤 금나라에 항거하기 위한 전면적인 방책을 조정에 올렸는데 그의 원대한 계략은 감히 따라올 자가 없을 만큼 대단했다. 그러나 안타깝게도 집권 세력은 단기적인 안일함을 우선시한 데다 금나라에서 귀순한 그를 온전히 신뢰하지 못했다. 그런 탓에 신기질의 방책은 받아들여지지 않았고, 결국 그는 뜻을 이루지 못한 채 세상을 떠나고 만다. 신기질의 사詞에는 나라를 위해 목숨을 아끼지 않는 열사의 장렬한 심정과 적을 삼킬 듯한 영웅의 기개가 잘 묻어나 있다. 그는 무인 출신 시인으로서 호걸의 기운을 시와 사의 영역에 접목해 시단에 호방파라는 새로운 유파를 만들어냈다. 그의 사를 여러 번 읽다 보면 곳곳에 녹아내린 절절한 애국의 심정과 무예를 향한 사랑을 느낄 수 있다. 이처럼 바르고 의로운 가치에 몸을 아끼지 않는 신기질의 열정만 가질 수 있다면, 누구라도 인생의 중요한 길목마다 정신적인 승리를 거머쥘 수 있을 것이다.

소식은 시 역사에서 명실상부 가장 대표적인 거사居士라 할 수 있다. 즉 숨어 살며 벼슬을 하지 않는, 신심이 청정한 선비다. 그는 유가에서 이르기를 개인적 노력으로 세상의 모순을 개선해나간다는 숙세淑世정신에 깊이 영향을 받았다. 조정에 관료로 있을 때는 위엄과 기품이 있었고, 지방 관료로 발령받아서는 탁월한 정치적 성과도 올렸다. 한편 그는 도가와 선종의 탈속적인 자유정신을 받아들여 멋스러우면서도 여유로운 삶의 태도를 갖게 되었다. 세 차례에 걸친 유배 끝에 머나먼 해남도海南島로 가기까지 평생 수많은 고난을 겪었지만, 강하고 대범한 인생관을 무기 삼아 고난을 초월하는 반전의 삶을 살았다. 또한 나라와 백성을 향한 사랑과 넓은 도량으로 삶을 품었고, 다름을 인정하는 심미적인 성정으로 인생에 감응할 줄 알았다. 그래서 그의 시는 내용이 풍성하고 정취가 남달라서, 시련 속에서도 시적인 삶을 가능케 하는 인생의 방향타라고 할 만하다.

여기까지 말한 여섯 명의 시인은 각자 처한 삶의 환경과 인생 역정이 달랐지만 시 영역에서 하나같이 최고의 경지에 이르렀다. 그 과정에서 이들은 특유의 원대하고 심원한 의지로 각자 처한 고난을 뛰어넘었고, 그러했기에 그들의 시에는 풍성한 정신적 힘이 녹아 있다. 공자는 "시는 흥興을 가능하게 한다"라고 했는데 주희朱熹는 이를 두고 "흥이란 감정과 뜻을 불러일으킨다"라고 해석했다. 여기서 말한 '흥'이 무엇인지, 왕부지王夫之가《사해俟解》에서 풀어놓은 내용을 살펴보자.

> "소위 '흥'이라는 것은 천성적으로 갖게 되는 호연지기다. 남들이 그렇다고 하면 그런 것이고 남들이 아니라고 하면 아니라 하는 사람 또는 종일 자신의 지위 걱정, 전답 걱정, 처자 걱정에 쌀가마니나 세어보는 사람은 매일 호연지기가 감퇴하게 마련이다. 그래서 하늘을 봐도 그 높이를 알지 못하고 땅을 보아도 그 깊이를 알지 못하며, 비록 깨어 있으나 여전히 꿈을 꾸는 듯하고 보고 있으나 맹인인 듯하며, 사지가 움직이나 마음은 이미 딱딱하게 굳어버린다. 이는 다 '흥'이 없는 연고다. 성인은 시를 통해 마음을 깨끗하게 함으로써 무뎌진 호연지기를 불러일으키는데, 이처럼 먼저 호걸이 된 뒤 성현을 지향한다. 이것이 바로 혼란한 세상에서 도를 회복하는 좋은 방법이다."

왕부지의 말처럼 내가 선별한 여섯 시인의 좋은 시를 읽다 보면, 분명 흐릿해진 심연의 정신을 일깨우고 먼지 쌓인 통속의 환경에 거칠어진 마음 밭을 고르게 가꿔 시적으로 사는 방법에 한발 더 다가서게 될 것이다.

왜 시적인 삶을 살아야 할까? 우리가 인생에서 다다를 수 있는 최고의 경지이자 본질이 바로 그것이기 때문이다.

● 차례

1

호탕한 기백으로 삶을 위로하다

이백

낙심을 뒤집으면
'없던 일'이 된다

●

이백은 중국 고전 시가 역사상 풀리지 않는 수수께끼 같은 존재다. 그는 한 줄기 혜성처럼 등장해서, 마치 하늘에서 내려온 신선처럼 정처 없이 떠돌아다니다가 이내 흔적도 없이 사라졌다. 이백이 쓴 대부분 시는 감정을 발산하더라도 진짜인 듯 환상인 듯 황홀함과 묘연함이 교차하는 느낌을 준다.

이백은 당연히 유가 경전에도 능통했지만, 그가 섭렵한 학문 영역은 무척 광범위하여 지식의 구조와 사상의 근원이 비교적 복잡했다. 그는 도교를 믿었을 뿐만 아니라 서역의 호족胡族 문화에서도 영향을 받았다. 그는 촉에서 20여 년을 사는 동안 학문하는 것 외에도 촉의 산천을 두루 유람하면서 다양한 친구를 폭넓게 사귀었다. 아미산峨眉山, 청성산青城山 등 촉의 명산에 이백의 발자취와 그의 시가 남아 있을 정도다. 촉은 다양한 민족이 어울려 사는 지역이어서 호방한 분위기였기에 이백 또한 그러한 남만南蠻 문화의 영향을 받았다. 스물네 살이 되던 해에 이백은 검 하나 차고 삼협三峽을 지나 동으로 내려왔는데, 이후 촉 지역으로는 다시 돌아가지 못한다.

이백은 촉을 떠난 뒤 오나라와 초나라 지역을 유람했다. 이때 일에 대해《상안주배장사서上安州裴長史書》에서 "남쪽으로는 창오산蒼梧山, 동쪽으로는 명해溟海까지 여행했다"라고 언급하기도 했다. 이백의 유람은 한편으로는 명산과 큰 강, 유명한 대도시를 둘러보는 것이었지만 다른 한편으로는 여러 사람을 만나 교제하는 시간이기도 했다. 그는 호방하고 자유롭게 살았고 아낌없이 돈을 써서 어려움에 빠진 이를 구제하기도 좋아했고 지방 장관들과 적극적으로 친분을 맺기도 했다. 약 3년 후 이백은 안륙安陸 수산壽山에 이르러 은거하였다.

안륙은 고대의 대형 호수 운몽택雲夢澤이 있던 곳이기도 했고 일찍이 고향 사람 사마상여司馬相如의《자허부子虛賦》에서 그 이름을 들은 바 있어서 이백은 그곳을 찾아가 보기로 했다. 도착 후 오래지 않아 이백은 현지의 귀족 허許 씨 가문의 데릴사위로 들어가게 되는데 그의 처는 당나라 고종 때 재상을 지낸 허어사許圉師의 손녀였다. 혼인 후에도 이백은 여전히 방방곡곡을 돌아다녔지만 기본적으로는 안륙에 거처를 정하여 살았다. 이에 대해서는《추어경정송종질단유려산서秋於敬亭送從侄耑遊廬山序》에서 스스로 "안륙에서 술 마시며 은거하다 10년을 허송세월했다"라고 말하기도 했다.

당 현종 때인 730년 전후로 이백은 장안으로 가 3년을 살게 된다. 일찍이 종남산終南山에서 은거하다가 현종의 여동생 옥진공주玉眞公主의 별관에 머무르며 객으로 지냈다. 그러면서 장안의 명사인 하지장賀

知章, 최종지崔宗之를 비롯해 수많은 관리와 귀인들을 알고 지낸다. 그러나 그는 조정으로부터 부름을 받지 못했고 이 때문에 다시 곳곳을 주유하게 되는데, 그사이 숭산嵩山에 은거하면서 도사 원단구元丹丘와 친분을 맺기도 한다.

741년에 이백의 부인 허 씨가 세상을 뜨자 어린 아들과 딸만 남게 되었다. 여자아이는 평양平陽이라 했고 아들의 이름은 백금伯禽이었다. 이백은 원래 데릴사위 신분으로 허 씨 집에서 생활했던 터라 처가 죽은 뒤에 계속 함께 살기가 편치 않았다. 그래서 자녀들을 데리고 동로로 이사했다. 아이들의 나이가 어렸기에 자신이 오랜 기간 밖에서 떠도는 동안 아이들을 돌봐줄 여인 유劉 씨와 동거했으나 생활은 무척 궁색했다. 742년에 옥진공주 등의 추천을 받아 드디어 현종이 조서를 내려 이백을 궁으로 불러들인다. 조서는 지금의 산둥山東 성 취푸曲阜에 해당하는 남릉南陵에 도달했고, 이백은 크게 웃으며《남릉별아동입경南陵別兒童入京》을 지어 이렇게 말했다.

황제에게 나의 뜻 일찍 못 알려 이토록 늦은 것 안타깝구나. 遊說萬乘苦不早

채찍 집어 들어 말에 올라 먼 길 나서니 著鞭跨馬涉遠道

회계 지역의 남편 주매신을 경멸한 어리석은 아내 생각나는구나. 會稽愚婦輕買臣

나 또한 집을 버리고 서쪽 장안으로 가려 하네. 余亦辭家西入秦

하늘 바라보고 크게 웃으며 문 나서니 仰天大笑出門去

내 어찌 초야에 묻혀 살 사람이겠는가! 我輩豈是蓬蒿人

이리하여 이백은 마침내 조정에 들어가 자신의 원대한 이상을 실현

할 기회를 얻게 되는데, 그 이상이란 다음의 《대수산답맹소부이문서代
壽山答孟少府移文書》에 표현되어 있다.

> 지혜와 능력을 분발하여 奮其智能
> 왕을 보필하고 願爲輔弼
> 천하를 크게 안정시키며 使寰區大定
> 세상을 통일시키고 싶다. 海縣清一

그러나 실제와 이상 간에는 괴리가 있는 법, 이백은 입궐 초기에는
현종으로부터 융숭한 대접을 받고 순식간에 명성을 날렸다. 그러나 현
종은 태평성대를 부각하고자 이백의 시적인 재능을 빌렸던 것일 뿐 이
백을 정치적으로는 중용하지 않았다. 이백은 조정에서 한림공봉翰林供
奉이라는 벼슬을 맡았다. 그런데 이는 문학과 관련된 직책이라 어쩌다
국서國書의 초안을 작성하는 것 외에는 당 현종을 위하여 시를 짓는 일
뿐이었다.

한번은 궁중 연회가 있었는데 당 현종이 그 연회의 성대함을 후대에
과시하고자 이백을 불러서 《궁중행락사宮中行樂詞》를 제목 삼아 오언율
시 10수를 짓게 했다. 또 한번은 궁중에 모란꽃이 만개하자 현종과 양
귀비가 함께 꽃을 감상하며 궁중악사 이구년李龜年을 시켜 노래를 하게
하였는데, 현종이 "이렇게 좋은 날 옛날 노래만 부르고 있을 것인가!"
라고 하면서 이백을 불러와 당시 풍경을 시로 짓게 하였다. 이백은 평
소와 다름없이 술이 깬 지 얼마 되지 않은 상태였지만 몽롱한 상태에
서도 일필휘지로 단숨에 《청평조淸平調》를 지어 바쳤다. 부귀영화를 탐
했던 범속한 시인이라면 황제로부터 이토록 총애를 받으면 분명 속으

로 큰 행운이라 여기며 만족했을 것이다. 그러나 이백은 이러한 일들이 반복되자 마음 깊이 실망하였다. 그의 꿈은 황제를 보좌하여 천하의 태평을 도모하는 것이지 왕의 입맛에 맞는 시를 지어 바치는 궁중 시인이 아니었기 때문이다. 처음 입궐했던 때의 흥분에서 깨어난 그에게는 태평성대를 가장한 현실 이면의 암담함이 보이기 시작했다. 그는 실망과 답답함을 술로 달래곤 했다. 두보조차《음중팔선가飮中八仙歌》에서 이백이 장안에 살면서 얼마나 술에 빠져 살았는지 묘사할 정도였다.

이백은 한 말 술에 시 백 편을 짓고 李白一斗詩百篇
장안 저잣거리 술집에서 잠을 잤다네. 長安市上酒家眠
천자가 불러도 배에 아니 오르고선 天子呼來不上船
떳떳하게 소신은 술에 취한 신선이라고 외치는구나. 自稱臣是酒中仙

이양빙李陽冰은《초당집서草堂集序》에서 이백이 장안에서 "술에 빠져 스스로 혼미했으며", "조정에 신선의 노래를 바쳐도 많은 부분은 어쩔 수 없이 지은 것이었다"라고 했다. 조정의 관료들도 이백이 '어쩔 수 없이' 시를 지었다고 할 정도였으니 정작 이백 본인의 심정은 어떠했겠는가?

무릇 인재는 사람들의 질투를 받게 마련이고, 재주가 너무 뛰어나 다른 사람을 안중에 두지 않는 거만함 때문에 소인배들의 증오를 불러 일으키기 쉽다. 이 때문인지 이백은 오래지 않아 조정의 대신들과 권문세가의 눈엣가시가 되었다. 한림학사 장계張垍는 이백의 탁월한 재능을 시기했고 세도가 하늘을 찔렀던 환관 고력사高力士 역시 이백이 신발을 벗기게 하는 치욕을 안겼다는 이유로 그를 증오하고 현종에게 그를 참소하곤 했다. 이백의 친구 임화任華가 《잡언기이백雜言奇李白》에서 "권신들은 그의 명성을 시기했고 무리 지은 개처럼 그를 향해 짖어댔다"라고 말할 정도였다.

이 때문에 이백도 더는 조정에 오래 머물 수 없게 되어 744년 봄, 현종에게 상소를 올린 뒤 관직을 내려놓기에 이른다. 현종 또한 이백의 오만함을 더는 견디지 못하고 재물을 하사한 뒤 그를 돌려보낸다. 이백은 실의에 차서 장안을 떠났고 이로써 그의 정치 이상도 물거품이 되고 말았다. 그래서 그는 《서정증채사인웅書情贈蔡舍人雄》에서 "순결한 백옥이 무슨 죄가 있을까, 파리 떼에게 오물을 뒤집어썼을 뿐이다"라고 하며 참소를 받아 물러나게 됐음을 성토했다.

장안에서 보낸 3년의 세월은 이백 개인에게는 말할 수 없는 비극의 시간이었지만, 시단이나 시 역사에서는 이백이 산으로 돌아가게끔 계기를 마련해준 절호의 기회이자 전환점이 되었다. 이백은 조정을 떠난 뒤 일반 백성으로 돌아오면서 절대적인 재능을 발휘하기 시작했다. 《청평조》와 같은 무료한 찬양 시를 쓰는 데 시간을 허비하지 않고 광활한 인생과 수려한 산수를 노래하는 데 재능을 마음껏 펼칠 수 있게 된 것이다. 그리고 권문귀족들과 교류하는 데 헛된 정과 뜻을 쏟지 않고 두보와 고적高適 등 시인들과 교제하고 도화담桃花潭의 촌민 왕륜汪倫을 비롯해서 오송산伍松山 자락의 농부 순온荀媼 등과도 구애됨 없이 왕래할 수 있게 되었다. 한마디로 이백은 협소한 궁정을 떠나 광활한 인간 세상으로 돌아온 셈이다. 놀라운 재능을 맘껏 펼칠 수 있는 세상으로 말이다.

장안을 떠난 뒤 이백은 사방을 유람할 수 있는 자유로운 생활을 회복하였다. 그리고 744년 초여름에는 낙양洛陽에서 두보를 만나게 된다. 이백은 두보보다 나이가 열한 살이나 위였지만 두 사람은 오랜 친구를 만난 듯 세대를 뛰어넘는 우정을 나누었다. 둘은 함께 황하를 건너 왕옥산王屋山에 산다는 도사 화개華蓋를 찾아 나서기도 하고, 같은 해 가을에는 함께 변주汴州에 들러 저잣거리 술집에서 술을 마시다가 거나하게 취기가 오르면 누대에 올라 옛일을 회상하기도 했다. 이듬해 가을 이백과 두보는 노군魯郡에서 재회하는데, 이때 두보가 이백에게 《증이백贈李白》이라는 글을 남겼다.

가을이 되어 서로 돌아보니 여전히 들에 난 쑥처럼 떠도는 신세 秋來相顧尚飄蓬

신선약초인 단사 못 얻어 갈홍에게 부끄럽네. 未就丹砂愧葛洪

원 없이 마시고 미친 듯 노래하며 헛되이 세월 보내니 痛飮狂歌空度日

멋대로 세차게 날뜀은 누구 위한 허세던가! 飛揚跋扈爲誰雄

둘은 이후 헤어져 각자의 길을 가게 되는데 이백은 두보에게 《사구성하기두보沙丘城下寄杜甫》라는 시를 써서 보낸다. 그 후 두 사람은 다시는 만나지 못하지만, 그들의 우정은 시 역사에서 아름다운 일화로 남아 있다.

그대 생각 끊임없음이 저 문수의 물을 닮아 思君若汶水

흐르는 물에 그리움 담아 남쪽으로 흘려보내노라. 浩蕩寄南征

이백은 각지를 떠돌다가 변주에 이르는데 그곳에서 측천무후 시절 재상을 지냈던 종초객宗楚客의 손녀와 다시 한 번 혼인을 올려 데릴사

위로 들어간다. 그는 종 씨 부인과 정이 깊었지만 귀족 집안의 데릴사위 신분이라 편치 않아 자주 유람길에 나섰다. 이백의 자녀들은 동로에서 지내고 있었다. 그러던 중 755년 11월에 안사의 난이 일어났고, 반군 세력이 파죽지세로 밀고 들어와 순식간에 낙양 일대를 함락하고 말았다. 이때 이백은 마침 변주에 있어서 종 씨를 데리고 황망히 피난을 갔는데, 일단 서쪽으로 가서 장안으로 들어갔다가 이듬해 봄에는 다시 동남으로 방향을 바꾸어 강남으로 피신했다. 이백의 시 《부풍호사가扶風豪士歌》에는 전란으로 어수선한 상황이 그대로 묘사되어 있다.

낙양 땅 삼 월에 황사가 날리니 洛陽三月飛胡沙
낙양 성중 사람들 원망하며 한숨만 짓네. 洛陽城中人怨嗟
천진교 아래는 붉은 피 넘쳐흐르고 天津流水波赤血
뒤엉킨 삼대처럼 백골이 뒤엉켜 쌓이네. 白骨相撑如亂麻
나 또한 동쪽 옛 오나라 땅으로 향하자니 我亦東奔向吳國
뜬구름 사방에서 막고 길 또한 아득하여라. 浮雲四塞道路賒

이백은 강남으로 피신한 뒤 여러 곳을 떠돌다가 마지막으로 여산의 병풍첩屏風疊에서 은거한다. 756년 말, 당시 왕자이던 영왕 이린李璘이 강을 따라 동으로 내려가던 중 여산에 올라 이백에게 자신의 대업에 참여해줄 것을 제안한다. 보국을 향한 충정이 여전했던 이백이었기에 이것이 나라를 위해 공을 세울 마지막 기회라 여기고 그 제의를 받아들인다. 이린은 애초에 현종의 명을 받들어 반란군을 평정하기 위해 출정했는데, 그사이 형제 숙종이 왕위에 오르고 만다. 숙종이 이린에게 장안으로 돌아오라고 명을 내렸지만 이린은 그 명을 받들지 않왔고, 숙종은 군사를 보내 그를 죽이라 명한다. 이린의 군대가 단양丹陽 일대에 이르자 조정에서 보낸 군대에 포위당하고 만다. 이런 내막을 전혀 몰랐던 이백은 공을 세우고자 하는 순수한 마음으로 따라나섰다가 졸지에 역모의 죄를 뒤집어쓴다. 서둘러 팽택으로 가 자수했으나 이백은 결국 심양尋陽의 감옥에 갇히는 신세가 된다. 최환崔渙, 송약사宋若思 등이 이백을 위해 구명 활동을 했지만 결국 야랑으로 유배를 가게 된다. 758년 봄, 이백은 심양에서 종 씨 부인과 이별한 뒤 야랑을 향해 길을 떠난다.

759년 3월, 이백은 삼협을 막 지날 때 조정으로부터 온 사면 소식을 접하고는 즉시 동으로 내려가면서 《조발백제성早發白帝城》이라는 시를 지어 그때의 심정을 노래했다.

아침에 채색 구름 아래서 백제성을 떠나 朝辭白帝彩雲間

하루 만에 천 리 길 강릉에 도착했네. 千里江陵一日還

양쪽 강기슭에 원숭이 울음소리 그치질 않는데 兩岸猿聲啼不住

어느새 가벼운 배 만 겹의 산을 지나왔구나. 輕舟已過萬重山

강남으로 돌아온 이후 이백은 선주宣州에 잠시 머무는데, 그때까지 수차례 좌절을 겪었지만 장대한 뜻만은 꺾이지 않았다. 761년 조정에서 파견한 대장군 이광필李光弼이 대군을 거느리고 '안사의 난' 잔당 사조의思朝義를 토벌한다는 소식을 듣고 참전을 결심하지만, 중도에 병이 나서 발길을 돌리게 된다. 그 후 이백은 가난과 질병 때문에 당도當塗의 현령이었던 숙부 이양빙에게 몸을 의탁할 수밖에 없었다.

임종 전 이백은 보관하고 있던 자신의 작품들을 이양빙에게 전달하여 책으로 엮어달라고 부탁한 뒤 762년 11월, 세상을 등진다. 한 줄기 혜성처럼 창공을 가르던 별이 기어이 빛을 잃고 만 것이다. 두보는 《몽이백夢李白》을 지어 이백의 죽음을 안타까워하며 애도했다.

천추에 길이 빛날 이름 남긴대도 千秋萬歲名
부질없구나, 그 한 몸 죽은 후엔 적막뿐인 것을. 寂寞身後事

이백의 처지는 사후에 더욱 처량해졌다. 형편이 좋지 않았던 탓에 그는 죽어서도 용산龍山 동쪽 기슭에 잠시 묻혀 있어야 했다. 그 뒤 45년의 세월이 흘러 오랜 친구 범륜范倫의 아들 범전정范傳正이 그곳의 장관으로 부임했는데, 이백의 두 손녀를 만나 이백의 유언을 듣고 그가 생전에 좋아했던 청산靑山으로 이장해주었다. 또한 거기서 멀지 않은 곳에 있는 채석강 변에 이백의 옷가지를 매장한 의관묘가 생겨났다. 채석강은 이백이 술에 취해 강에 비친 달을 잡으러 뛰어들었다고 전해지는 강이다. 이때부터 청산 자락 이백의 묘와 채석강 변의 이백 의관묘는 이백을 기리는 역사적인 유적지로 남았다. 그가 그토록 사랑했던 청산도 그대로이고 강물도 마르지 않았다. 수려한 산수와 함께 이백의 영혼도 영원히 우리 곁에 남아 있는 듯하다.

삶을 전진케 하는
'영원한 격려시'

●

이백은 재능에 대한 자부심이 대단했다. 정치적으로는 황제를 보필하는 자리에 있음을 들어서 툭하면 자신을 장량張良, 제갈량, 사안에 빗대었고 문화적으로는 자신을 공자에 비교했다. 이백에게 공을 세우는 일이란 식은 죽 먹기처럼 쉬워 보였다. 그만큼 자기 능력에 자신감이 있었기 때문이다. 그는 자신의 이름을 청사에 대대로 남기는 일 또한 자기에게 주어진 필연적인 숙명이라 여겼다. 그래서 평생 진취적이고 적극적으로 생각하고 행동함으로써 제아무리 어려운 일을 당해도 쉽게 좌절하거나 웅지雄志를 잃지 않았다. 청년 시절 검 하나만 차고 촉 땅을 처음 밟은 이래 나이 들어서도 군에 지원하여 마지막 힘을 쏟을 때까지 이백은 시종 호방한 선비의 의기충천한 모습을 잃지 않았다. 그런 그의 모습에서 노쇠함이나 비루함이란 찾아볼 수 없었다.

그렇다면 이백이 품었던 인생에서 이루고자 했던 이상은 무엇이었을까? 봉건 시대의 문학인이 가지고 있던 공통의 이상향은 나라를 안정시키고 천하를 고르게 다스리는 일일 것이다. 이는 두보가 '요임금과 순임금이 다스리던 때와 같은 시절이 오면 풍속이 다시 순박해진다'라고 믿었던 것과 기본적으로 일치하는 생각이다.

당나라 시대에는 벼슬길에 나아가려면 일반적으로 과거라는 제도를 통과해야만 했다. 그러나 이백은 자신의 재능에 무척 큰 자부심이 있었기 때문에 천편일률적인 과거제도에 매달리지 않고 좀더 빨리 정치 이상을 실현하고 싶어 했다. 범륜의 아들 범전정도《당좌습유한림학사이공신묘비唐左拾遺翰林學士李公新墓碑》에서 그를 향해 "한번 울면 뭇사람을 놀라게 하고 한번 날아오르면 하늘을 뚫을 기세로 한 번에 땅을 박차고 날아올라 저 높은 망대에 올랐다"라고 할 정도였다. 과거에 응시하지 않고서 벼슬길에 오르기 위해 그는 두 가지 방법을 썼다. 하나는 명사들과 교류하여 자신의 이름을 알리는 방법이고, 다른 하나는 은거함으로써 이름을 알리는 방법이었다.

이백은 서른세 살이 되던 해에 양양에서 형주의 장사인 한조종韓朝宗을 만나는데, 그때 유명한《여한형주서與韓荊州書》를 짓는다. 첫 부분은 이렇게 시작된다.

천하의 선비들이 모여서 하나같이 하는 말이 白聞天下談士相聚而言曰
만호후에 봉해지길 바라기보다 生不用封萬戶侯
한형주에게 한 번 인정받기를 더 원한다고 합니다. 但願一識韓荊州
한 사람을 존경함이 이 정도까지 이름은 어찌함인지요. 何令人之景慕一至於此耶

여기서 '식형識荊'이라는 단어가 유래하였다. '알다'의 뜻을 지닌 '식識'이라는 글자와 '형주'를 뜻하는 '형荊'이 만나 '평소 흠모하던 이를 처음 만나다'라는 뜻의 단어로 고착된 것이다. 그는 또 같은 글에서 연이어 자기 자신을 가리켜 "두루 제후의 눈에 들어 쓰이기를 원하였다" 또는 "관리들과 재상의 문하를 순방하였다"라고 함으로써 자신이 젊은 시절 직접 명사들을 알현하러 다녔음을 서슴없이 밝혔다. 이 방법이 자신의 이상을 실현할 수 있는 가장 빠르고도 당당하며 바른길이라 여겼기 때문이다.

이백이 자신의 이상을 실현하기 위해 취했던 또 다른 방법은 은거하면서 이름을 천하에 알리는 것이었다. 처음에 그는 동암자東巖子라는 은자와 함께 민산岷山으로 들어갔는데, 그 와중에도 당시 광한廣漢의 태수가 그를 흠모해 찾아오기도 했다. 촉 땅을 나선 뒤부터 그는 의식적으로 은거를 통해 명성을 날리고자 했다. 《대수산답맹소부이문서》에서 이백은 스스로 '은둔자'라고 칭하였지만 이내 "지혜와 능력을 발휘하여 왕을 보필하리라"라는 표현을 쓰기도 했다. 마치 은거의 삶과 조정에서 나랏일을 살피는 일은 서로 모순되는 것이 아니라 오히려 전자가 후자를 위한 준비 작업이라고 여기는 듯했다. 그래서 이백은 원단구와 함께 숭산에서 은거하기도 하고 한준韓准, 공소부孔巢父 등 여섯 명과 함께 산동 조래산徂徠山에서 '죽계육일竹溪六逸'이라 불리며 은둔하기도 했다.

그러나 이백에게는 평생 산중에서 은사로 지내고 싶은 마음은 없었다. 다만 동진의 사안처럼 동산東山에 잠시 은거했다가 조정의 부름이 있으면 출사하여 공을 세우는 삶을 꿈꾸었다. 그래서 이백이 《송배십팔도남귀숭산送裴十八圖南歸嵩山》이라는 글에서 "사안이여! 마침내 우리 함께 일어나 창생을 구제해보는 것은 어떠리"라고 표현함으로써 반복하여 사안을 찾은 것도 의미 없이 한 행동이 아님을 보여주었다. 다시 말해 은둔하여 살다가 하산하여 공을 세우는 것, 이것이 바로 이백이 꿈꾸는 은거 생활의 모델이었던 셈이다. 일찍이 《대수산답맹소부이문서》에서 언급했던 것처럼 "천하를 크게 안정시키며 세상을 통일시키고 싶다"는 웅지를 품었던 피 끓는 의지의 소유자 이백은 결코 여생을 세상을 잊은 채 은사로만 살 수 없었을 것이다.

그렇다면 이백이 출사를 위해 시도했던 이런 방법들이 당시에 과연 실현 가능한 길이었을까? 답은 '그렇다'이다. 정치적으로나 문화적으로 당나라는 무척 다원화된 사회여서 비록 과거제도가 있었다고는 하나 조정에서 인재를 등용할 때는 한 가지 방법에만 얽매이지 않았다. 다음 마주馬周에 관한 일화는 당나라 시대 인재 등용 절차가 얼마나 융통성이 있었는지 잘 설명해준다.

"당 태종 때 마주라는 선비가 중랑장中郞將 상하常何의 집에 빈객으로 머물렀다. 하루는 황제가 문무백관에게 명하여 국가의 기본 방침을 논하는 의견을 올리라는 명을 내린다. 상하는 무관 출신이라 높은 수준의 글을 쓸 만한 능력이 안 됐기 때문에 한참을 고민하고 있었다. 이를 본 마주가 그를 대신하여 황제에게 바칠 제안문을 써주었다. 그런데 공교롭게도 그 글이 당 태종의 마음을 사로잡아 마주는 바로 감찰어사로 등용됐다. 훗날 능력을 인정받은 마주는 직책이 중서령中書令까지 올랐다."

그 밖에도 756년에는 또 다른 선비 장호張鎬가 양국충楊國忠의 추천을 받아 좌습유左拾遺에 올랐다가 훗날에는 재상까지 이르기도 했다.

호탕한 기백으로 삶을 위로하다 _ 이백

그리고 이백이 알현하기 원해 직접 찾아가기도 했던 한조종 역시 일찍이 최종지, 엄협률嚴協律 등을 추천했는데 그들에게도 순조롭게 벼슬길이 열렸다. 그러니 이백이 명사들을 알현하려고 그토록 애썼던 것도 헛수고는 아니었던 셈이다.

은거하면서 이름을 날리는 것 또한 출사 기회를 잡을 수 있는 첩경이었다. '종남첩경終南捷經'이라는 말도 이백이 살던 시기를 전후로 생겨난 고사성어다. 이 성어는 후대에 이르러서 위선을 품은 거짓 은사를 풍자하는 데 사용하게 됐지만, 당시에는 그다지 큰 풍자 거리나 비판의 대상이 아니었다. 사실 당시 노장용에게 '종남첩경'이라는 말을 남겼던 사마승정 본인 자체도 조정에 출입하는 기세등등한 도사였다. 이백이 촉을 나와 강릉에 갔을 때 마침 사마승정을 만났다. 그때 사마승정은 이백을 향해 "선풍도골의 풍모를 지녀서 시선과 더불어 온 세상을 노닐 만하다"라고 칭송했다. 모르긴 해도 당시 이백이 사마승정에게 종남첩경 이야기를 듣고 거기서 은거의 동기를 얻지 않았을까?

그렇다면 앞에서 말한 두 가지 출사 수단이 이후 이백의 신념과 삶의 방식에 큰 영향을 끼쳤을까? 그렇지 않다. 왜냐면 이백이 입신양명하려 했던 목표는 부귀영화가 아니라 웅대한 정치 이상을 실현하는 데 있었기 때문이다. 이를 위해서 이백은 수많은 명사를 만나는 것도 마다치 않았고 은거의 장소를 부단히 옮기는 것도 힘겨워하지 않았다. 우여곡절 끝에 그는 가까스로 입궐하게 되지만 마음에 원대한 정치 이상과 웅지를 품고 있었기 때문에 후일 어떤 실망스러운 일을 만나도 그 뜻을 꺾지 않았다.

그래서 그는 훗날 현종에 의해 조정을 떠난 뒤에도 늘 정치 이상을 펼치고 실현하기 위한 기회를 엿보았다. 안사의 난이 발발하여 산천이 황폐해지고 백성의 삶이 곤핍해지자 이백의 내면에는 종군하여 반란군을 평정하고자 하는 의지가 살아 꿈틀댔다. 그래서 영왕 이린이 반란군 진압을 위해 군사를 일으키고 명사들을 불러 모을 때 당시 소영사蕭穎士, 공소부 등이 모두 이린을 외면했고 심지어 종 씨 부인조차 청을 받아들이지 말라고 말렸으나 이백은 결국 이린에게 나아갔다. 그가 그렇게 한 이유는 공을 세우고 조국에 보답할 기회가 쉽게 찾아오지 않아 그것이 마지막 기회라고 여겼기 때문이다. 그런 면에서 이백은 정치적으로는 감각이나 수완이 뛰어나지 않은 반면, 진취적이고 적극적인 기상은 다소 지나치지 않았나 싶다.

이백이 이린의 군대에 합류한 뒤 지은 《재수군연증막부제시어在水軍宴贈幕府諸侍御》를 보면 친히 반란군 토벌에 나선 그가 노중련처럼 영원히 남을 공을 얼마나 세우고 싶어 했는지 짐작할 수 있다.

내 몸 초가에 숨긴 채 卷身編蓬下

문밖 나서지 않은 지 사십 년이라네. 冥機四十年

어찌 초야의 사람이 알겠는가. 寧知草間人

날카로운 용천검 허리에 차고 腰下有龍泉

뜬구름 가르듯 한 번 휘둘러 浮云在一決

유연(안녹산의 근거지)을 함락하리라 맹세하노라. 誓欲清幽燕

지금 각 어사들과 함께 愿與四座公

마음을 다해 금궤병서를 논하며 靜談金匱篇

왕자의 은덕에 감사하니 齊心戴朝恩

자신의 생명조차 아끼지 않네. 不惜微軀捐

오직 바라는 것은 반란을 토벌함이니 所冀旄頭滅

노중련을 따라 공을 세우리라. 功成追魯連

　이백의 적극적인 성격은 어두운 현실에 직면했을 때 회피하지 않고 정면으로 맞서 싸우려는 모습에서도 두드러진다. 이백이 장안을 떠난 지 3년이 되는 747년에 당나라는 정치적으로 심각한 암흑기를 맞이한다. 검은 속내를 감추고 아첨과 참소만 일삼던 간신 이임보李林甫가 황제 자리를 빼앗고자 당 현종으로 하여금 오락에만 빠지게 하는 한편, 수단과 방법을 가리지 않고 황제 주변에서 현명한 신하들을 떼어 내려 했다.

　당시 북해北海 태수 이옹李邕과 형부상서 배돈복裴敦復은 사림의 수령이라고 불릴 정도로 정의롭고 강직한 선비들이었다. 평소 이 둘의 강직함을 경계했던 이임보는 이번 기회에 둘을 한꺼번에 처벌함으로써 사대부 전체에게 본을 보여야겠다는 생각으로 결국 매로 쳐서 죽이고 만다. 예상대로 그 뒤 사대부 계층 전체에 공포감이 확산됐고 조정의 대신들은 늦가을 매미처럼 입을 꾹 다문 채 아무리 불의한 일이 있어도 좀체 입을 열려 하지 않았다. 이런 상황을 본 이백은《답왕십이한야독작유회答王十二寒夜獨酌有懷》를 통해 공개적으로 항의의 뜻을 내비친다.

　　일생을 고고하게 권세 있는 자들과 어울리지 않고 一生傲岸苦不諧
　　황제가 알아주지 않으니 날 천거한 것도, 웅지도 다 헛되도다. 恩疏媒勞志多乖
　　엄자릉은 예를 갖추지 않고 천자를 뵈었다지만 嚴陵高揖漢天子
　　나 또한 굳이 장검 차고 황제 앞에 설 필요 있겠는가? 何必長劍拄頤事玉階
　　입신한다고 반드시 고귀해지는 것 아니며 達亦不足貴

궁하다고 해서 비참해지는 건 아니니 窮亦不足悲

한신이 주발, 관영과 비견되길 치욕으로 여기고 韓信羞將絳灌比

예형은 백정 무리와 비교되는 것을 수치로 여겼도다. 禰衡恥逐屠沽兒

그대는 보지 못했는가! 북해 태수 이옹이 지닌 君不見李北海

영웅호걸의 풍모와 기상 지금 어디 있단 말인가! 英風豪氣今何在

그대는 보지 못했는가! 형부상서 배돈복의 君不見裴尚書

무덤에 쑥 풀과 가시덤불만이 무성한 것을! 土墳三尺蒿棘居

젊은 시절엔 일찌감치 오호에 가고자 애썼으나 少年早欲伍湖去

이들을 보니 부귀공명에 대한 마음 멀어질 뿐이라. 見此彌將鍾鼎疏

이 글은 어둡고 억눌린 당시 사회 분위기를 배경으로 왕십이王十二라
는 선비가 보내온 〈한야독작寒夜獨酌〉이라는 시에 이백이 회신한 화답
시다. 시기적으로 혹독한 추위가 기승을 부리는 계절이기도 했고 정치
적으로도 혹한기였다. 그 무렵 이백은 권력가들에 의해 이미 조정에서
축출당한 뒤였던 데다 평소 추앙했던 이옹과 배돈복이 이임보에 의해
참살당하는 걸 보는 등 날로 빛을 잃어가는 조정의 모습에 철저히 절
망한다. 그는 자신처럼 뼛속부터 도도하고 강직함을 타고난 성격의 선
비는 혼탁한 정치 현실과는 물과 불처럼 서로 어울리지 못한다고 생각
해서 일찌감치 은일의 삶을 살기로 마음먹는다.

시에서 "젊은 시절엔 일찌감치 오호에 가고자 애썼으나 이들을 보
니 부귀공명에 대한 마음 멀어질 뿐이라"고 한 구절은 절망적인 정
치 세계에 대한 공식적인 결별 선언이다. 시인의 마음이 고통과 번뇌
로 가득 차면 원래 이런 글은 우울하고 억눌린 듯한 느낌이 들게 마련
인데, 과연 이백답게 이러한 시에서도 불같은 격정과 호방함이 그대로

전달된다. 경멸과 멸시로 가득 찬 어조로 위선 세력을 비판하면서 결코 그들과 섞이지 않을 것이라는 결연한 의지를 드러냈다. 본래 정치권에서 퇴출당한 것에 대한 성토는 내면의 독백에 가까울 텐데, 이백은 이를 불의한 세력을 향한 격문으로 탈바꿈시켰고 고통스러운 심정의 표출조차 호방한 송가로 승화시켰다. 시 전체에 녹아 있는 격정과 울분은 산을 밀고 바다도 뒤집을 기세여서 도도하고도 강한 시인의 이미지를 여과 없이 보여준다. 이 때문인지 이 시를 읽는 사람도 침울하거나 위축되지 않고 함께 격앙되어 감정을 분출하게 된다. 이백이 이처럼 망설임 없이 사회를 비판하고 위정자들을 규탄한 것을 보면 그가 얼마나 적극적이고 진취적인 성격의 소유자였는지 다시 한 번 확인할 수 있다.

이백은 정치가임을 자처했지만 오히려 문학가로서 청사에 길이 이름을 남겼다. 시를 짓는 모습을 보면 강렬하고도 진취적인 마음이 글에 그대로 묻어난다. 이백에게 시를 짓는 일이란 심심풀이로 바람과 달을 노래하며 한가로이 소일하는 것이 아니라 중대한 문화적 의의를 지니는 인생 사업이었다. 그래서 그는 《고풍古風》이라는 시에서 시가 날로 활력을 잃고 위축되어가는 풍토를 개탄했다. 그리고 말미에서는 시의 바른 도를 진흥하기 위해 자신이 짐을 지고 가야 할 역사적 사명을 언급하기도 했다.

시경의 작품을 닮은 크고 바른 대아의 시 못 본 지 오래인데 大雅久不作
나 이미 늙었으니 누가 나 대신 시의 뜻을 세우리오 吾衰竟誰陳
요순 시절 훌륭했던 기풍인 왕풍은 풀섶에서 시들고 王風委蔓草
전국 시대에는 가시덤불만 무성한 채 황폐해지더니, 戰國多荊榛

용과 범이 서로 물고 뜯듯 제후국이 싸우다가 龍虎相啖食

광폭한 진나라가 전쟁의 끝을 맺었도다. 兵戈逮狂秦

바르고 아름다운 노래는 어찌 그리 아득해졌는지 正聲何微茫

슬픔과 원망의 소리 굴원에 의해 초사로 태어났고 哀怨起騷人

양웅과 사마상여는 쇠퇴해진 문장을 부로 중흥시켜 揚馬激頹波

틔워놓은 물꼬 따라 끝없이 흐르게 했으나 開流蕩無垠

흥망성쇠 헤아릴 수 없었지만 廢興雖萬變

시의 법도는 끝내 물속에 잠기고 말았도다. 憲章亦已淪

건안 이래 오늘까지 自從建安來

겉만 화려할 뿐 보잘것없는데 綺麗不足珍

성스러운 당대에 들어서서 태고의 기풍을 회복하여 聖代復元古

무위의 정치 속에서 진실함과 소박함을 귀하게 여기니 垂衣貴淸眞

뭇 인재가 태평성대를 만났도다. 群才屬休明

시운을 타고 물고기 비늘처럼 생동하며 도약하였고, 乘運共躍鱗

문장의 형식과 내용이 서로 어우러져 찬란하게 빛나니 文質相炳煥

뭇 별이 가을 하늘에 펼쳐진 듯하구나. 衆星羅秋旻

이 몸의 뜻, 시를 읽고 짓는 것에 두었으니 我志在刪術

크고 밝은 빛이 되어 천 년을 비추다가 垂輝映千春

그 옛날 성인처럼 바로 서길 바라며, 그것이 성공한다면 希聖如有立

획린²⁾에 이르러 붓을 꺾겠노라. 絶筆於獲麟

　　맹계孟棨는 시인들의 시문에 얽힌 이야기를 수록하고 평가한《본사
시본事詩》라는 글에서 이백이 한 말을 이렇게 옮겨 적기도 했다.

"양진 시대 이래 화려함과 경박함이 극에 달했고 심휴문沈休門은 또한 성聲과 율律을 숭상하였으니 장차 옛 도를 회복하는 일을 나 아니면 누가 할 수 있단 말인가!"

이백은 평생 순풍을 만나든 거친 길을 걷든 마음 상태가 좋든 어렵든 시 짓는 일을 손에서 놓지 않았다. 심지어 임종 전에도《임종가臨終歌》를 지어 자신의 생애를 두고 탄식했다. 이 시를 보면 이백은 자신이 공자처럼 정치적으로는 웅지를 펼치지 못했지만 문화적으로는 크게 공헌했음을 분명히 알고 있었던 듯하다.

큰 붕새 날아오를 때는 천지가 요동쳤는데 大鵬飛兮振八裔

중천에서 날개 꺾이어 힘이 없구나. 中天摧兮力不濟

남은 바람 몰아친다 해도 만 년은 가겠지만 餘風激兮萬世

부상(해가 뜨는 곳에 산다는 전설 속 나무)에서 노닐다가 왼쪽 날개 걸렸도다.

游扶桑兮掛石袂

후대에 누군가 듣고 이를 전한다 해도 後人得之傳此

공자가 죽었으니 그 누가 날 위해 울어주리. 仲尼亡兮誰爲出涕

이백의 인생길은 순풍에 돛 단 배처럼 순조롭지만은 않았고, 오히려 불우와 좌절이 끝까지 그를 따라다녔다. 하지만 그는 낙심하지 않았고 자책하지도 않았다. 오히려《장진주將進酒》라는 시에서 "하늘이 준 재능 언젠가 쓰일 날 있으리니"라고 소망하며 견고한 신념을 품고 당차게 앞으로 걸어갔다. 인생을 살면서 좌절과 불행을 만나지 않을 수는 없는데, 뜻이 견고하지 않은 사람은 한번 걸려 넘어지면 신념을 쉽게 잃어버리기도 한다. 그러나 이백은 그렇지 않았다. 그는 《행로난行路難》에서 "큰 길이 하늘처럼 트였건만 나만 유독 못 나서네"라고 비탄에 찬 어조로 외치면서 삶의 역경이 얼마나 심했는지를 드러냈다.《행로난》의 첫 번째 시를 보면 그가 품었던 진짜 생각이 무엇인지 온전히 엿볼 수 있다.

금 항아리 맑은 술 한 말 가득하고 金樽淸酒斗十千

옥 소반 진수성찬 값지기도 하건마는, 玉盤珍羞直萬錢

잔과 젓가락 내려놓은 채 먹지를 못하고 停杯投箸不能食

칼 빼 들고 사방 둘러보니 망연키만 하구나. 拔劍四顧心茫然

황하를 건너려 하나 얼음이 앞길 막고 欲渡黃河冰塞川

태항산에 오르려니 온 산엔 눈만 가득, 하늘은 어둡네. 將登太行雪暗天

한가하게 푸른 물에 낚시 드리우고 閒來垂釣碧溪上

홀연히 다시 배에 올라 해 뜨는 곳, 장안 가는 꿈 꾸네. 忽復乘舟夢日邊

가는 길 어렵구나. 行路難

가는 길 어렵구나. 行路難

갈림길도 많거니와 多岐路

지금 어드메인가. 今安在

긴 바람에 파도 일면 長風破浪會有時

즉시 돛 올려 푸른 바다 건너가리. 直挂雲帆濟滄海

이 글에 표현된 것처럼 맛 좋은 술과 진수성찬 앞에서도 그가 도무지 맛을 보지 못하는 것은 인생의 갈림길이 많지만 하나같이 평탄하지 않은 까닭이다. 황하는 얼음이 얼었고 태항산도 눈에 덮여 뱃길과 육지의 길이 모두 막혔으니 시인은 "가는 길 어렵구나!"라고 소리치지 않을 수 없다. 그러나 그는 홀연 생각을 바꾼다. 그 옛날 여망과 이윤 또한 때를 못 만나 오랜 세월 기다려야 했지만, 일단 기회가 닿자 여상은 아흔에 주 문왕을 만났고 이윤 역시 은 탕왕을 만나지 않았던가? 또한 이백은 남조의 종각宗愨이 "큰바람 타고 만 리 물결 헤쳐나가고 싶다"라고 한 말을 떠올려 위안 삼으며 자신의 인생에도 반드시 바람 타고 물결을 깨트릴 만한 결전의 하루가 분명 있으리라고 생각했다!

　여기서 이백의 시는 사람들로 하여금, 분발하여 공을 세우고 무언가를 이루는 것이 인생의 전부가 아니며 그것보다 더 중요한 사실이 있음을 깨닫게 한다. 수많은 역경이 걸림돌처럼 우리를 넘어뜨려도 반드시 신념은 지켜내야 한다는 사실을 말이다. 다시 말해 우리는 어떤 상황에서도 뜻과 희망을 잃어서는 안 되며 앞을 향해 나아가야 한다. 이러한 의미에서 이백의 시는 우리를 전진하게 하는 영원한 격려시인 셈이다.

소인배가 되지 않으려면
자존감부터 길러라

•

이백은 천성이 당당하고 오만하여 어떤 권위 앞에서도 머리를 숙이는 법이 없었다.《당재자전唐才子傳》에는 이런 일화가 전해진다.

하루는 이백이 술에 취하여 나귀에 올라 화음華陰 현의 관청 앞을 지나는데 이백을 알아보지 못한 현령이 아전을 시켜 누군지 알아오라고 시켰다. 그러자 이백이 담담히 말했다.

"일찍이 내가 취하여 토하였을 때 황제가 직접 수건으로 닦아주었고 황제가 직접 내 국의 간을 맞추어주었으며 양귀비가 나를 위해 벼루를 받쳐 들었고 환관 고력사가 내 신을 벗겨주었다."

그제야 현령은 깜짝 놀라 허리를 굽히며 사과했다.

"한림께서 오신 것을 못 알아 뵀습니다."

이 이야기가 사실인지 허구인지 증명되지는 않았다. 하지만 이양빙의 《초당집서》에도 당 현종이 이백을 처음 만났을 때 "칠보 반상에 음식을 내어오고 현종이 손수 국 맛을 본 후에 이백에게 먹게 했다"라는 말이 나오는 것을 보면, 다소 과장된 면도 있지만 사실과 아주 동떨어진 이야기만은 아닌 듯하다. 중당 시기 사람 단성식段成式이 쓴 《유양잡조酉陽雜俎》에도 이런 기록이 있다.

> 이백의 이름이 천하에 알려지자 하루는 당 현종이 그를 궁으로 불러들였다. 이백은 풍채가 고상하여 신선이 노을 사이를 나는 듯한 기품을 갖추고 있었다. 현종은 그의 재주에 크게 탄복하며 그에게 새 신발을 하사한다. 득의만면한 이백은 그 신발을 끌고 고력사 앞으로 갔다.
> "내 신을 좀 벗겨주게."
> 갑작스럽고 황당한 요청에 당황한 고력사는 어찌해볼 도리도 없이 허둥대며 그의 신을 벗겨주었다.

앞에서 말한 행동들은 부와 권위 앞에서 고개를 숙이지 않는 이백의 도도하고 오만한 성격을 그대로 보여준다. 고력사로 하여금 신발을 벗기게 한 사건을 대수롭지 않게 여기는 사람이 있는데 사실 그렇게 넘길 일이 아니다.

고력사는 보통 신하가 아니다. 신발 사건 전까지만 해도 당 현종을 수십 년 섬겨 신뢰와 총애를 한 몸에 받던 자다. 그리고 그때 이미 대장군이라는 호칭을 얻었고 왕자와 공주들은 그를 '삼촌' 또는 '할아버지'라고 불렀으며 태자 이형李亨조차 그를 형님이라고 부를 정도로 대단한 세도가였다. 이임보처럼 흉악한 간신도 고력사에게는 경의를 표할 정도였다. 그런데 이백은 현종이 보는 앞에서 이런 고력사에게 발을 내밀어 신발을 벗기게 한 것이다. 고력사는 순간 이백의 기세에 눌려 어찌해볼 겨를도 없이 허둥지둥 신을 벗겨주었다. 이는 보통 담력을 가진 사람은 할 수 없는 일이니 사람들이 수없이 이 사건을 언급하는 것도 무리는 아니다. 송대에 이르러 소식은 이백의 기개에 탄복해 마지않아 《서단원자소시이태백진書丹元子所示李太白眞》에서 "평생 고력사 따위는 안중에 두지 않고 흙 묻은 신발 벗기게 하여 노하게 했네"라고 노래하기도 했다.

그렇다면 고력사로 하여금 신발을 벗기게 할 만큼 대단한 그의 담력은 과연 어디서 난 것일까? 본래 그는 천성이 도도하고 오만하여 왕후들과도 대등하게 교제할 만한 특유의 자신감과 기풍을 지니고 있었다. 그래서 그는 《소년행少年行》이라는 시에서도 당당하게 외쳤다.

고을 사람들 모두 나의 벗이오. 府縣盡爲門下客

그리고 이백은 《답왕십이한야독작유회》에서 고사를 인용해 "동룡董龍이 얼마나 개와 닭 같은 놈인가!"라고 하여 아첨이나 일삼는 소인배들을 질책했다. 동룡은 진나라 황제의 총애를 받았던 간신 동영董榮을 상징하는데, 관직이 상서에 이르러 막강한 권력을 행사했다. 그러나 강직한 성격의 왕타王墮에게 "동룡이 얼마나 닭과 개와 같은 놈인데 그와 더불어 말하란 말이오!"라는 말로 모욕을 당했다. 고력사도 이백의 눈에는 한낱 동영과 같은 간신배에 불과했다. 그래서 황제 앞에서도 신을 벗기라고 명했던 것이다.

이백이 왕이나 제후, 권신들과 대등하게 교제할 수 있었던 자신감은 과연 어디서 나왔을까? 이는 평소 이백이 권세와 부귀영화를 안중에 두지 않은 채 오히려 멸시했던 태도와 무관하지 않다. 이백은 정치적으로는 더할 나위 없이 진취적인 성향을 보였지만 명리를 좇는 소인배들과는 근본적으로 추구하는 목적부터 달랐다. 종남첩경 고사를 보면 노장용이 출사를 위해 은거의 삶을 선택했던 것은 그 방식과 목적이 정당하다고 볼 수 없다. 이백은 그와 달랐다. 그가 출사한 목적은 부귀영화를 누리기 위함이 아니라 정치적 포부를 실현하기 위해서였다. 그는 이러한 심정을 글로 수차례 드러냈는데《대수산답맹소부이문서》도 그중 하나다.

"임금 섬기기와 부모 봉양을 마치고 난 뒤 도주陶朱, 유후留侯와 더불어 오호와 창주를 유람함이 어렵지 않으리라!"

여기서 이백이 벼슬길에 오르기 전에 이미 자신의 인생계획, 즉 공을 세운 뒤 물러서서 은거하며 강호를 떠돌 것이라는 구상을 미리 세워두었음을 알 수 있다. 부귀공명은 결코 그의 최종 목표가 아니었던 것이다. 이백은 한림공봉에 봉해진 이후《한림독서언회정집현제학사翰林讀書言懷呈集賢諸學士》라는 글에서 "언젠가 공을 이루면 벼슬길 떠나 낚싯대 드리우고 한가로이 살려 하네"라고 하여 다시금 자신의 뜻을 강조했으며, 실제로 조정에 들어간 뒤에도 결코 부귀영화의 유혹에 넘어가지 않았다.

이백은 노중련, 장량 등의 역사적 인물을 향해 거듭 경의를 표했는데 이는 그들이 공을 세운 뒤 미련 없이 권력의 중심에서 떠날 줄 알았기 때문이다. 예컨대 그는《고풍》에서 전국 시대 노중련의 기상을 이렇게 노래했다.

> 진나라 물리쳐서 귀한 명성 떨쳤으니 却秦振英聲
> 후세 사람들이 그가 남긴 빛을 우러러보는구나. 後世仰末照
> 뜻이 고결하여 천금의 사례도 마다하고 意輕千金贈
> 평원군을 돌아보며 웃음 지었지. 顧向平原笑

이는 노중련이 조나라를 위해 진나라 군대를 설득해서 포위를 해제하게 한 뒤 돌려보냈을 뿐 아니라 공을 세운 뒤 평원군이 하사한 천금까지 거절한 고사를 인용한 것이다. 이백은 여기에 "나 또한 호탕한 인간이니 옷을 털고 노중련과 뜻을 같이하리라"고 덧붙임으로써 자신이 노중련과 뜻이 같은 사람임을 은연중에 드러냈다.

노중련 외에 이백이 앙모하는 또 다른 인물로는 한나라 초기의 장량을 들 수 있다. 장량은 일찍이 유방을 보좌해서 한나라 개국공신으로 참여했고 공을 세운 뒤에는 고관대작의 지위를 버리고 조정을 떠났다. 이백은 또한 진나라의 사안에 대해서도 《등금릉야성서사사안돈登金陵冶城西謝安墩》에서 "공을 이룬 뒤 옷을 털고 일어나 무릉원에 가서 살았다"라고 말함으로써 그를 추앙했다.

사실 정확하게 말하면 사안이 공을 세운 뒤 은둔자의 삶을 택한 것은 아니었지만, 이백은 그를 통해 자신의 소망을 조영하고자 한 것이었다. 이처럼 세상 사람들의 눈에 가치 있는 것들은 정작 이백의 눈에는 전혀 중요한 것이 아니었다. 상호 의존적이면서도 일종의 기형적인 관계에 놓인 '부'와 '권력'이라는 요소를 이백은 더없이 멸시하는 시선으로 바라보았다.

호탕한 기백으로 삶을 위로하다 _ 이백

이백은 청년 시절 돈을 물 쓰듯 하는 호기로운 모습도 보였다. 이러한 성향은 《취후증종생고진醉後贈從甥高鎭》에 "가진 황금 손 가는 대로 다 써버리니 어제보다 오늘이 더 가난하구나"라고 쓰인 글에서 짐작할 수 있다. 물론 그의 가정이 부유했기 때문에 이런 일이 가능했지만, 더 중요한 것은 이를 통해 물질에 대한 그의 가치관이 어땠는지 알 수 있다는 점이다. 또한 그는 《장진주》에서 "하늘이 준 재능 언젠가 쓰일 날 있을 테고, 재물은 다 써도 언젠가 다시 돌아올 것을"이라고 하였다. 그런데 그가 상인도 아닌데 어떻게 재물을 써도 다시 돌아온다고 하였을까? 사실 이백이 도주처럼 돈 버는 데 재주가 있었던 것도 아니니 이는 재물을 경멸하는 속마음을 드러낸 시구인 셈이다.

이백은 또한 《강상음》에서 "부귀공명이 영원한 것이라면 한수도 서북으로 되돌아 흐르리"라고 했다. 동남으로 흐르던 한수가 어찌 서북으로 역류하겠는가? 부귀공명이 영원하리라는 것은 물이 역류하는 것만큼 불가능하고 황당한 생각이라는 뜻이다. 부귀를 경멸하는 사람은 반드시 권력 앞에서도 당당할 수 있다. 맹자는 이런 원리를 《맹자》〈진심하盡心下〉에서 명확하게 설명하기도 했다.

"지위가 높거나 부유한 사람을 설득할 때는 그를 가볍게 여길 것이요, 그의 오만한 모습을 안중에 두지 말아야 한다. 높이가 몇 길이나 되고 서까래 끝이 몇 자나 되는 집은 내가 뜻을 얻을지라도 짓지 않을 것이며, 한 길이나 되는 상에 맛좋은 음식이 내어지고 시첩이 수백 명 따르는 것은 내가 뜻을 얻을지라도 하지 않을 일이다. 향연을 베풀고 술을 마시며 말 달려 사냥하고 천승의 수레를 거느리는 것 역시 내가 뜻을 얻을지라도 하지 않겠노라. 그들에게 있는 것은 다 내가 하지 않을 것들이고 내게 있는 것은 오직 옛 법도이니 내가 어찌 그를 두려워하겠는가!"

그런 면에서 이백은 맹자가 강조했던 '대장부정신'을 직접 행동으로 실천한 사람이라고 할 만하다. 뭇 왕후장상이 거만한 행동을 하는 것은 오직 자신들이 손에 거머쥔 권력이나 재산 때문이다. 그런데 이백은 부귀영화를 한낱 분토로 여길 뿐이니 그들 앞에서 고개를 조아리고 무릎을 꿇을 이유가 없었던 것이다. 지방 장관을 알현하고 천거를 부탁할 때조차 장읍長揖, 즉 두 손을 마주 잡아 눈높이만큼 들어서 허리를 굽히는 정도의 예만 표했으니 이것도 어찌 보면 이백으로서는 당연한 일이다. 또한 《송한준배정공소부환산送韓準裴政公巢父還山》에서도 "산에서 나가 목백牧伯을 뵐 때도 길게 부르기만 할 뿐 의관도 갖추지 않았다"라고 했고, 《몽유천모음유별夢游天姥吟留別》에서도 "어찌 부귀와 권세 앞에 머리 숙이고 허리 굽힐 수 있겠는가. 이는 나로 하여금 웃을 수 없게 하는 일들이라"라고 하였다.

이백은 부귀와 권세를 지닌 자들에게는 오만하게 행동했어도 그 외의 사람들에게는 그렇지 않았다. 시인 각자가 겪은 인생 역정과 생활 환경이 달랐기 때문에 이백은 두보의 작품 《삼리三吏》나 《삼별三別》처럼 백성의 고난에 집중한 명작은 탄생시키지 못했다. 그렇다고 이백이 전혀 백성의 삶에 관심이 없었던 것은 아니다. 그가 강남 단양에 이르렀을 때 인부들이 혹서의 날씨에도 배를 끌어다가 강기슭에 대기 위해 고생하는 모습을 보고는 "마음이 쓰라리고 눈물이 비처럼 쏟아지네", "얼굴 가리고 울며 천고 세월을 슬퍼하리"라고 하며 통한의 감정을 시구로 표현하기도 했다. 안사의 난이 발발한 뒤로 이백은 전란으로 황폐해진 땅과 도탄에 빠진 백성의 현실에 관심을 가지기 시작하여 《고풍》에서 다음과 같이 묘사하기도 했다.

　　낙양 땅을 내려다보니 俯視洛陽川

　　망망한 벌판에 반군들이 내달리도다. 茫茫走胡兵

　　흐르는 피가 들풀까지 적시는데 流血塗野草

　　승냥이와 이리 떼들 죄다 고관이 되었구나. 豺狼盡冠纓

　　여기서 중요한 것은 이백이 고관대작들과 대등하게 교류한 것처럼 평범한 사람들과도 평등하게 교제하였다는 점이다. 선성宣城에서 술 빚는 노인이 죽었을 때는 그를 곡하며《곡선성선양기수哭宣城善釀紀叟》를 지었다.

　　황천에 가신 기 영감님 紀叟黃泉裏

　　그곳에서도 맛좋은 술 빚으시겠지. 還應釀老春

　　저승엔 이백이 없을 텐데 夜臺無李白

　　누구에게 술 파시려나. 沽酒與何人

　　동관야銅官冶 오송산 아래서 한 아낙이 줄쌀로 밥을 하여 이백을 환대하자 이백은 이에《숙오송산하순온가宿伍松山下荀媼家》를 지어 감사의 마음을 전했다.

　　순 씨 부인, 줄쌀로 차려진 밥상 내어오니 跪進雕胡飯

　　밝고 둥근 것이 달과 같은 소반. 月光明素盤

　　한신을 먹인 빨래터 아낙 생각 금치 못하겠노라. 令人慚漂母

거듭 감사해도 밥이 넘어가질 않는구나. 三謝不能餐

또한 이백은 도화담의 촌민 왕륜과 교류하다가 헤어지기 전 천고에 남을 명시《증왕륜贈汪倫》을 그에게 보내기도 했다.

나 이백, 배 타고 떠나려는데 李白乘舟將欲行

강 위에 돌연 석별의 노랫소리 들려오네. 忽聞江上踏歌聲

도화담 깊이가 일천 척인들 桃花潭水深千尺

날 보내는 왕륜의 정에 미치리. 不及汪倫送我情

중국 고전 시가 역사에서 기 씨 영감, 순 씨 부인, 왕륜처럼 시에 이름이 언급된 평민이 과연 몇이나 될까? 아마 거의 없을 것이다. 게다가 이백이 이런 시들을 썼을 때는 궁궐 안 황제와 귀비 앞에서 호방하게 붓을 휘두르며 시를 쓰던 호화로운 생활을 그만둔 지 얼마 되지 않은 시기였다.

그는 재능이 천재적이고 자부심 또한 지극히 강했지만, 이는 그가 다른 사람들과 깊은 우정을 나누는 데 전혀 장애가 되지 않았다. 이백이 젊은 시절 벗 오지남嗚指南과 함께 호남을 유람할 때 오지남이 병들어 동정호 근처에서 죽고 마는데, 이백은 그를 위해 눈물이 피가 되도록 울고 후하게 장사지냈다. 그 밖에도 그는 당대의 수많은 시인과 깊은 우정을 나눴다. 은둔 시인 맹호연孟浩然과 양양에서 만나 그에게《증맹호연贈孟浩然》이라는 시를 통해 깊은 경의를 표하기도 했다.

내가 진실로 아끼는 맹 선생 吳愛孟夫子

그대의 풍류는 천하가 다 아노라. 風流天下聞

......

산처럼 높은 그대 인품 앙모하나니 高山安可仰

다만 맑은 향기에 고개 숙일 뿐이라오. 徒此揖淸芬

그리고 동쪽 양주揚州로 떠나는 맹호연을 황학루에서 송별하며《황
학루송맹호연지광릉黃鶴樓送孟浩然之廣陵》에 석별의 정을 표시한다. 이
얼마나 깊고도 진지한 정이 녹아 있는 시인가!

외로운 돛 그림자 창공으로 사라지고 孤帆遠影碧空盡

오직 하늘 끝으로 흘러가는 장강만이 보이누나. 惟見長江天際流

이백은 강동江東에서 왕창령王昌齡이 낙후한 땅으로 좌천되어 가게
됐다는 소식을 듣고《문왕창령좌천용표요유차기聞王昌齡左遷龍標遙有此
寄》를 지어 그에게 보냈다.

양주는 꽃이 지고 뻐꾸기 우는데 楊花落盡子規啼

듣자 하니 왕창령이 오계를 건넌다 하네. 聞道龍標過伍溪

걱정스러운 마음 밝은 달에 부쳐 그대에게 보내노니 我寄愁心與明月

바람 따라 곧장 야랑 서쪽에 이르기를 바라노라. 隨風直到夜郎西

죄인에 가까운 신분으로 하락한 벗의 운명을 걱정하는 마음이 밝은
달처럼 바람 따라 먼 곳까지 날아가길 바란다는 구절에 이르면 그의
두텁고도 진심 어린 우정이 느껴진다. 평범하고 이름 없는 선비들과

백성을 존중한 것은 이백이 인격의 존엄성을 믿었기 때문이고 이백 본인 또한 벼슬을 떠나 평범한 선비의 신분으로 돌아왔기 때문이다.

이백은 비록 명사들에게 천거를 부탁할 때라도 결코 자신의 존엄성을 해치고 싶진 않았다. 그래서《상안주배장사서》에서도 자신의 도덕적 기품과 재능을 일일이 열거하면서 상대에게 도움을 요청했다. 그렇지만 글의 말미에는 "왕궁 대신의 집 대문이라고 장검을 두드리며 노래하지 못하리란 법이 있겠습니까?"라고 마무리 지었다. 처음에는 자신의 처지를 풍훤馮諼처럼 내세울 것 없는 식객으로 묘사하는 겸양을 보였지만, 언젠가는 큰 공을 세우고 말리라는 포부를 말미에 드러낸 것이다. 한조종이 후진을 양성하는 인사로 유명하다는 이야기를 듣고 이백은《여한형주서》를 써서 스스로 자기 자신을 천거한다.

> "그러니 지금 장사께서는 어찌 고당 계단 앞 한 척 정도의 땅을 면접의 장소로 내주시어 나로 하여금 고개 들고 기운을 내뻗어 조정에 나아가려는 꿈을 이루도록 밀어주지 않습니까?"

이 얼마나 당당한 모습인가? 고개를 반쯤이나 숙이고 일거리를 구하는 불쌍한 청년의 모습이라고는 찾아볼 수 없다. 말년에 이백이 심양의 옥에 갇혔을 때 최환에게 구명을 요청하는《계심양상최상환繫尋陽上崔相渙》이라는 글을 보내는데, 여기서도 동정을 바라는 태도는 조금도 보이지 않는다.

> 모수가 우물에 빠져 죽었다고 하나 실은 동명이인 모수였고[3) 毛遂不墮井
> 증삼이 사람을 죽였다고 하나 실은 동명이인 증삼이었다네.[4) 曾參寧殺人

누군가의 허언으로 평원군은 모수가 죽었다고 오해했고 盧言誤公子

세 사람의 잘못된 전언으로 증삼의 모친조차 베틀 북을 버린 채 숨었다네. 投杼惑慈親

백옥도 쌍쌍이 밝은 달과 같아야만 白璧雙明月

그중 하나가 진짜 옥석임을 알지 않겠는가. 方知一玉真

이백이 지닌 천성적인 당당함과 오만함의 본질은 거대한 자존감 때문이며 '벼슬 않는 선비'로서 자신의 인격과 존엄성을 보호하기 위한 자위적인 수단이었다. 이백이 작품에서 자기 인격의 존엄성을 선언한 것은 사회적인 의의뿐 아니라 심원한 역사적 의의까지 지닌다.

중국 고대사회는 집단의 가치를 중시하고 이를 위해서는 개인의 가치는 종종 무시되거나 뒤로 밀려나곤 했다. 군신 간의 법도로 유지되는 봉건제도와 계급의식 때문에 인간 개인의 존엄성은 쉽게 말살되는 상황에서, 하물며 이를 보호한다는 것은 상상하기조차 어려운 일이었다. 이런데도 왕이나 제후들과 대등하게 교류했던 이백은 벼슬 않는 선비의 인격을 최초로 보호하기 시작한 전형적인 인물이라고 볼 수 있다.

후대 사람들이 이백의 기백과 호방함이 담긴 시를 좋아하는 이유는 무엇일까? 고력사로 하여금 신을 벗기게 한 일화가 천 년이 넘도록 인용되는 것은 무엇 때문일까? 그것은 이백의 강직하고도 도도한 성품에 끌리기 때문이다. 현대를 살아가는 우리도 '소시민'으로서 소극적으로 살지 말고 이백처럼 당당하고 호방한 초야의 선비처럼 적극적으로 살아가야 한다. 만약 고위직 관리나 부유한 사람들 앞에 설 때마다 자신감이 떨어지고 소심해진다면 이백의 시《양보음梁甫吟》을 읽어보자.

그대는 들어보았는가. 君不見

조가에 살던 늙은 백정 강태공이 극진을 떠나 朝歌屠叟辭棘津

팔순에 서쪽으로 가 위수 강가에서 낚시질할 때 八十西來釣渭濱

맑은 물에 비치는 백발을 어찌 부끄러워하리. 寧羞白髮照淸水

때를 만나면 장대한 기운으로 경륜을 펼치리라. 逢時壯氣思經綸

십 년 가까이 낚싯대만 드리우다가 廣張三千六百釣

넓고 높은 인품으로 어느새 문왕과 가까워졌도다. 風期暗與文王親

어진 이는 때를 만나면 범으로 변하는 법, 소인은 짐작 못 하리. 大賢虎變
愚不測

처음에야 여느 사람과 다를 바 없지만. 當年頗似尋常人

그대는 들어보았는가. 君不見

고양의 주정뱅이 역이기가 초야에서 나온 뒤 高陽酒徒起草中

산동의 어르신 유방을 뵈었을 때 장읍만 한 채 長揖山東隆準公

엎드려 절은 않고 한바탕 웅변을 토하니 入門不拜騁雄辯

유방의 발 씻기던 두 여인은 대야를 거둔 채 바람처럼 물러갔노라. 兩女
輟洗來趨風

유방에게 중용되어 동으로 가서 제나라 성 일흔두 곳을 함락하고 東下齊
城七十二

초와 한의 싸움을 솜씨 좋게 지휘했네. 指揮楚漢如旋蓬

미치광이 건달조차 이처럼 활약하였거늘 狂客落魄尙如此

하물며 뭇 영웅에 비견되는 장사야 오죽하겠는가! 何況壯士當群雄

음주시飮酒詩,
자유로움을 위한 찬가

●

이백의 사상은 자유분방하여 어느 한 사상이나 학파에 구속되지 않았다. 어떤 이는 이백이 유가에 반하는 사상을 가지고 있었다고 주장하지만 사실 이백은 유가를 숭상하는 사람이었다. 왜냐면 그가 평생 놓지 않았던 치국평천하의 이상은 바로 유학의 핵심 가치이기 때문이다. 또한 이백이 유가의 시조인 공자를 무척 추앙했고 그를 인생의 본보기로 삼았음은《서회증남릉상찬부書懷贈南陵常贊府》에 증거로 남아 있다.

그대 보았는가, 나의 재능을. 君看我才能

노나라의 공자와 비견할 만하니. 何似魯仲尼

공자와 같은 성인도 자기를 알아줄 군왕 못 만났거늘 大聖猶不遇

나 같은 유생이 때를 못 만남을 어찌 슬퍼할꼬! 小儒安足悲

《서회증남릉상찬부》에서 이백은 자신의 재능이 공자와 견줄 만하다고 표현하면서 공자가 때 못 만남을 들어 자신의 처지를 위안하고 있다. 또한 그는 《고풍》에서 공자가 유가 경전을 종합하고 정리한 사적을 인용하여 문학을 향한 자신의 노력과 열정을 고무시키고 공자처럼 불후한 작품을 통해 천추에 길이 빛날 것을 희망했다.

이 몸의 뜻, 시를 읽고 짓는 것에 두었으니 我志在刪述
크고 밝은 빛이 되어 천 년을 비추다가 垂輝映千春
그 옛날 성인처럼 바로 서길 바라며, 그것이 성공한다면 希聖如有立
획린에 이르러 붓을 꺾겠노라. 絶筆於獲麟

이것이 실제가 아닌 창작된 시구에 불과하지만 이백이 자신을 공자와 동일시했다는 점에서 사람들로부터 오만하다는 평을 듣지 않을 수 없다. 그러나 여기서 끝이 아니었다. 공자를 자신과 동일시하고자 하는 마음은 《여산요기노시어허주廬山謠寄盧侍御虛舟》에서 더욱 대담하게 표현된다.

나는 본래 초나라의 광인 我本楚狂人
봉새야 노래하며 공자를 비웃었지. 鳳歌笑孔丘

공자는 당나라 현종이 '문선왕文宣王'이라는 시호를 내렸을 정도로 크게 추앙받고 있었다. 그런 그에게 이러한 표현을 한 것은 세상을 깜짝 놀라게 할 정도의 도발이었다. 이는 유가의 기본 사상은 숭상하지만 맹목적으로 숭배하지는 않았던 이백의 기개를 방증하는 것이기도

호탕한 기백으로 삶을 위로하다 _ 이백

했다. 그는 경전의 장절과 문장, 문구 해석 등 소소한 것에 매달리는 유생들을 다음처럼 비웃었다.

동로의 노인과 오경을 담론하니 魯叟談伍經

머리 다 세도록 문장만 붙들고 살았구나. 白髮死章句

나라 다스리는 방책을 물으니 問以經濟策

안갯속을 헤매듯 어쩔 줄 몰라 하네. 茫如墜煙霧

─《조노유嘲魯儒》

꽁생원 선비는 떠돌이 협객만도 못한 것 儒生不及遊俠人

흰머리 되도록 방구석에서 공부만 하면 무슨 득이 되리오. 白首下帷復何益

─《행행차유렵편行行且遊獵篇》

이백은 유가 못지않게 도가도 숭상했다. 만물을 다른 관점에서 바라보는 시각, 평범함을 뛰어넘는 초월적인 태도, 예법을 비판하고 전통을 탈피하는 해방감 등 도가의 경향은 이백의 성격과 무척 잘 맞아 그는 어릴 적부터 노자, 장자의 글을 즐겨 읽었다. 특히 《고풍》에는 은연중에 장자의 사상이 녹아 있음을 알 수 있다.

북쪽 바다의 큰 물고기 北溟有巨魚

몸길이는 수천 리라더니 身長數千里

고개 쳐들어 삼산(신선의 산)의 눈을 뿜어내고 仰噴三山雪

백 갈래 강줄기를 가로 삼키네. 橫呑百川水

물결 따라 흘러가다가 憑陵隨海運

바람 타고 기운차게 솟구쳐 오르는구나. 炟赫因風起

나는 보노라, 하늘만큼 솟아올라 吳觀摩天飛

구만 리를 날아도 멈추지 않음을. 九萬方未已

도가에서는 '스스로 그러함自然'을 중시하고, 복과 화는 서로 기대는 것이며, 속세를 뜻하는 먼지와 고결함을 상징하는 빛이 오히려 같다고 여긴다. 이러한 사상 기반은 이백의 인생관에 큰 영향을 끼쳤다.《행로난》이라는 시에도 노장사상이 곳곳에 녹아 있다.

귀 있다 해도 영천수에 씻지 말고 有耳莫洗穎川水

입 있다 해도 수양산 고사리는 먹지 말려무나. 有口莫食首陽蕨

빛을 품고 세상에 섞여 살려면 이름 없이 사는 게 제일이니 含光混世貴無名

고고하게 구름, 달에 날 견준들 무엇하겠는가. 何用孤高比雲月

이백과 도교와의 인연은 무척 깊었다. 젊은 시절 유명한 도사 사마승정을 만나 "선풍도골의 기풍을 갖췄다"라는 칭찬을 듣기도 했으며, 제주齊州에서는 도사 고여귀高如貴를 만나 일종의 도사 자격증이라 할 수 있는 도록道錄을 받고 의식을 치른 뒤 정식으로 도사가 되기도 했다. 또한 그는 도교의 연금술인 연단煉丹이나 불로장생을 위한 각종 수단도 믿었고, 신선이 되는 법을 공부한다거나 해를 뛰어넘어 날아오르기를 꿈꾸기도 했다. 이는《하도귀석문구거下途歸石門舊居》,《등아미산登峨眉山》이라는 작품에서도 엿볼 수 있다.

언제쯤 신을 벗고 세상에서 벗어날까 何當脫履謝時去

호리병 속에 해와 달, 하늘이 있구나. 壺中別有日月天

ㅡ《하도귀석문구거》

혹시라도 선인 갈유를 만난다면 儻逢騎羊子

손잡고 백일보다 높이 날아오르리라. 攜手凌白日

ㅡ《등아미산》

　유교나 도교 외에도 이백은 횡가橫家, 신선가神仙家, 불교 등의 사상도 흡수하였다. 이는 이백이 어떤 한 가지 권위에 매달려 집착하거나 맹신하지 않고 독립된 의지를 가지고 자유로운 사상을 추구했음을 알려준다. 이 때문에 그의 사상은 출처가 지극히 다양하고 복잡해졌다. 자유를 사랑하고 신선을 추구하여 세상을 탈피함으로써 시공간의 한계를 초월하는 이상적인 경지를 꿈꾼 것이다. 그런 가운데 이백은 공을 세워 나라에 보답하는 것도 열렬히 소망했는데, 그의 애국심은 결코 굴원에 뒤지지 않았다. 청나라 사람 공자진은 《최록이백집最錄李白集》에서 이백을 다음과 같이 정확하게 묘사하기도 했다.

　"장자와 굴원은 사실 한데 융합하기 어려운 독자적인 두 개의 사상인데, 이를 하나로 합한다면 그것은 '심心'으로 조화를 이뤄야 할 것이며 이는 이백으로부터 시작되었다. 유교, 신선, 협객의 사상은 세 개의 독립된 영역이어서 한데 합할 수 없으나 이를 '기氣'로써 조화를 이루어야 하는데 이는 이백으로부터 시작했다."

　중국 고대에 이처럼 속박과 규제에서 벗어난 자유로운 사상을 가진 시인은 이백 외에는 없다고 볼 수 있다. 이백의 시는 넘실대며 분출하는 황하 물결처럼 호방하고도 힘이 있어서 정신세계가 자연스럽게 그대로 표출된다. 그래서 그 자신도 《상이옹上李邕》이라는 시에서 자신을 대붕大鵬에 비유하곤 했다. 대붕은 《장자》에 나오는 자유로운 정신을 상징하는 상상의 새로 한 번의 날갯짓에 구만 리를 난다고 한다. 과연 이백이야말로 시 세계의 창공을 나는 유일무이한 대붕이 아닐 수 없다.

하루는 대붕이 바람과 함께 날아올라, 大鵬一日同風起
회오리바람 타고 곧장 구만 리를 날아갔다는데 扶搖直上九萬里
가령 바람이 잦아들 때 다시 내려온다면 假令風歇時下來
검푸른 바닷물을 날개로 쳐 흩뜨릴 수 있다네. 猶能簸却滄溟水

이백은 다양한 형태와 방식으로 자유로운 삶을 살았기에 세상 사람들의 눈에는 그가 무척 다양한 이미지로 비친다. 그는 한마음으로 보국의 충정을 품었던 뜻있는 선비이자 부귀공명을 포기했던 은둔 선비의 이미지를 가지고 있기도 하다. 또한 호방한 기개를 품었던 협객이기도 했고 풍류를 아는 문학 선비로 남아 있기도 하다.

하늘 우러러 크게 웃으며 문을 나서니 仰天大笑出門去
내 어찌 초야에 묻혀 살다 죽을쏘냐. 我輩豈是蓬蒿人
- 《남릉별아동입경》

어이하여 푸른 산에 사느냐고 묻기에 問余何事棲碧山
웃을 뿐 대답 아니 해도 마음은 절로 한가롭구나. 笑而不答心自閑

호탕한 기백으로 삶을 위로하다 _ 이백

복사꽃 물에 띄워 아득히 흘러가니 桃花流水杳然去

이곳이 별천지일세. 인간 세상 아니로다. 別有天地非人間

- 《산중문답山中問答》

열 걸음에 한 명씩 해치우나 十步殺一人

천 리를 가도 멈추질 않았네. 千里不留行

- 《협객행俠客行》.

나 취해 졸려오니 그대는 우선 가고 我醉欲眠君且去

내일 아침 생각나거든 거문고 안고 다시 오게. 明朝有意抱琴來

- 《산중여유인대작山中與幽人對酌》

이백의 삶은 늘 불안정했다. 오랫동안 머물 장소를 한곳으로 정하지 않았기 때문이다. 그는 아이들을 무척 사랑하는 아버지였지만, 어린 아들딸을 동로에 맡긴 채 사방을 유람하기도 했다. 어느 해에는 금릉金陵에서 자식들을 그리워하는 마음에 《기동로이치자寄東魯二稚子》라는 글을 지어 마음을 달래기도 했다.

집 동쪽에 복숭아나무 한 그루 樓東一株桃

지금쯤 가지와 잎이 아지랑이처럼 흔들리겠지. 枝葉拂靑煙

내가 몸소 심었던 그 나무 此樹我所種

집 떠난 지 벌써 삼 년인데 別來向三年

이제 집 높이만큼 자랐으려나. 桃今與樓齊

난 아직 타향을 떠도는 신세 我行尙未旋

귀여운 딸아이 이름은 평양인데 嬌女字平陽

복숭아나무 기대서서 꽃도 꺾어보겠지만 折花倚桃邊

꽃 꺾어도 아비 얼굴 볼 수 없어 折花不見我

말없이 홀로 서서 눈물만 흘리겠지. 淚下如流泉

아들 녀석 이름은 백금이니 小兒名伯禽

지금쯤 누이만큼 자랐을 것인데 與姊亦齊肩

둘이 나란히 복숭아나무 밑 걸어가도 雙行桃樹下

그 누가 등 토닥이며 돌봐주리. 撫背復誰憐

오늘도 자식 생각에 할 일 잊고 念此失次第

날마다 애간장을 태우네. 肝腸日憂煎

　이백은 종 씨 부인과 부부의 정이 깊긴 했지만 혼인 후 함께 머물 수 있는 기간이 오래지 않았다. 그래서 《추포기내秋浦寄內》에서 이렇게 표현한다.

추포가 좋아 스스로 들어온 뒤 我自入秋浦

삼 년이 다 가도록 북쪽에선 소식 없네. 三年北信疏

젊었던 얼굴 시름으로 쇠약해지고 紅顏愁落盡

이제 뽑을 수도 없을 만큼 늘어난 흰머리. 白髮不能除

양원에서 온 객이 있다 하여 가보니 有客自梁苑

집에서 보낸 서찰 그 손에 들려 있구나. 手攜伍色魚

봉함 열어 비단 위 글자 읽어보니 開魚得錦字

언제쯤 돌아오나 묻고 있었지. 歸問我何如

강과 산이 비록 길 막아도 江山雖道阻

내 마음 전과 같아 영원히 변하지 않으리. 意合不爲殊

이백은 이미 벼슬에서도 물러나 더는 관리의 신분도 아니었고 어떤 생업에 종사하는 처지도 아니었다. 그런데도 어째서 처자식을 떠나 홀로 떠도는 생활을 해야만 했을까? 정확한 상황은 모르지만 다만 이백이 난세에 뜻을 이루지 못한 데 대한 격정적이고 불안한 심정을 가라앉힐 방법을 찾아 끊임없이 사방을 유랑하면서 정신적인 위안처를 찾으려 했던 것은 아닐까 짐작할 뿐이다.

이백은 일생의 대부분을 유랑의 길에서 보냈다. 그는 조국의 강산과 자연 풍물을 뜨겁게 사랑했고, 섬세하고 민감하며 심미적인 시선으로 이들을 향해 열정적인 송가를 띄워 보냈다. 그래서 이백의 유람은 늘 시를 읽고 시를 노래하는 가운데 이뤄졌다. 그리고 그가 돌아보았던 명산과 하천은 모두 시 속에 우아한 이미지로 남았다.

이백은 산수시인이라고 불리지는 않지만, 산수시 분야에서 일군 성과는 왕유나 맹호연에 결코 뒤지지 않았다. 첫째, 이백이 유람하면서 산수와 큰 하천에 남긴 자취가 무척 광범위했다. 그는 장려하고 웅대한 산과 강에 온 마음을 빼앗겼기에 그의 산수시는 무척 광활하고 웅대한 풍격을 지닌다. 둘째, 이백은 도량이 넓고 포부가 대단한 데다 뜨거운 감성까지 지니고 있어서 그가 산천의 경치를 품고 시로 노래하면 시적인 의의가 더욱 농후해졌다. 따라서 이백의 붓끝에 그려진 계절에 따른 경치는 그만의 개성 있는 정감이 함축된 색으로 물들여졌는데, 이는 여타 시인의 산수시에서는 보기 드문 것이었다. 넘실대는 황하는 이백이 가장 좋아하는 소재였다. 황하를 노래하면서 산하를 삼킬 듯한 이백의 기개가 드러난 다음 시들을 감상해보자.

그대는 보지 못했는가? 君不見

황하의 물이 하늘로부터 내려와 흘러서 黃河之水天上來

바다로 가서는 다시 오지 않는 것을. 奔流到海不復回

- 《장진주》

황하 물은 서쪽에서 내려와 곤륜산을 끊고는 黃河西來決崑崙

만 리 길 포효하며 돌아 흐르다가 용문에 부딪치네. 咆哮萬里觸龍門

- 《공무도하 公無渡河》

그대 넓은 마음 황하처럼 하늘로부터 내려와 동해로 흘러드니 黃河落天
走東海

만 리 길이 그대 가슴에 새겨지는구나. 萬里寫入胸懷間

- 《증배십사 贈裴十四》

  청정한 밤하늘에서 밝게 빛나는 둥근 달도 이백이 특별히 사랑한 소재였다. 특히 《월하독작月下獨酌》에 묘사된 명월은 시인이 마음의 적막을 고요히 들어주는 유일하고도 다정한 벗이다.

꽃 사이에 술 단지 하나 놓은 채 花間一壺酒

벗도 없이 홀로 마신다네. 獨酌無相親

잔 들어 밝은 달을 청하니 擧杯邀明月

그림자 비추어 셋이 되었구나. 對影成三人

- 《월하독작》

호탕한 기백으로 삶을 위로하다 _ 이백

아미산의 달이 반만 보이는 가을에 峨眉山月半輪秋

그 그림자는 평강의 강물 따라 흘러가는구나. 影入平光江水流

밤중 청계를 떠나 삼협으로 향하노니 夜發淸溪向三峽

임 그리워도 못 본 채 유주로 가오. 思君不見下渝州

－《아미산월가峨眉山月歌》

내가 파동의 삼협에 있을 적에 我在巴東三峽時

서편 밝은 달을 보며 아미산을 생각했지. 西看明月憶峨眉

달은 아미에 떠올라 푸른 바다를 비추며 月出峨眉照滄海

나와 함께 장장 만 리를 따라왔다네. 與人萬里長相隨

－《아미산월가송촉승안입중경峨眉山月歌送蜀僧晏入中京》

　이상의 아미산월가 두 수는 아득하고도 깊은 이백의 감정이 잘 드
러난 시다. 밝은 달이 시인을 따라 만 리를 오기도 하고, 만 리나 떨어
져 있어도 서로 바라보며 그리워하니 여기서 '달'은 시인이 사랑하는
반려의 대상이 아니고 무엇이겠는가. 달은 끊임없이 움직여 변하는
천체이지만 그 움직임이 완만하기 때문에 고대인은 달을 읊을 때 그
것이 천상에서 '배회'한다고 했다. 예컨대 조식曹植의 명시《칠애시七哀
詩》에도 "밝은 달이 높은 누각 비추니 달빛 흘러 배회하네"라고 표현
된 것처럼 말이다. 이백도《월하독작》에서 "나 또한 배회하는 달을 노
래하니"라고 했다. 그러나 더욱 주목해야 할 것은 그가 달을 동태적인
이미지로 자주 묘사했다는 점이다.

　밝은 달은 천산 위로 솟아올라 明月出天山

운해 속에서 푸르고 아련하게 빛나네. 蒼茫云海間

긴 바람 몇만 리를 따라와 長風幾萬里

옥문관까지 불어와 지나치려나. 吹度玉門關

　-《관산월關山月》

사람들은 밝은 달에 오를 수 없고 人攀明月不可得

오히려 달이 사람 가는 대로 따라갈 뿐 月行却與人相隨

　-《파주문월把酒問月》

　이상의 두 수에서 이백의 감성적 특징이 달의 이미지에도 영향을 주었음을 알 수 있다. 보통 달은 부드럽고 섬세한 여성의 이미지로 그려지지만, 그의 시에서만큼은 강건한 남성적인 기개가 느껴진다.

　《촉도난蜀道難》,《몽유천모음유별》 등과 같은 이백의 산수 명시는 그 안에 녹아든 시적 감성이 하늘을 나는 듯하고 어휘가 장려하다. 놀라운 상상력을 바탕으로, 명멸하며 흩어지는 연기처럼 몽환적 이미지로 산수 풍경을 그려내고 있다. 그것이 실제 산이고 실제 강이냐를 따지기보다는 그것들이 이백 마음속에 있는 이상적인 경지를 묘사한 것이라고 보는 편이 낫다. 그러지 않으면 왜 산수시에 이토록 많은 과장과 상상의 기법이 들어 있는지, 심지어 신화적인 장면이 포함된 것인지 설명이 되지 않는다.

그 옛날 잠총과 어부가 蠶叢及魚鳧

나라 세운 지 얼마나 아득한가. 開國何茫然

그로부터 사만 팔천 년 동안 爾來四萬八千歲

진나라와 인적이 끊겼노라. 不與秦塞通人烟

서쪽 태백산에는 새나 다닐 만한 험한 길 있어 西當太白有鳥道

아미산 꼭대기를 가로지를 수 있네. 可以橫絶峨眉巓

땅 꺼지고 산 무너져 장사들이 죽으니 地崩山摧壯士死

그 뒤로 하늘계단과 돌사다리 길 꼬리 물고 이어지는구나. 然後天梯石棧相
鉤連

-《촉도난》

푸른 하늘 넓디넓어 그 끝을 알 수 없고 青冥浩蕩不見底

해와 달이 금은대(신선의 거처)를 환히 비춘다. 日月照耀金銀臺

무지개로 옷 입고 바람을 말 삼아 올라타니 霓爲衣兮風爲馬

구름 속의 신선들이 분분히 내려오네. 雲之君兮紛紛而來下

호랑이가 비파 타고 난새가 수레를 끌며 虎鼓瑟兮鸞回車

신선들 늘어선 것이 삼밭의 삼대 같구나. 仙之人兮列如麻

-《몽유천모음유별》

실제인 듯 환상인 듯 황홀하고 아득한 것이 과연 인간 세상에 이러한 풍광이 있을까 하는 생각조차 든다. 독특하고도 웅대한 필체로 묘사된 이러한 산수시에는 산천의 풍경과 범속을 초월한 정신이 한데 모여 있는 듯하다. 《촉도난》의 주제가 무엇인지에 대해서는 천 년이 넘도록 의견이 분분하지만 지금까지도 공식적으로 인정받는 해석은 없다. 그 원인은 이백이 이런 시를 지을 때 단순히 산수를 묘사한 것이 아니라 너무나도 다양하고 복잡한 개인의 정서를 투영했기 때문이다. 《촉도난》에 펼쳐진 광경에는 단순히 촉으로 가는 천 리 길 장려한 산천의 모습뿐 아니라 이백의 비장하고도 주관적인 정서와 의지가 담겨 있다. 이것이 어찌 보통의 산수시에서 나올 수 있는 강렬한 감성이란 말인가!

촉으로 가는 길 험난함은 하늘 오르기보다 어렵나니. 蜀道之難難於上青天
얘기만 들어도 얼굴빛이 시드노라. 使人聽此凋朱顏
⋯⋯
촉으로 가는 길 험난함은 하늘 오르기보다 어렵나니. 蜀道之難難於上青天
몸 기울여 서쪽 바라보며 긴 한숨 쉴밖에. 側身西望長咨嗟

그는 또《몽유천모음유별》의 말미에서 다음처럼 노래하였는데, 이는 보통 사람이 청산녹수를 보며 할 수 있는 넋두리는 분명 아니다.

어찌 굽실거리고 고관대작을 섬겨 安能摧眉折腰事權貴
내 마음과 얼굴을 펴지 못하리. 使我不得開心顏

이백은 그토록 많은 명산과 강을 두루 돌아보았지만 더 넓은 세상을 유람하지 못함을 한탄했다. 천하의 공간이라는 것은 유한하므로 이백은 그 한계를 뛰어넘어, 심지어 몸을 솟구쳐서 청운에 올라 신선과 교우하고자 했다. 그래서《고풍》에서도 이렇게 표현했다.

서쪽 연화봉에 올라 西上蓮花山
저 멀리 아득한 샛별 선녀를 바라보니 迢迢見明星
흰 손에 부용을 든 채 素手把芙蓉

호탕한 기백으로 삶을 위로하다 _ 이백

허공을 걸어 하늘나라를 밟더니 虛步躡太淸

무지개 활옷에 넓은 띠를 매고 霓裳曳廣帶

가볍게 나풀거리며 하늘로 올라가는구나. 飄拂昇天行

나를 맞이하여 운대에 오르더니 邀我登雲臺

신선 위숙경에게 공손히 읍하네. 高揖衛叔卿

꿈꾸는 듯 황홀히 그와 함께 가서 恍恍與之去

기러기 끄는 수레 타고 신선의 세계로 솟아오르도다. 駕鴻凌紫冥

연화봉蓮花峰은 화산華山의 봉우리를 말하는데, 이백은 지극히 높은 정상에 올랐음에도 만족하지 않고 하늘로 날아오르겠다고 표현했다. 이처럼 고생을 마다치 않고 하늘로 오르려고 애썼던 것은 천하의 절경을 보기 위함이었을까, 아니면 속세를 버리고 천계로 오르기 위함이었을까?《여산요기노시어허주》를 살펴보자.

나는 본래 초나라의 광인 我本楚狂人

봉새야 노래하며 공자를 비웃었지. 鳳歌笑孔丘

손에는 녹옥으로 조각한 지팡이 들고 手持綠玉杖

이른 아침 황학루를 떠났다네. 朝別黃鶴樓

오대 명산을 향해 신선 찾아가는 길 멀다 하지 않고 伍嶽尋仙不辭遠

평생 명산에서 노닐기를 좋아했다오. 一生好入名山遊

수려한 여산은 남두 별 곁에 솟아 있고 廬山秀出南斗傍

구 첩 구름 병풍은 비단으로 수놓은 듯하네. 屛風九疊雲錦張

산 그림자 맑은 호수에 드리우니 푸른빛으로 발하고 影落明湖青黛光

금궐 앞에는 두 봉우리가 하늘 높이로 우뚝 솟아 있도다. 金闕前開二峯長

은하수 거꾸로 매달린 세 개 돌다리에서 銀河倒挂三石梁

향로봉의 폭포를 멀리 마주 바라보노라. 香爐瀑布遙相望

낭떠러지 둘러싸고 봉우리 첩첩이 에워싸 창망하니 廻崖沓障凌蒼蒼

산 그림자의 푸른빛과 노을의 붉은빛이 아침 해에 드러나 翠影紅霞映朝日

나는 새도 이르지 못할 오나라의 먼 하늘이로다. 鳥飛不到吳天長

높은 산 올라 천지 장관을 바라보니 登高壯觀天地間

큰 강물은 아득히 멀어지지만 한 번 가면 다시 오지 아니하네. 大江茫茫去不還

누런 구름은 만 리 끝의 경치까지 바꾸고 黃雲萬里動風色

흰 물결은 아홉 길로 설산까지 흐른다. 白波九道流雪山

여산을 위하여 한바탕 노래 짓나니 好爲廬山謠

여산으로 말미암아 흥이 일어나는구나. 興因廬山發

한가로이 석경 들여다보며 내 마음 비우는데 閑窺石鏡淸我心

애석타, 사령운謝靈運[5]이여, 그 자취 푸른 이끼에 묻혔도다. 謝公行處蒼苔沒

아침에 환단을 먹고 세속의 정 멀리하니 早服還丹無世情

마음과 기가 안정되어 도를 처음 이루네. 琴心三疊道初成

저 멀리 아득히 아롱진 구름 속 선인을 바라보니 遙見仙人綵雲裏

부용꽃 손에 들고 옥경산에 모여드네. 手把芙蓉朝玉京

드넓은 하늘 밖에서 만날 것을 이미 약속했으니 先期汗漫九垓上

노오[6]를 맞이하여 하늘에서 노닐겠노라. 願接盧敖遊太淸

이것이 산수시라고 할 수 있는가? 겉으로 보기에는 산수시 같지만 실제로는 그렇지 않다. '초나라의 광인'은 초나라의 미치광이 접여接輿를 가리키는데 공자가 초나라에 갔을 때 접여가 공자 앞에서 "봉새여, 봉새여, 어찌하여 그대의 덕이 이렇게 쇠락하였는가"라고 노래하며 비웃었다고 한다. 접여는 장저長沮나 걸닉桀溺과 마찬가지로《논어》〈미자微子〉에서 말한 것처럼 "세상을 피해서 살았던 선비"다. 여기서 이백이 명산을 유람한 것이 풍경을 감상하기 위함이 아니라 속세를 피하고자 하는 뜻을 겸하고 있음을 알 수 있다. 명산과 큰 강은 시끄러운 속세와 단절된 아름다운 세계이자 명리에 대한 욕망으로부터 벗어난 자유의 뜰이다. 그래서 장자도《장자》〈지북유知北遊〉에서 "산림아, 언덕아, 나를 흔연히 즐겁게 하는구나!"라고 했다. 이백이 명산을 유람하길 즐겼던 것도 같은 이유에서였을 것이다.

그가 천지간의 장관을 감상하는 것에 만족하지 않고 구름 사이의 선인을 앙모한 나머지 청운 위로 솟구쳐 올라 하늘 밖을 노닐고 싶어 했던 것도 이해가 된다. 이백에게 산을 유람하는 것이나 신선의 길을 추구하는 것은 모두 세속의 뒤엉킴을 벗어날 수 있는 효과적인 수단이었다. 비록 이백이 유람의 흔적을 남긴 곳은 중국 대지의 명산과 큰 강에 한정되었지만 본질적으로 그가 추구한 것은 정신적인 유람이었다.

이백의 일생은 어느 한곳에 구속받거나 구애됨 없이 신선처럼 초연했다. 그래서 장안에서 처음 그의 시를 선보였을 때 하지장으로부터 "하늘에서 유배 온 신선"이라는 칭송을 받게 된다. 이백은 이러한 칭호에 만족스러워하며《대주억하감對酒億賀監》에서 이렇게 노래했다.

사명산에 광객이 있나니 四明有狂客

풍류객 하계진이라. 風流賀季眞

장안에서 처음 만났을 때 長安一相見

날 하늘에서 귀양 온 신선이라 불렀지. 呼我謫仙人

사람들이 이백을 부르는 데는 두 가지 별칭이 있었다. 그것은 첫째 시선詩仙이고 둘째는 주선酒仙이었다. 만당 시기 정곡鄭谷은《독이백집讀李白集》에서 "어찌하여 문성文星[7]과 주성酒星[8]을 한꺼번에 이 선생에게 주었는가?"라고 외치기도 했다. 두보는 이런 그를 향해《음중팔선가》에서 다음처럼 노래했다.

이백은 한 말 술에 시 백 편을 짓고 李白一斗詩百篇

장안 저잣거리 술집에서 잠을 잤다네. 長安市上酒家眠

천자가 불러도 배에 아니 올라놓고 天子呼來不上船

스스로 일컫기를 자신은 술에 취한 신선이라고 외쳤다네. 自稱臣是酒中仙

뛰어난 글솜씨로 쓰기만 하면 최고의 문장이 되고 시풍이 우아하며 자유분방하고 탈속적이니 이백은 과연 시 세계의 신선, 즉 시선으로 불릴 만하다. 그렇다면 주선은 어떠한가? 주선이 되려면 물론 술을 잘 마셔야 할 것이다.《양양가襄陽歌》를 보면 조금의 과장이 있긴 하지만 그의 주량이 대단했음을 짐작할 수 있다.

백 년 삼만 육천 일을 百年三萬六千日

하루에 모름지기 삼백 잔을 마시겠노라. 一日須傾三百杯

……

이 강물 몽땅 떠서 봄 술 빚는다면 此江若變作春酒

술지게미 높이 쌓아 누대를 이루리라. 壘麴便筑糟丘臺

《초계어은총화苕溪漁隱叢話》에 보면 송나라 사람 왕안석이 이백의 시

호탕한 기백으로 삶을 위로하다 _ 이백

에 대해 "이백의 시는 열 중 아홉이 여자와 술에 관한 것이다"라고 비판한 대목이 나온다. 사실 이백이 여성을 소재로 쓴 시는 많지 않지만 술에 관해서는 많이 쓴 편이다. 통계에 보면 1,000여 편에 달하는 그의 시 중에서 '주酒'라는 글자가 포함된 것이 115수이며 음주를 소재로 한 시가 322편에 달한다고 하니, 실로 대단한 애주가임을 알 수 있다. 그만큼 이백은 술에 대한 애정이 깊었다.

인생이란 때를 만났을 때 마음껏 즐거야지 人生得意須盡歡
금 술잔 비우고 공연히 달빛만 채우려는가. 莫使金樽空對月
-《장진주》

맛좋은 술로 유명한 서주의 술 국자 舒州杓
역사가 겨우 들던 술 그릇 力士鐺
나 이백은 너희와 생사를 같이하리라. 李白與爾同死生
-《양양가》

술을 어찌나 사랑했던지 심지어 그는 술 기구들과도 생사를 같이하겠노라고 노래한다. 그렇다면 이백은 어째서 이렇게 미친 듯이 술을 찾았을까? 그는 일찍이《장진주》에서 이렇게 말한 바 있다.

오색 말과 값진 모피를 伍花馬, 千金裘
아이 불러 좋은 술과 바꿔 와 呼兒將出換美酒
그대와 더불어 마시고 만고의 시름 녹이리라. 與爾同銷萬古愁

그러나 만약 술을 마시는 것이 단순히 근심을 잊는 데 목적이 있다면, 이런 술고래들은 곳곳에 널려 있으니 이백의 목적은 가치를 상실한다. 이백이 술을 마시는 행위는 정신적인 이상을 추구하는 일종의 문화 활동으로 시 창작과 긴밀하게 연결되어 있다. 두보가 "이백은 술한 말에 시 백 편을 지었다"라고 말한 것처럼 술은 이백 내면의 피를 끓게 하고 감성을 자극하며 마음을 격양시키는 물질이었다. 시를 쓰기에 최적의 심리 상태가 되는 셈이다.

술에 취하면 내면의 비판의식과 반항의 정신이 고개를 치켜들고 이는 어두운 현실을 성토할 수 있는 용기를 주었기에, 그 덕에 이백은 심중의 호방함과 기개를 시로 펼쳐낼 수 있었다. 실제로 이백은 술에 취한 상태에서 고력사에게 신발을 벗기라고 소리쳤고, "동룡이 얼마나 개와 닭 같은 놈인가!"라고 통쾌한 욕을 쏟아낼 때도 역시 술에 취했을 때였다.

그리고 술을 쥔 채 달을 바라보지 않았더라면 어찌 《파주문월》에 묘사된 기발한 생각이 나올 수 있었겠는가?

토끼는 봄가을로 불사약만 찧고 있으니, 白兔搗藥秋復春
항아는 홀로 살며 뉘와 이웃할까. 姮娥孤栖與誰隣

그리고 그가 만취하지 않았더라면 《선주사조루전별교서숙운宣州謝朓樓餞別校書叔雲》의 명구는 탄생하지 못했을 것이다.

그대와 함께 탈속의 흥으로 장대한 꿈 날려보니 俱懷逸興壯思飛
하늘에 올라 밝은 달조차 잡고자 하노라. 欲上青天覽日月

호탕한 기백으로 삶을 위로하다 _ 이백

우리는 왜 이백의 음주시를 읽는 것일까? 분명 이백처럼 종일 술에 취하기 위함은 아닐 터다. 오히려 그의 시에 녹아 있는 강렬한 정신에 감염되고 사상의 일깨움을 얻기 위함이 아니겠는가. 왜냐면 그 시들은 우리로 하여금 탈속의 정신세계를 개척하고 삶과 죽음을 깊이 고민하게 하기 때문이다.

　이러한 시를 많이 읽다 보면 삶의 뜻이 고무되어 숭고하고 위대한 가치를 추구함으로써 어느 한곳에 구애됨 없이 자유로운 해방감을 누릴 수 있게 된다. 이것이 바로 이백이 우리에게 남긴 거대한 정신적 유산이다.

2

단순하고 소박하게 인생을 누리다

•

도연명

닭 한 마리, 술 한 말로
욕심 없이 사는 법

●

중국 문학, 더 나아가 중국 사상에서 도연명은 무척 특별한 인물이다. 그는 언뜻 소박하고 평범한 삶을 산 것 같지만, 일면 청사에 길이 남을 탁월한 업적과 이름을 남긴 시인이다. 또한 다양한 이력을 가지고 있어서 일찍이 말단 관리직 몇 곳을 거치다가 나중에는 고향인 심양潯陽에서 은거하며 여생을 보냈다. 그 과정에서 그는 총 120여 편의 시와 12편의 사, 부, 산문을 남겼다.

　그러나 대부분 작품이 꾸밈이 없고 소박하여 당시에는 문단의 주목을 받지 못했다. 도리어 사후에 점차 명성이 높아지더니 마침내 후대인들에게 추앙받는 문학의 성인으로 자리 잡았다. 그래서 소식처럼 재능이 탁월한 천재조차 《여자유서與子由書》에서 "이백과 두보도 도연명만 못하다"라고 평하면서 "만년에 그의 깊음을 배우고자 한다"라고 칭송할 정도였다. 호걸 시인 신기질도 《수룡음水龍吟》에서 도연명에 대해 "그는 여전히 죽지 않아 지금도 위엄 있게 살아 숨 쉬는 듯하다"라고 표현하기도 했다. 심지어 청나라 시인 공자진龔自珍은 《주중독도舟中讀陶》에서 "도연명은 와룡의 호걸과 비견할 만하니 만고의 세월 동안 피어난 심양의 소나무나 국화처럼 고매하다"라고 했다.

평생 은거하며 가난과 더불어 산 문인이 어떻게 천하 삼분지계를 논하던 제갈량 같은 지략가에 비유될 수 있었을까? 또한 도연명의 옛집에 자라던 평범한 소나무와 국화가 일약 천추에 길이 빛날 고매한 품격의 상징이 될 수 있었던 이유는 무엇일까? 그의 생애를 따라가보면서 이유가 될 만한 단서들을 찾아보자.

도연명은 어려서 아버지를 여의고 빈한하게 살다가 스물아홉 살이 되어서야 벼슬길에 올랐다. 그렇지만 마흔한 살에 팽택령彭澤令이라는 관직을 끝으로 고향으로 돌아가 은거하며 평생 벼슬하지 않았다. 그래서 양나라 종영은 《시품》에서 그를 향해 "고금 은일 시인의 시초"라 말하기도 했다.

그런데 이처럼 후대에 은거 시인으로 불리며 그 탈속의 깨끗함을 추앙받는 그가 어째서 젊은 시절 여러 차례 벼슬길에 나섰던 것일까? 이에 대해 도연명은 《귀거래혜사歸去來兮辭》에서 "나는 집이 가난하여 농사를 지어도 자급할 수 없었다"라고 했는데, 여기서 그가 가족을 부양하기 위해 어쩔 수 없이 관리가 되었음을 짐작할 수 있다.

안연지는 도연명이 출사하게 된 원인을 《도정사뢰》 속에 더욱 분명하게 써놓았다.

"어려서부터 집안이 가난하고 질병이 끊이질 않았으며, 노비나 계집종

단순하고 소박하게 인생을 누리다 - 도연명

조차 없어 물 긷기나 쌀 찧기도 쉽지 않았으며, 채소나 콩도 구경하기 어려웠다. 그래서 나이 든 부모를 봉양하고 어린아이들 키우기가 여의치 않았다. 이를 생각하면 어머니 생전에는 봉양을 위해 벼슬길에 나갔다가 어머니가 돌아가신 뒤에는 다신 벼슬로 나아가지 않았다는 모의毛義의 심정을 이해하게 된다."

이 글에는 다음의 두 가지 고사가 포함되어 있다. 첫째는《한시외전韓詩外傳》에 전국 시대 사람 전과田過가 한 말을 가리킨다.

"만약 군왕이 베푸신 토지가 아니었다면 내 부모가 몸을 누일 땅이 없었을 것이고, 군왕이 주신 녹봉이 아니었다면 내 부모를 봉양하지 못했을 것이며, 군왕이 관직을 주지 않았다면 내 부모의 지위가 천해졌을 것이다. 군왕에게서 받은 모든 것이 내 부모에게 덕이 되었으므로 내가 군왕에게 충성을 바치는 것은 모두 내 부모를 위한 것이다."

둘째는《후한서後漢書》에 수록된 모의에 관한 고사다.

"여강盧江에 모의라는 사람이 있었는데 자는 소절小節이다. 남양南陽 사람 장봉張奉은 모의가 가난함 가운데서도 절개를 지키는 모습을 평소 흠모했다. 하루는 장봉이 모의를 찾아왔는데 마침 관청에서 모의를 수령으로 봉한다는 임명장이 도착했다. 모의는 임명장을 받아들고 기쁜 기색을 감추지 못했다. 이 광경을 본 장봉은 그가 지조를 잃었다고 생각해 실망하고 먼 길 찾아온 것을 후회했다. 그러고는 모의가 말리는 것도 뿌리친 채 자리를 떴다. 그 뒤 얼마 지나지 않아 모의의 모친이 갑작스럽게 세상을 떠났다. 모의는 미련 없이 관직을 다 버리고 상을 치르며 모친을 애도했다. 그 뒤 조정에서 수차례 모의에게 벼슬을 내렸으나 뒤도 돌아보지 않고 모두 고사했다. 이를 본 장봉은 그제야 '현자의 마음은 헤아릴 수가 없구나! 과거 그가 임명장을 들고 기뻐했던 것은 다만 모친을 봉양하기 위함이었을 뿐이로다!'라고 하며 감탄했다."

앞의 고사에 나오는 전과가 한 말이나 모의의 행동이 바로 도연명이 품었던 출사의 원칙이었다. 도연명이 벼슬길에 나선 것은 어쩔 수 없는 선택이었던 셈이다. 이처럼 관직에 뜻이 없었기 때문이었는지 도연명은 출사할 때마다 몇 년, 심지어 몇 개월을 넘기지 못한 채 그만두곤 했다.

처음 강주에서 제주라는 관직에 부임했지만 얼마 지나지 않아 사직했고, 훗날 맡게 되는 몇몇 관직도 재임 기간이 길지 않았다. 형주의 관리로 갔을 때는 3년, 진군참군으로 갔을 때는 1년, 건위참군 때는 고작 5개월이 다였다. 그리고 마지막 관직이었던 팽택현 현령직은 80여 일 만에 관두었다. 진나라 때인 405년 8월, 도연명은 팽택 현령으로 부임하지만 소통의 《도연명전》에 보면 이런 말이 나온다.

"한 해가 끝날 무렵 마침 군에서 파견된 자사의 보좌관인 독우督郵가 현에 도착하니 아전이 '반드시 의관을 갖춰 입고 뵙도록 하십시오'라고 청했다. 그러자 탄식하며 '다섯 말의 녹봉 때문에 향리의 일개 관리에게 허리를 굽히겠는가!'라고 말하고는 그날로 관직을 그만두고 고향으로 돌아가면서 《귀거래歸去來》를 썼다."

이때부터 그는 관료 생활의 굴레와 속박을 벗어버리고 새장을 탈출한 한 마리 새처럼 푸른 세상으로 나갔으며《귀거래혜사》에서 이렇게 노래했다.

자, 이제 돌아가리. 歸去來兮

고향 산천이 황폐해지거늘 어찌 돌아가지 않겠는가! 田園將蕪胡不歸

이제껏 고귀한 정신이 육체의 노예가 되어 일했으나, 旣自以心爲形役

어찌 홀로 슬퍼하고 서러워만 할 것인가. 奚惆悵而獨悲

이미 지난 일을 탓하고 후회해봤자 소용없고 悟已往之不諫

이제부터 바른길 가는 것이 옳다는 것을 깨달았도다. 知來者之可追

인생길 잘못 들어서서 헤맨 것 사실이나 그리 멀리 가진 않았으니 實迷塗其未遠

이제야 오늘 생각이 맞고 어제 행동이 틀렸음을 알았다네. 覺今是而昨非

배는 기우뚱기우뚱 경쾌하게 흔들리고 舟遙遙以輕颺

바람은 한들한들 옷깃을 스치는데 風飄飄而吹衣

지나는 길손에게 고향까지 가는 길을 물어보니 問征夫以前路

새벽빛 아직도 희미함이 한스럽구나. 恨晨光之熹微

마침내 저 멀리 고향 집 대문과 처마가 보이니 乃瞻衡宇

기쁜 마음에 급히 뛰어갔다. 載欣載奔

머슴아이 길에 나와 반기고 僮僕歡迎

어린 것들은 대문에서 날 맞이한다. 稚子候門

뜰 안의 세 갈래 작은 길에는 잡초가 무성하지만 三徑就荒

소나무와 국화는 아직도 꿋꿋하구나. 松菊猶存

어린놈 손잡고 방에 들어오니 携幼入室

언제 빚었는지 항아리엔 향기로운 술이 그득하구나. 有酒盈樽

　이날 이후 도연명은 줄곧 고향에서 은거한다. 당시 생활 조건으로 볼 때 은거의 삶이란 더할 나위 없이 청빈하지만, 한편으로는 배고픔과 추위를 견뎌야 하는 고난의 시간이 될 수밖에 없었다. 선비에게 많고도 과중한 농사의 노동은 또 다른 고통이었을 것이다. 도연명은 가난해서 농사를 지어도 가족 전체를 먹여 살리기에 충분하지 않아 가끔 먹을 것을 구하러 다니기도 했다.

　이러한 고난 속에서도 그는 결코 지방 관청이나 조정의 부름에 응하지 않았다. 이는 그가 품었던 고결한 지조와 절개를 보여주는 한편, 어두운 정치 현실을 간접적으로 비판하는 행동이기도 했다. 마흔한 살에 관직을 내려놓고 귀향한 뒤 예순셋에 세상을 떠나기까지 20여 년의 은거 생활은, 그에게는 정신적인 투쟁의 역사이자 고결한 품격과 지조가 부귀영화의 유혹을 이겨낸 승리의 기록이라고 할 수 있다.

　도연명이 세상을 떠나기 얼마 전 당시 강주 자사였던 단도제檀道濟가 일부러 도연명을 찾아와 벼슬길에 오를 것을 제안했다. 당시 단도제는 강주의 지방 장관이었을 뿐 아니라 남북조 시대 유송劉宋 왕조의 중역이어서 매우 높은 관직의 인사였음에도 그를 직접 찾아와 "옛 성현들은 세상이 어지러우면 시골에 은거하고 태평성세를 만나면 벼슬길을 찾는다고 했습니다. 지금은 밝은 태평세월인데 선생은 어찌하여 이리 초야에 묻혀 지내며 고생을 자처하십니까?"라고 말했다.

　강직하고 올곧은 천성을 지닌 도연명이 단도제의 제안을 단번에 거절했으리라는 건 어렵지 않게 예상할 수 있다. 게다가 단도제는 '태평세월'이라는 시의적절하지 않은 표현을 사용함으로써 도연명의 반감을 샀으리라는 추측도 해본다. 왜냐면 단도제가 모시는 유송의 개국 황제 유유劉裕는 권력 찬탈을 위해 각종 포악한 방법을 동원해서 세상을 어지럽혔기 때문이다. 그걸 두고 태평세월이라고 하니 도연명이 화가 날 수밖에 없었으리라. 고사하는 도연명을 뒤로한 채 길을 떠나면서 단도제가 고기와 식량을 나눠주려 했다. 그런데 도연명은 손을 휘휘 저어 그마저도 사양했다. '모욕적인 베풂'이라는 이유에서다. 손을 휘휘 저으며 거절한 것은 물질의 유혹에 대한 단호하고도 결연한 거절의 의사라고 할 수 있다.

가난하고 고통스러웠지만 평안하고도 고요했던 그의 은둔 생활도 마무리할 시기가 다가왔다. 그는 임종이 가까워져 오자 '스스로 쓴 제문'이라는 뜻의《자제문自祭文》을 지었다.

봉분도 나무도 없이 不封不樹
세월과 함께 사라지리라. 日月遂過
살아생전 부귀와 명예를 귀히 아니 여겼으니 匪貴前譽
죽은 후 누가 날 위해 노래하리. 孰重後歌

제문에 나온 대로 과연 그는 죽은 후에도 한동안 처량한 신세를 벗어나지 못했다. 벗 안연지가 도연명을 위해 애도문을 짓고 개인적으로 정절정사靖節征士라는 시호를 붙여준 것을 제외하고는 아무도 그의 죽음을 기억하거나 애도하지 않았고, 조정에서 그를 기리어 작위나 물품 등을 하사하지도 않았다. 그러나 세월이 흐르면서 그의 이름은 후대인들의 마음에 갈수록 깊이 자리 잡았고 마침내 가장 도달하고 싶은 품격 있는 인물의 전형이 되었다. 남송 시대 신기질이《자고천鷓鴣天》에서 도연명을 예찬한 부분을 감상해보자.

만년에 도연명은 직접 농사지었지만 가난을 원망하지 않았도다. 晩歲躬
耕不怨貧
닭 한 마리, 한 말 술 가지고 이웃과 욕심 없이 즐기는 것이 只雞斗酒聚比鄰
모두 진나라 송나라 시대에는 없는 都無晉宋之間事
복희 황제가 다스리던 고대의 자연스럽고 순박한 백성과도 같았다. 自是
羲皇以上人
그의 시는 천 년이 지나도 여전하며 千載後百遍存
진실하고 맑지 않은 글자가 하나도 없구나. 更無一字不清眞
부귀영화를 누리는 고관대작이라도 若敎王謝諸郎在
싸리문 뽕나무 앞 도랑에 뒹구는 티끌만도 못할 뿐. 未抵柴桑陌上塵

도덕 상실의 시대,
'평범함'이 덕이다

●

도연명이 살았던 진송 시대는 중국 역사상 가장 혼란했던 시대라 할 만하다. 도연명이 태어나기 40여 년 전, 동진의 두 번째 황제 명제는 당시 재상이었던 왕도에게 진 왕조의 개국사를 물었다. 이에 왕도는 사마 씨가 조조曹操의 위나라 정권을 찬탈했던 잔혹한 역사의 과정을 명제에게 설명했다. 그 말을 듣고 참담해진 명제는 얼굴을 침상에 묻은 채 "공의 말이 사실이라면 진나라의 위업이 어찌 장구할 수 있겠는가?"라고 개탄했다.

당시 북방 정권 전조의 석륵石勒이 말했던 것처럼 사마 씨 왕조는 고아나 과부와 다름없던 이들의 손에서 간교하고 잔혹하게 빼앗아 만들어진 정권이었다. 이처럼 진나라 정권은 합법성과 정통성이 뒷받침되지 않은 태생적 한계 때문에 조정뿐만 아니라 사회 전체가 도덕성이 부족한 혼란스러운 국면에 접어들었다. 오죽하면 진나라 역사가인 간 보干寶가 그의 저서 《진기晉記》에서 당시 정권과 풍속을 신랄하게 비판 했겠는가. 보통 역사서라고 하면 당대 조정의 덕을 칭송하고 찬양하기 마련인데 말이다.

간보는 《진기》〈총론總論〉에서 당시 상황에 대해 "조정에 순수하고 덕을 갖춘 인물이 적고, 향리에는 올곧고 충정 어린 원로가 거의 없으 며, 풍속이 음란하고 부끄러움을 모른 채 고상함을 잃었다"라고 개탄 했다. 실제로 진나라 말, 송나라 초기에는 사대부의 도덕성이 땅에 떨 어지고 청렴하고 고상한 선비를 찾기 어려울 정도로 사회가 무척 혼탁 했다.

이처럼 혼탁한 수렁 같은 사회 환경에 오염되지 않은 채 한 줄기 고 결한 연꽃처럼 피어나 유일무이한 인격과 품위를 드러낸 이가 있었으 니, 그가 바로 도연명이었다. 그렇다면 도연명은 인격적으로 어떤 면 에서 당시 풍속을 따르지 않았다는 말일까?

우선 너나없이 앞다퉈 권력과 부를 탐할 때에도 도연명은 청렴한 인 격을 잃지 않고 군계일학의 면모를 보였다. 진나라는 그 사람의 덕행 이나 재능이 아닌 출신 문벌로 사회적 지위를 결정하는 문벌제도의 폐 단이 심했다. 《진서》〈유의전劉毅傳〉에는 "상품의 관직 받은 자 가운데 에 한미한 가문 출신이 없고, 하품 관직 받은 자 가운데 권문세족 출신 이 없다"라는 말이 있는데 이것이 당시 문벌제도의 폐단을 압축해서 표현한 문구가 아닐까 싶다.

당시 왕사王謝 가문, 즉 진의 명문 귀족인 왕 씨와 사 씨 가문의 자제 들은 수도 건강建康 성에서 지내면서 호화로운 생활을 했고, 사람들은 하나같이 이들 권문세족의 부귀영화를 부러워했다. 이런 현상은 양나

단순하고 소박하게 인생을 누리다 – 도연명

라 시대에까지 계속됐는데, 심지어 후일 반역을 도모하는 후경侯景조차도 왕사 가문과 혼인 관계를 맺게 해달라고 양 무제에게 청을 넣을 정도였다.

문벌제도가 고착화한 사회에서는 필연적으로 사람들의 가치관도 부귀영화만을 좇게 마련이다. 그래서 간보는《진기》〈총론〉에서 당시 풍토에 대해 "선비들도 하나같이 명리만을 좇으니 관직이 많아도 어진 현자가 등용되지 않는구나"라고 했다. 배운 이들이 관직뿐만 아니라 노골적으로 부를 추구하는 모습을 개탄한 것이다.

이처럼 혼탁한 사회 환경 속에서 도연명은 남들이 어떻게 행동하든 관계없이 독야청청 자신의 신념을 올곧게 지켰다. 그는 왕사 가문으로 대표되는 권문세족의 부귀영화를 부러워하지도 않았고 오히려《영빈사詠貧士》를 써서 영계기榮啓期, 원헌原憲, 검루, 원안袁安 등 가난함에 머무르며 안빈낙도했던 선비들을 극도로 흠모했다. 가장 주목할 만한 것은 도연명이《영빈사》에서 검루를 칭송한 부분이다.

가난하고 천함에 머물렀던 자 安貧守賤者
옛적 검루라는 이 있었으니 自古有黔婁
대단한 작위도 내겐 영화롭지 않고 好爵吾不榮
후한 선물에도 보답하지 않았다. 厚饋吾不酬

시의 뒷부분에 "대단한 작위도 내겐 영화롭지 않고 후한 선물에도 보답하지 않았다"라고 한 것은 도연명 본인의 평소 처세법을 그대로 조영한 것이라고 할 수 있다. 도연명은 중년에 이르러 관직을 내놓고 귀경했는데, 그 뒤 줄곧 빈곤한 신세를 면치 못했지만 끝까지 조정의 부름에 응하지 않았다. 그리고 '불의로 얻은 부귀'를 철저하게 거부했고 권력에 빌붙어 아부하는 세상 풍토를 예리하게 비판했다.

어떤 이는 도연명이 진나라 왕실에 충정을 바쳤으나 벼슬을 내려놓고 은거의 삶을 택한 것은 유유가 진을 멸망시킨 것에 대한 반감 때문이라고 해석하기도 한다. 그 말대로 분명 도연명은 유유의 불의한 권력 찬탈 방식에 반대한 것이 맞다. 그의 증조부인 도간은 동진의 중신이었고 본인 역시 진나라에서 관직 생활을 한 적이 있었기 때문에 자연스럽게 진나라에 대한 향수가 있었으리라. 하물며 유유는 교활하고 잔혹한 방식으로 권력을 빼앗았기 때문에 도연명은 이를 반대했다.

도연명은 진나라, 송나라로 이어지는 정치 암흑기의 사회 전반에 만연한 부패상에 깊이 낙담했다. 당시 자신이 할 수 있는 것이라고는 사력을 다해 내면의 정직함과 지조를 지켜내는 일뿐이었다. 이런 까닭에 고결한 뜻을 지녔던 소통도 "도연명은 정결한 뜻을 좀체 포기하지 않았고 도에 머무르며 절개를 지켰다. 직접 농사짓는 것을 부끄러이 여기지 않았고 빈한함을 고뇌하지 않았다. 성현이 아닌데도 한결같이 신념을 따르며 속세의 동류와 혼합되어 타협하지 않으니 누가 이러한 경지에 이를 수 있단 말인가?"라고 칭송했다. 남송의 은둔 지사 주돈유朱敦儒 또한 만년에 벼슬길에 올랐으나 후일 이를 깊이 후회하며 "오늘 도원량陶元亮에게 마음 깊이 탄복하니 그의 사람됨은 세상에서 최고이다"9) 라고 말하기도 했다.

사회 전반에 만연한 거짓, 부조리, 방종의 풍토 속에서 도연명만은 진실하고 소박한 태도로 군계일학의 면모를 보였다. 도덕의 기준이 상실된 사회에서는 필연적으로 거짓이 만연하게 마련인데, 진나라 선비들이 거짓으로 청렴하고 고결한 척했던 것이 그 예다. 예컨대 서진의

단순하고 소박하게 인생을 누리다 – 도연명

왕연王衍은 속으로는 돈을 탐하면서도 겉으로는 이를 천하게 여겨 돈이라는 단어를 평생 입 밖에 꺼내지 않았다고 한다. 이처럼 겉과 속이 다른 선비들의 행태에 도연명은 깊이 절망한 나머지 《감사불우부感士不遇賦》에서 이렇게 개탄했다.

> 신의와 정직, 공정함의 소양이 사라진 자리에 自真風告逝
> 거짓과 위선이 자리 잡고 大偽斯興
> 청렴과 겸양, 배려의 풍토가 민간에서 잊히자 閭閻懈廉退之節
> 권위와 물질만 좇는 요행 심리가 성행하는구나. 市朝驅易進之心

도연명의 행동은 순수하게 천성적인 본성에서 나온 것일 뿐 조금도 거짓되거나 포장된 모습이 아니었다. 그는 벼슬아치들의 바르지 않은 행태와 그렇게 될 수밖에 없는 관직 생활의 어두운 본질을 꿰뚫어 보고는 결연히 그것과 이별한 뒤 향리에서 은거하기로 마음먹었을 뿐, 결코 산중에 잠시 거하면서 마음은 조정에 가 있는 그런 위선적인 은둔자가 아니었다. 이에 대해 주희가 《주자어류朱子語類》에서 정확하게 표현했다.

"진나라에서 송나라로 이어지는 시기에 사람들은 입으로는 청렴을 말해도 하나같이 고위 관직을 원했으며, 권모술수를 부려 무언가를 얻으려고 애썼다. 그런 가운데서 도연명만큼은 진실로 아무것도 원치 않았기에 진나라, 송나라의 뭇 사람보다 높은 차원에 머무른 고결한 사람이라 할 만하다."

도연명은 일상의 삶에서도 당시 사회 풍토와는 정반대의 길을 걸었다. 당시 진나라는 무절제하고 제멋대로 살며 기이한 행동을 보이는 선비들 때문에 사회가 비정상적인 모습을 보였다. 물론 서진 초기 완적阮籍이나 혜강嵇康 등의 명사들이 보인 기행은 내면의 고뇌를 토로하기 위함이자 어두운 현실에 대한 저항의 표시였다고 볼 수 있다. 겉으로만 예법과 도덕을 강조하는 당시 세태를 비판하고자 했기 때문이다. 그러나 훗날 선비들은 완적이나 혜강 등이 품었던 정신은 버리고 행동만을 답습하여 제멋대로 행동하거나 거짓으로 미친 척하는 등 비정상적인 기행의 풍토가 생겨났다. 그래서 갈홍葛洪은 《포박자抱朴子》에서 그들의 추태를 폭로하기도 했다.

> "그들은 속옷만 입고 손님을 맞는다거나 벌거벗고 대자로 누워 있곤
> 했다. …… 손님이 대문에 들어서서 노비를 부르면 주인은 손님을 향해
> 개를 풀기도 했다."

　도연명은 천성이 솔직하고 진실하여 외모나 옷차림 등 겉치레에 신경 쓰지 않았고 종종 기괴한 행동 때문에 유별난 사람으로 여겨지기도 했다. 예를 들어 옆 사람이 보건 말건 머리의 갈건을 벗어서 술을 거른 뒤 태연하게 다시 머리에 뒤집어썼다. 또한 손님과 함께 마셔도 먼저 취하면 손님에게 대놓고 "내가 취해서 졸리니 그대는 가도 좋소!"라고 말하는 것이었다.

　만약 도연명이 귀족의 신분이었다면 이러한 행동거지들은 세간의 비화가 되어 유의경劉義慶이 지은 《세설신어世說新語》에 역사적 기록으로 남았을 것이다. 그러나 도연명의 기행은 앞에서 말한 겉과 속이 다

른 당시 선비들의 작태와는 달랐다. 앞서 언급한 광인에 가까운 선비들의 거짓 행동은 대부분 무게를 잡거나 거드름을 피우기 위한 것으로, 요즘 소위 '행위예술'이라는 이름으로 세간의 이목을 끄는 행위와도 같았다. 그러나 도연명은 타고난 성격대로 자유롭게 행동했던 것이기에 거기에 위선은 없었다. 그런 면에서 소동파蘇東坡, 즉 소식이 그에 대해《서이간부시집후書李簡夫詩集後》에서 언급한 말이 딱 들어맞는다.

> "도연명은 벼슬하기를 원하면 나아가 벼슬을 했고 이를 구차하게 여기지 않았다. 은거의 삶을 원하면 은거했고 이를 고결한 삶이라 자만하지 않았다. 배가 고프면 문을 두드려 음식을 구걸했고, 배부르면 닭과 기장을 베풀어 손님을 맞이했다. 이 까닭에 고금을 막론하고 그를 어질다 하며 그의 진실함을 귀하다 여기는 것이다."

그런데 여기서 은거의 삶은 당시 많은 이에게 유행하던 세풍이었는데 어째서 유독 도연명만 후대 사람들에게 높이 칭송받는 것일까? 바꿔 말해 유독 그가 후대인들에게 칭송받는 것은 그의 행동에 어떤 특별한 의의가 있어서일까?

다 아는 바와 같이 무정부 상태가 아니고서는 누군가가 관리가 되어 사람들을 지휘하고 통솔함으로써 사회의 질서를 바로잡아야 한다. 관직에는 누구나 앉을 수 있으며 부를 추구할 수도 있다. 그래서 이는 개인이 선택할 수 있는 권리의 문제일 뿐이다. 또한 부를 축적하는 것은 삶을 영위하는 데 필요한 조건 중 하나이므로 더 많은 재산을 추구하는 것은 어쩌면 정당하고도 당연한 권리일지도 모른다. 관리나 부호의 지위에 오른 사람은 일반인에 비해 더 많은 자원, 즉 더 많은 물질을 누릴 가능성이 크다. 그러나 이 사회는 삶을 영위하기 위한 자원의 총량에는 한계가 있기 때문에 한쪽에서 지나치게 많은 부분을 차지해버리면 나머지 사람은 그들이 차지하고 남은 것만을 가지고 생활해야 하므로 삶이 불공평해지는 폐단이 생긴다. 따라서 관직에 오르거나 재산 축적을 위해 하는 행동에는 세속적인 동기가 포함될 가능성이 크다고 할 수 있다.

더 큰 문제는 사회 구성원 전체가 하나같이 관직과 재산 축적에 목을 맬 때 생긴다. 그 목적이 어짊을 베푸는 것이 아닌 부귀영화를 누리고자 함일 때 문제는 더욱 심각해진다. 그렇게 되면 도대체 이 사회는 어떤 도덕적 원칙으로 유지될 수 있겠는가? 의심할 여지 없이 그런 사회는 서로 속고 속이는 도덕 상실의 시대가 되고 말 것이다. 여기서 우리는 옛 성현들이 어째서 '사양함'과 '물러남'을 미덕으로 여겼는지 다시금 생각해봐야 한다. 그 두 가지가 미덕으로 여겨진 것은 거기에 사회질서를 유지케 하는 힘이 있기 때문 아닐까?

그 유명한 백이와 숙제도 평생 공적을 쌓는다거나 이름 남기기를 고민하지 않았다. 그들이 한 것이라고는 왕위 계승을 놓고 서로 양보한 일뿐이었다. 그리고 그들은 주나라 무왕이 상나라의 주임금을 치려 하자 이것이 도에 어긋난다 하여 반대했고, 그래도 무왕이 듣질 않자 수양산에 들어가 굶어 죽었다. 공자는 이들을 향해 "인을 구하다가 인을 얻었다"고 표현했으며, 더 나아가 "백이의 기풍을 들으면 고집스러운 지아비도 청렴해지며 나약하고 겁 많은 사나이라도 뜻을 세울 수 있게 된다"고 했다. 공자가 이처럼 그들을 극도로 칭송한 이유는 뭘까? 그들이 사양함과 물러섬의 미덕을 보여준 어진 이의 전형이기 때문이다.

바르고 정상적인 사회라고 해도 사양함과 물러섬의 자세는 반드시

단순하고 소박하게 인생을 누리다 – 도연명

필요한 미덕일진대, 하물며 진나라에서 송나라로 이어지는 도덕 상실의 난세에는 더 말할 나위가 있겠는가? 그래서 평생에 걸쳐 도연명이 보여준 안빈낙도와 사양함, 물러섬의 덕은 그 자체만으로도 봉건 시대의 도덕적 지향과 고지를 보여주었을 뿐 아니라 오늘날에도 큰 교육적 의의를 지닌다. 또한 도연명의 인격적 품위는 우리 개개인의 인생사에도 중요한 지향점이 된다.

앞에서 설명한 대로 관직에 앉거나 부를 추구하는 것은 누구에게나 주어진 개인적 선택의 문제이며 어찌 보면 정당한 권리일 수도 있다. 그러나 목적을 이루기 위해 수단과 방법을 가리지 않는다면 인생길의 방향을 잃고 말 것이며, 관직과 재산 때문에 나 자신조차 잊어버릴 수 있다.

오늘날 많은 사람이 공무원 시험에 필사적으로 매달리고 있는데 합격하지 못하면 좌절하고, 낙담한 나머지 다시 일어서지 못하기도 한다. 그런 사람들은 우리 인생에 얼마나 다양하고 많은 길이 있는지 알지 못한다. 공무원이 되어야만 의미 있는 인생을 살 수 있는 게 아닌데도 말이다. 그리고 어떤 사람은 일확천금의 꿈을 꾸고는 계획한 대로 되지 않으면 전전긍긍하면서 자기 자신을 비하하기도 한다. 이런 사람들은 우리 인생에 얼마나 다양한 형태의 삶이 있는지를 모르며, 진정한 가치를 만들어내는 것은 단순히 부가 아니라는 사실도 알지 못한다.

당·송 시대부터 원·명·청에 이르기까지 얼마나 많은 선비가 도연명의 삶과 작품 앞에 존경과 예를 표했는가? 그들이 그토록 도연명에게 열광한 이유는 그의 삶에서 인생의 진리와 정수를 맛보았고 정신적 귀향처를 찾았기 때문이다. 그렇다면 과연 이는 다 과거의 선배들 이야기일 뿐, 현대를 살아가는 우리에게 도연명은 필요치 않은 존재일까? 그렇지 않다. 현대인은 신중함과 깊이보다는 신속함과 조급함을 부추기는 시대를 살아가기에 적지 않은 이가 심리적인 불안감과 초조함을 호소한다. 따라서 도연명은 현대인이 앓고 있는 과한 정신적 열병을 낫게 해줄 한 첩의 청량제가 되어줄 것이다. 도연명이 가졌던 인생의 가치관을 따라가면 그간 세속의 먼지에 덮여서 잃고 살았던 선하고 순수한 본성을 일깨울 수 있다.

도연명의 인격적 의의는 그가 남긴 시문의 가치에서도 찾아볼 수 있다. 그의 시문에서 볼 수 있는 가장 큰 특색은 무엇일까? 오랜 세월 독자들이 한결같이 칭찬하는 그만의 가치는 바로 소박함과 자연스러움이다. 솔직한 감정 표현과 허례허식 없는 표현들, 담박한 형식, 조탁의 흔적이 없는 자연스러움이 천 년이 넘도록 사람들의 마음을 사로잡은 매력 포인트다.

후대인들이 이러한 예술의 경지에 감복해 앞다투어 모방하고자 했으나 감히 그의 경지에 근접할 수는 없었으니, 사실 이러한 오묘함은 아무도 흉내 낼 수 없는 바로 도연명만의 시풍이었기 때문이다. 도연명은 《오류선생전》에서 자신을 가리켜 "항상 문장을 써서 스스로 즐기면서 조금이나마 자기의 뜻을 드러냈다"고 했다. 여기서 그가 시를 읊고 문장을 지은 것은 자기 자신이 즐기기 위함이었을 뿐 문학사에 이름을 남기거나 남의 비위를 맞추기 위함이 아니었음을 알 수 있다.

또한 도연명이 평소 줄 없는 거문고, 즉 무현금無弦琴을 타며 스스로 즐겼다는 이야기는 그에 관한 전설에 한층 운치를 더해준다. 도연명의 집에는 줄이 없는 거문고가 있었다고 한다. 매번 술을 마시고 취기가 오르면 그는 주체할 길 없는 마음을 실어 무현금을 어루만지며 달래곤 했다.

그에게 거문고를 타는 것은 시를 짓는 것과 마찬가지로 내면의 감정을 토로하는 한 가지 방법이었다. 거문고 줄이 끊어지지 않았을 때는 당연히 그도 현을 뜯으며 소리를 즐겼으리라. 그러나 현이 끊어지자 애타는 심정을 나타낼 길이 막막해져 무현금만 하릴없이 만지며 아쉬움을 달래지 않았을까. 어쨌든 그에게 필요했던 것은 마음을 내맡길 무언가일 뿐이었다. 마음속에 선율만 살아 움직인다면 그것이 현의 소리로 탄생하지 않는다 한들 무슨 관계가 있겠는가.

도연명의 시도 이와 같았다. 그가 시를 지은 것은 자신의 뜻을 드러내기 위해서였을 뿐 훗날 자신의 시를 읽게 될 사람들을 기쁘게 하기 위함이 아니었다. 목적이 이러했기에 그의 시는 소박하고 자연스럽지 않을 수 없었다.

따라서 도연명의 삶과 그의 작품은 둘로 나눌 수 없는 한 몸이라 불리는 것이다. 도연명의 시는 평범한 인생을 진실하게 조영했기 때문에 그의 시에서는 삶을 대하는 태도가 여실히 드러난다. 따라서 도연명이 품었던 고결한 뜻과 그의 삶을 이해하지 못한다면 그의 담박한 시에 마음이 움직이지는 못할 것이다.

사람이 세상에 한번 태어난 이상 인생의 원대한 목표를 세워 나라와 국민을 위해 봉사하고 공헌하는 것은 가치 있는 일이다. 그러나 사실 이러한 과정을 통해 공을 세우고 이름을 남기는, 소위 성공하는 사람은 얼마 되지 않는다. 왜냐면 성공이란 내면의 인품과 덕, 재능도 갖추어져야 하지만 그 밖에 외부 환경과 기회도 잘 들어맞아야만 가능한 것이기 때문이다.

그렇다면 당신이 평범한 소시민이라고 할 때 인생의 가치를 실현할 방법으로는 무엇이 있을까? 어떻게 해야만 평범한 삶을 충실하고 유익하게 그리고 의미 있는 방향으로 이끌 수 있을까? 도연명의 작품을 읽어보자. 심오한 뜻과 정취가 깃든 그의 시 세계는 최고의 인생 나침반이 되어 우리를 가치 있는 삶으로 안내할 것이다.

어려울수록 단단해지는
'시적인 인생'

•

주희는《주자어류》에서 도연명에 대해 "위업의 의지가 있었음에도 이를 이루지 못하여 은거의 삶을 택한 경우"라고 평가했다. 시대적 배경을 고려하여 도연명에 대해 내린 적절한 평가다. 도연명은 후일 은거의 삶을 택한 사람이라고는 믿기지 않을 정도로 젊은 시절에는 입신양명에 큰 뜻을 품었다. 이는 그가 지은 시문에서도 잘 드러난다.

> 내 젊은 시절을 돌이켜보면 憶我少壯時
> 특별한 낙 없이 그저 즐겁고 無樂自欣豫
> 힘차고 강한 의지가 사방에 뻗쳐 猛誌逸四海
> 날개 펴고 멀리 날려 했다. 騫翮思遠翥
> -《잡시雜詩》

젊은 시절엔 힘이 세고 맹렬하니 少時壯且厲

검을 쥔 채 홀로 유유자적했네. 撫劍獨行遊

가까운 데만 놀러 다닌다고 누가 그랬나. 誰言行遊近

장액으로부터 유주에까지 이르렀노라. 張掖至幽州

-《의고拟古》

　도연명은 비록 뜻을 실현하지는 못했지만 마음에 묻어 두었던 것들이 문득문득 시문을 통해 드러나곤 했다. 예컨대 그는 《영형가咏荆軻》를 지어 "그 사람 비록 이제 없으나 천 년이 흘러도 그 뜻 길이 남으리"라고 칭송했는데 이는 평소 협객 형가荆軻가 진나라의 폭군을 두려워하지 않았던 기개를 앙모한 결과다. 주희도 이런 그의 일면에 대해 "성정이 소박, 담박하기만 했던 그에게서 어떻게 이런 시구가 나왔을까!"라면서 놀라기도 했다. 또한 도연명은 신화에 등장하는 새 정위精衛와 목 없는 거인 형천刑天도 찬양했다.

　　"정위는 나뭇가지를 물어다 바다를 메우려 했으며 형천은 도끼와 방패를 들고 춤을 추니 맹렬하고 큰 뜻은 지금까지도 이어진다."

　그러나 안타깝게도 도연명은 어지러운 세상을 만난 데다 성격마저 강직했던 탓에 원대한 포부를 품었음에도 적막한 은거의 삶을 택할 수밖에 없었다. 따라서 그의 은거는 단지 벼슬을 사양하고 물러난 것이지 결코 포기가 아니다. 어떻게 보면 수비의 형식을 빌린 강한 공격인 셈이다. 공자가 "군자는 어려울수록 더욱 단단해지지만, 소인은 궁해지면 원칙을 버리고 흐트러진다"라고 했는데, 도연명은 공자의 이 말

단순하고 소박하게 인생을 누리다 - 도연명

에 공감하여 이러한 시구를 남긴다.

> 궁해서 지조 지키지 못함이 어찌 그의 뜻이었을까마는 斯濫豈彼志
> 곤궁함은 참으로 일찌감치 돌아가야 할 곳이다. 固窮夙所歸
> ―《유회이작有會而作》

> 초가집 처마 밑 누더기 신세라. 襤褸茅檐下
> ―《음주飮酒》

　여기서 도연명은 불쌍한 걸인이 아니라 당당하고 자부심 강한 빈사貧士, 즉 가난한 선비일 뿐이다. 그의 붓끝에서 그려진 빈사의 이미지, 안빈낙도하여 홀로 떨어져 고고하게 살아가는 선비의 모습을《영빈사》를 통해 살펴보자.

> 은둔자 영계기는 늙어서 새끼로 꼰 허리띠를 하고 榮叟老帶索
> 흔연히 기뻐하며 거문고를 타는구나. 欣然方彈琴
> 원생은 뒤축이 터진 신발을 신고 原生納決履
> 맑은 소리로 서글픈 노래를 불렀도다. 淸歌暢商音
> ……
> 중울은 궁벽한 거처를 좋아하여 仲蔚愛窮居
> 집 둘레에도 쑥대가 돋아 있구나. 繞宅生蒿蓬
> 은거하며 세상과 접촉을 끊었으나 翳然絶交遊
> 시와 부는 자못 뛰어났다. 賦詩頗能工
> ―《영빈사》

도연명이 관직을 내려놓고 귀향하여 농사지으며 은거의 삶을 택한 것은 부패하고 혼탁한 당시 사회에 일침을 가하고 새롭게 다시 태어난다는 것을 의미한다. 당시 진나라 선비들은 한가로이 담소하기를 즐길 뿐 실용적인 일에 애쓰고 힘을 쓰는 육체노동을 경멸했으며, 심지어 벼슬아치들조차 맡은 직무를 제대로 처리하려는 의지가 없었다. 그 폐단이 어찌나 심했던지 《세설신어》〈간오簡傲〉에서는 동진의 왕휘지王徽之에 관한 일화가 실려 전해온다.

"왕휘지가 거기장군車騎將軍 환충桓冲의 병마를 관리하는 기병참군騎兵參軍이 되었을 때의 일이다. 하루는 환충이 '그대가 관리하는 말이 몇 필이나 되오?'라고 묻자 왕휘지는 '말에 관해서는 알지 못하오'라고 대답했다. 환충이 다시 '최근 죽은 말이 몇 필이나 되오?'라고 묻자 왕휘지는 '산 말도 모르는데 죽은 말의 수를 어찌 헤아리겠소?'라고 대답했다."

진나라 귀족들은 물질을 숭상하는 풍조가 만연하고 사치도 극에 치달아《세설신어》〈태치汰侈〉편에서는 당시 사람들이 사람 젖으로 돼지고기를 길러 육질과 풍미를 살리려 했다는 이야기나 금으로 활궁 터의 담장을 장식했다는 이야기도 전해진다. 심지어 석숭石崇이라는 사람은 검소했던 인물 안회顔回와 원헌의 초상이 태학太學에 걸려 있는 걸 보고는 돌연 "선비라면 마땅히 명예와 지위를 얻어야지 어찌 깨진 항아리 주둥이를 창문 삼아 살겠는가!"라고 외쳤다고 한다. 안회나 원헌처럼 덕을 숭상하고 가난함에 처하기를 결코 원치 않는다는 뜻이다.

상황이 이러한즉《열자列子》〈양주楊朱〉편에 따르면 진대에는 기어이 "다만 걱정되는 것은 배가 너무 불러 더는 맘껏 마시지 못하는 것과 기운이 빠져서 마음대로 색정을 쏟지 못하는 것뿐입니다"라는 말까지 나오기에 이르렀다. 도연명은 이러한 풍토에 맞서 정반대로 생각하고 행동했다. 마치 안연지의 애도문《도정사뢰》에 쓰인 것처럼 은거의 삶을 택한 뒤에도 도연명은 가난과 병이 겹쳐 고난이 찾아와도 소박하고 근검하게 농사짓고 자신의 처지에 만족하며 넉넉하게 이겨냈다. 그러한 그의 심정이 잘 표현된《귀거래혜사》의 다음 구절을 감상해보자.

술병과 잔 당겨 홀로 기울이곤 引壺觴以自酌

즐거운 얼굴로 뜰의 밤나무 바라보네. 眄庭柯以怡顔

남쪽 창에 기대어 가슴을 활짝 펴니 倚南窓以寄傲

이 한 몸 누일 만한 내 집의 편안함을 깨닫는구나. 審容膝之易安

매일같이 정원을 걸으니 정취가 있고 園日涉以成趣

문은 있으나 늘 닫혀 있네. 門雖設而常關

지팡이 짚은 늙은이 쉬엄쉬엄 거닐며 策扶老以流憩

때때로 고개 들어 먼 곳 바라보는데 時矯首而遐觀

구름은 무심히 산봉우리 돌아 나오고 雲無心以出岫

새도 날다 지치면 돌아올 줄 아네. 鳥倦飛而知還

어스름 저녁 해는 뉘엿뉘엿 넘어가는데 景翳翳以將入

홀로 선 소나무 어루만지며 주변을 서성이노라. 撫孤松而盤桓

······

친지와 정담 나누니 기쁘고 悅親戚之情話

거문고와 서책을 즐기니 근심이 사라지는구나. 樂琴書以消憂

소박하고 평범하기 이를 데 없는 일상이지만 시구 사이사이 넘치는 행복감과 미적 아름다움은 극에 치닫는다. 전반적으로 은거의 삶 이후 도연명은 평화롭고 안정된 심정을 유지했다. 농사짓는 삶이 비록 고달 파도 그의 눈에는 즐거움뿐이었는지 향촌의 삶 구석구석과 수확의 기쁨, 평범한 밥과 별 볼 일 없는 찬에도 이웃을 초대하는 기쁨 등을《귀 원전거》에서 다음과 같은 아름다운 시구로 묘사했다.

> 갓 익은 술 거르고 漉我新熟酒
> 닭 한 마리 안주 삼아 가까운 이웃 부르네. 隻鷄招近局
> 해가 져 방 안이 어둑하니 日入室中闇
> 가시나무 불 지펴 촛불을 대신하리. 荊薪代明燭

그리고 슬하의 옹알이 자식에 대해서는《화곽주부和郭主簿》에서 이 렇게 묘사했다.

> 어린 아들놈 내 옆에서 노는데 弱子戱我側
> 말을 흉내 내나 아직 제소리 못 이루는구나. 學語未成音
> 이 모든 일이 참으로 즐거우니 此事眞復樂
> 잠시 이것으로 화려했던 벼슬살이 잊어본다. 聊用忘華簪

그리고 그는 여름철 북창으로 불어 드는 청량한 바람을 느끼며《여 자엄등소與子儼等疏》를 지었다.

> 오뉴월 여름철에 伍六月中

북창 아래 누웠다가 北窓下臥

서늘한 바람 잠깐 스쳐 불어올 때면 遇涼風暫至

스스로 복희임금 시대의 사람이 아닌가 생각해본다. 自謂羲皇上人

　도연명에게는 닭과 개가 한가롭게 돌아다니고 뽕나무와 삼이 어우러진 농촌 풍경도 훌륭한 시의 소재가 되었다. 예컨대 바람에 흔들리는 새싹이나 뜰 가운데 푸른 소나무, 봄철에 꿈틀대며 자라나는 초목과 새들이 그것이다.

너른 들엔 먼 바람이 엇갈려 불고 平疇交遠風

좋은 싹 새 기운 머금었네! 良苗亦懷新

－《계묘세시춘회고전사癸卯歲始春懷古田舍》

동쪽 뜰 푸른 소나무 青松在東園

잡초 사이 그 자태 묻히었다. 衆草沒其姿

얼어붙은 서리에 다른 나무 모두 쇠잔하나 凝霜殄異類

홀로 의젓하게 그 가지 드높이네. 卓然見高枝

－《음주》

겨울잠 자던 무리 놀라 깨어나고 衆蟄各潛駭

초목은 사방으로 흩어져 자라나네. 草木從橫舒

휘익휘익 새로 날아온 제비여 翩翩新來燕

쌍쌍이 내 초막에 날아드는구나. 雙雙入我廬

－《의고拟古》

도연명은 이 아름답고 평안한 뜰을 마음이 쉴 만한 귀향처로 삼았기에 《귀원전거》에서 다음처럼 묘사했다.

어려서부터 세속의 취향을 즐기지 않았고 少無適俗韻

타고나길 언덕과 산을 좋아했으나 性本愛丘山

어쩌다 세속의 그물에 떨어져 誤落塵網中

한번 흐른 세월 어느덧 삼십 년. 一去三十年

갇힌 새는 옛 숲을 그리워하고 羈鳥戀舊林

웅덩이 속 물고기는 옛 물을 생각하듯 池魚思故淵

남쪽 벌판 황무지 일구며 開荒南野際

본성대로 살려 하여 전원으로 돌아왔네. 守拙歸園田

네모난 집터 십여 이랑 方宅十餘畝

초가집은 여덟아홉 칸이라 草屋八九間

느릅나무와 버들은 뒤 처마를 덮고 榆柳蔭後簷

복숭아와 자두나무는 앞뜰을 둘러쌌네. 桃李羅堂前

아스라이 먼 곳에 인가 있어 曖曖遠人村

아련히 연기 피어오르고 依依墟里煙

동네 후미진 골목에 개 짖는 소리 狗吠深巷中

뽕나무 꼭대기서 닭 우는 소리. 鷄鳴桑樹顚

집안엔 속세의 번뇌가 없고 戶庭無塵雜

텅 빈 방은 한가함이 있어 虛室有餘閑

오랫동안 새장 속에 갇혀 살다 久在樊籠裏

이제야 다시 자연으로 돌아왔네. 復得返自然

단순하고 소박하게 인생을 누리다 - 도연명

도연명은 천성이 부드럽고 온화하며 깊은 감성의 소유자였다. 특히 가족에 대한 사랑과 친구에 대한 우정을 귀하게 여겼기에 이들은 도원명에게 최상의 소재였다. 그는 《책자責子》라는 시에서 유머러스한 어조로 자식들에 대한 애정을 표현하기도 했다.

두 귀밑머리 희끗희끗해지고 白髮被兩鬢

피부도 쭈글쭈글해져 다시 펴지질 않는구나. 肌膚不復實

아들이라고 다섯 있는데 雖有伍男兒

모두 종이와 붓을 멀리하네. 總不好紙筆

맏아들 서는 벌써 열여섯 살인데 阿舒已二八

게으르기가 짝이 없고 懶惰故無匹

둘째 선은 열다섯 살이 되어가는데도 阿宣行志學

학문을 즐기지 않네. 而不好文術

옹과 단은 열세 살이나 雍端年十三

육과 칠도 구분 못 하고 不識六與七

통이란 자식은 아홉 살이 되어도 通子垂九齡

배와 밤만 찾는 먹보라오. 但覓梨與栗

참으로 천운이 이러할진대 天運苟如此

차라리 술이나 마시고 잊어버리자. 且進杯中物

북송의 황정견은 도연명의 이 시를 서예 작품으로 남긴 뒤 발문을 통해 다음처럼 평했다.

"도연명의 시를 보노라면 그 사람됨의 느긋하고 자상함을 느낄 수 있으며, 그 안의 해학이 가히 볼만하다. 사람들은 그가 못난 자식들로 말미암은 슬픔과 탄식을 이 시로써 표출했다고 하지만, 백치 앞에서는 꿈이야기를 할 수 없듯 슬픔을 대놓고 슬픔이라고 표현하는 사람이 어디 있겠는가!"

황정견의 해석처럼 이 시는 도연명이 해학의 기법을 통해 아비의 자상함을 표현한 것이다. 그 외에 도연명이 자신의 병이 위중함을 느낀 뒤 자식들에게 당부의 말을 전한 것을 표현한《여자엄등소》역시 무척 감동적이다.

내 나이 벌써 쉰을 넘겼는데 吳年過伍十

젊어서는 삶이 궁하고 고달프며 少而窮苦

집안이 빈한하여 每以家弊

사방으로 떠돌아다녔다. 東西遊走

성품은 강직하나 재주는 보잘것없어 性剛才拙

남의 뜻을 거스르는 경우가 많아 與物多忤

사람들과 어울리지 못하는 경우도 있었다. 自量爲己

그렇게 계속 지내다가는 훗날 상황이 더 어려워질 것 같아 必貽俗患

속세의 관직을 내려놓았기에 僶俛辭世

너희가 어릴 적부터 배고픔과 추위를 겪게 되었구나. 使汝等幼而饑寒

......

집안 형편이 어려워 너희가 어릴 적부터 汝輩稚小家貧

나무를 하고 물을 긷는 수고를 했는데 每役柴水之勞

언제나 이 고생을 면하게 될꼬! 何時可免

이는 늘 내 마음을 무겁게 짓눌러왔지만 念之在心

내가 달리 무슨 말을 할 수 있으랴. 若何可言

너희 형제들은 비록 한 어미의 소생은 아니나 然汝等雖不同生

하늘 아래 모든 사람은 형제라는 이치를 잊지 말아라. 當思四海皆兄弟之義

포숙과 관중은 이익을 나눔에 네 것 내 것을 따지지 않았고 鮑叔管仲分財無猜

오거와 귀생의 재회를 생각해보면 歸生伍擧

그들은 길에 가시나무 더미를 방석 삼아 올라앉아 회포를 풀기도 했잖니. 班荊道舊

그러한 시간을 통해 관중은 실패를 딛고 일어나 성공할 수 있었고 遂能以敗爲成

오거도 오랜 도피 생활 끝에 귀국하여 나라에 공을 세웠단다. 因喪立功

심지어 피를 나눈 형제가 아닌데도 서로 응원했거늘 他人尙爾

하물며 너희는 한 아비를 두고 있는 아들들이 아니냐! 況同父之人哉

부끄럽기도 하고 걱정스럽기도 하고 애끓는 정과 소망이 담긴 부자 간의 심정이 솔직 담박한 문자로 표현되어 있다. 또한 도연명은 《이거移居》라는 작품에서 이사를 할 때도 좋은 이웃을 만나게 되기를 바라는 소박함도 보였다.

예전부터 남촌에서 살려고 애썼던 것은 昔欲居南村

집터가 좋아서가 아니라네. 非爲卜其宅

소박하고 마음씨 좋은 사람이 많다고 들었기에 聞多素心人

조석으로 자주 만나 즐거이 지내고 싶어서라오. 樂與數晨夕

이 일을 생각한 지 꽤 여러 해인데 懷此頗有年

오늘에야 비로소 이곳으로 이사 오게 되었구나. 今日從玆役

낡은 초가야 넓을 필요 없고 幣廬何必廣

침상과 앉을 자리만 가리면 족하도다. 取足蔽牀席

때때로 이웃이 찾아와 隣曲時時來

소리 높여 옛일을 담론하며 抗言談在昔

뛰어난 글을 함께 감상하고 奇文共欣賞

의문 나는 글은 서로 풀어본다오. 疑義相與析

또한 집에 양식이 떨어지면 이웃에서 음식을 얻어오곤 했던 것을 애틋한 기억으로 간직하기도 했다. 소박한 시구에 진지하면서 깊은 정이 그대로 묻어나는 시《걸식乞食》은 평범한 일상에 대한 도연명의 송가라고 할 만하다.

굶주림이 나를 몰아내지만 飢來驅我去

어디로 가야 할지 모르겠구나. 不知竟何之

가다가다 이 마을에 이르러 行行至斯里

문을 두드렸지만 말이 나오질 않는다. 叩門拙言辭

주인이 내 마음을 헤아리고 主人解余意

음식을 내주니 헛걸음은 아니로다. 遺贈豈虛來

담소하다 보니 해가 저물고 談諧終日夕

술상이 차려지고 술잔을 기울이네. 觴至輒傾杯

새로운 벗 얻은 듯 맘 넉넉해지니 情欣新知歡

읊조려 시 한 수 지었네. 言詠遂賦詩

빨래터 아낙의 은혜 고맙지만 感子漂母惠

내게 한신韓信의 재능 없음 부끄러워라.¹⁰⁾ 愧我非韓才

고마움 갚을 길 없어 마음에만 간직하고 銜戢知何謝

저승에서라도 그대에게 보답하리라. 冥報以相貽

도연명의 삶의 모습은 단순히 봄에 씨 뿌리고 가을에 추수하며 부모 봉양과 자식 양육에만 머무르지 않는다. 그는 《오류선생전》에서 자신에게 두 가지 큰 취미가 있다고 했는데, 하나는 책을 읽는 것이고 둘째는 술 마시는 일이었다.

안연지는 도연명을 향한 애도문에서 이 두 가지 일을 동등하게 다루어 "마음으로는 기이한 서적 읽기를 좋아하고 술 마시기를 좋아하는 성격이었다"라고 말하기도 했다. 여기서 '기이한 서적'이란 무엇일까? 기이하다는 것은 평범하지 않다는 것이므로 유가 경전 이외의 서적을 말하는 것이다. 도연명은 일찍부터 유가 경전에 능통해서 《음주》에서 이렇게 말하기도 했다.

어려서부터 세상과 어울리지 않고 少年罕人事

육경을 벗하여 즐기며 지냈더니 遊好在六經

또한 그는 유가 경전 이외에 《산해경山海經》과 같은 비범한 서적들도 즐겨 읽었다. 도연명의 독서법은 무척 유명해서 "책을 즐겨 읽으나 그 주된 뜻을 깨닫는 데 주력할 뿐 문구에 얽매이지 않았다"라고 전해진다. 이는 가볍고 편한 마음으로 책을 읽되 어떤 공리를 취할 목적으로 책을 읽지 않았다는 뜻이다. 알다시피 한대의 경학經學은 번잡하고 소소한 것에 얽매이는 경향이 있었다. 그런데 위진남북조 시대를 거치면서 사풍이 달라져서 사대부들이 철학적으로 사고하길 좋아했고 그 안의 잠재적인 내막을 철저하게 탐구하고자 했다. 그러나 도연명이 추구한 것은 번잡하고도 세세한 문구 해석도 아니었고 현학적인 담소도 아니었다. 그는 "책을 읽으면서 깨달음을 얻으면 밥 먹는 것조차 잊곤 했다"라고 말했다. '깨달음'이라는 것은 마음 깊이 그 원리와 주된 내용을 이해하고 파악했다는 뜻이므로 깨달음 이후에는 더 깊이 고민하지 않아도 된다.

이 같은 방법의 책 읽기는 도연명에게 크나큰 즐거움이어서 심지어 밥 먹는 것조차 잊을 정도였다. 그는 이러한 즐거움을 《음주》에서 다음처럼 표현하기도 했다.

이 속에 인생의 참뜻이 들어 있으니 此中有眞意
말로 표현하고자 하나 이미 할 말을 잊었노라. 欲辨已忘言

앞에서 언급한 대로 안연지는 도연명에 대해 "마음으로는 기이한 서적 읽기를 좋아하고 술 마시기酒德를 좋아하는 성격이었다"라고 했는데, 여기서 왜 '주덕'이라는 표현을 사용했을까? 이는 술에 취하면 즐겁고 편안한 상태에 이르게 되기 때문이리라. 그래서 도연명은 《시운》과 《기유세구월구일己酉歲九月九日》에서 각각 다음처럼 표현하기도 했다.

이 한 잔 들이켜니 揮茲一觴
즐겁고 편안한 맘 스스로 족하구나! 陶然自樂

단순하고 소박하게 인생을 누리다 – 도연명

　　-《시운》

　　그 무엇으로 내 마음 달랠까 何以稱我情

　　탁주로 잠시 혼자 즐겨보네. 濁酒且自陶

　　-《기유세구월구일》

　　도연명은 술에 취해서 정신이 몽롱해지면 현실 세계에서의 근심과 고됨을 잠시나마 잊을 수 있었다. 그래서 그는《음주》와《연우독음連雨獨飲》이라는 시에서 각각 다음처럼 심정을 드러내기도 했다.

　　이처럼 근심 잊히게 하는 물건에 띄워 泛此忘憂物

　　세속의 정을 멀리 밀어내본다. 遠我遺世情

　　-《음주》

　　시험 삼아 한잔 마셔보니 온갖 근심과 걱정이 사라지고 試酌百情遠

　　거듭하여 잔 기울이니 홀연히 하늘도 잊었노라. 重觴忽忘天

　　-《연우독음》

　　온갖 정감을 떠나보낼 수 있고 근심과 걱정조차 더는 머물지 않게 하니 도연명에게는 취하는 일만이 안연한 경지에 이를 수 있는 유일한 길이었다. 그래서 그는 주흥이 오를 때까지 술 마시기를 즐겼다. 그가 얼마나 술을 즐겼는지는 관리 왕홍王弘과 얽힌 일화에서도 엿볼 수 있다.

　　자사 왕홍은 늘 도연명과 교류하기를 원했지만 그가 벼슬아치를 거들떠보지도 않아서 여의치 않았다. 그러자 왕홍은 도연명이 다니는 길목에 술상을 차려놓았고, 그러고서야 겨우 그와 대면할 수 있었다. 도연명이 농사짓고 책 읽던 실제 삶을 노래한 시 《독산해경讀山海經》을 감상해보자.

초여름이라 초목이 자라나니 孟夏草木長

집을 둘러싸고 나무들이 무성하게 얽혀 있네. 遶屋樹扶疏

새들은 머물 곳 있음을 기뻐하고 眾鳥欣有託

나 역시 이 초막을 좋아하노라. 吳亦愛吳廬

이미 밭 다 갈고 파종 또한 마쳤으니 既耕亦已種

때때로 돌아와 나의 책들을 읽는다. 時還讀我書

궁벽한 골목은 수레 다니는 길과 떨어져 있어 窮巷隔深轍

몇 번이나 친구의 수레조차 돌아가게 했구나. 頗迴故人車

기쁜 마음으로 봄철 담근 술을 따르고 歡然酌春酒

텃밭의 채소를 따노니 摘我園中蔬

보슬비는 동쪽에서부터 불어 내리고 微雨從東來

기분 좋은 바람도 함께 오는구나. 好風與之俱

주나라 임금의 이야기 두루 읽어보며 汎覽周王傳

산해경의 그림을 죽 훑어본다. 流觀山海圖

굽어 내려다보고 올려다보며 우주를 다 바라보니 俯仰終宇宙

즐겁지 아니하고 또 어쩌리. 不樂復何如

이 시는 소박하고 평범하기 이를 데 없는 시골의 사물과 풍경으로 이루어져 무척 간단하지만, 그 안에 담긴 뜻과 풍미가 깊고 끝이 없어 여러 번 읽어도 지겹지 않고 오묘하기조차 하다. 이를 통해 도연명이

단순하고 소박하게 인생을 누리다 – 도연명

평범한 일상에 얼마나 깊고 충만한 정을 가지고 있었는지 짐작할 수 있다. 도연명에게는 조용하고 고르게 내리는 비바람, 무성하게 자란 초목, 나무 위의 새 울음소리, 뜰 안의 채소, 가득히 따라진 한 잔 술, 서안 위의 책들, 이 모든 것이 기쁨을 불러일으키는 일상의 요소들이었던 셈이다.

그는 지극히 아름다운 자연 속에서 자유자재하면서 평화롭고 만족스러워하며 살았다. 조촐하고 궁벽한 삶이었지만 그 덕에 세상의 번다함과 시끄러움으로부터 벗어나 명리와 권력 쟁탈의 욕심을 버리고 소박하고 순결한 본래 삶을 회복할 수 있었고, 이로써 시적인 감수성으로 충만해질 수 있었다. 도연명은 그의 소박한 삶 자체가 이미 초월의 경지에 이르렀으며, 실천적 삶을 통해 인류의 삶이 오염되기 이전의 순박한 상태를 회복했다. 한마디로 도연명의 삶 전체가 '시적인 인생'이라고 볼 수 있다.

누구나 마음속에
무릉도원이 숨겨져 있다

•

인생에서 가장 이르고 싶은 이상적인 경지가 과연 어디냐고 물으면 그에 대한 답은 천차만별, 각양각색일 것이다. 그러나 대부분의 사람들이 최종적으로 이르고 싶어 하는 이상적 경지는 바로 '정신적 고향'이다. 인생에서 마지막으로 돌아가고자 하는 귀착점은 결국 정신의 휴식처이기 때문이다. 도연명도 예외는 아니었다. 그도 젊을 때는 웅대한 뜻을 품고 적극적으로 무언가를 이루고자 하는 욕망이 있었다. 그러나 훗날 그는 자신의 포부가 실현되기 어려우며 세월 또한 헛되이 보내서는 안 된다는 사실을 깨닫는다. 사람은 쉬이 늙는데 세월은 우리를 기다려주지 않기 때문이다. 온갖 생각에 밤잠을 설치는데 그때의 심정은 《잡시》에도 고스란히 드러난다.

태양이 서산으로 지자 白日淪西阿

흰 달이 동쪽 마루에 솟아오른다. 素月出東嶺

멀고 먼 만 리까지 밝게 비추니 遙遙萬里輝

넓고 너른 공중의 풍광일세. 蕩蕩空中景

바람 불어와 문 사이로 들어차니 風來入房戶

밤중엔 베갯머리가 서늘하구나. 夜中枕席冷

기후가 변하면 철 바뀐 것 알고 氣變惡時易

잠 못 들면 밤 길어졌음 깨닫노라. 不眠知夕永

말 주고받고자 하나 함께하는 이 없으니 欲言無予和

잔 들어 외로운 그림자에게 술 권한다. 揮杯勸孤影

세월은 날 버리고 속절없이 가버리니 日月擲人去

뜻을 품고도 펼치지 못함이 有志不獲騁

가슴이 서글프고 처량하여 念此懷悲悽

이 새벽 다할 때까지 마음 가라앉질 않는구나. 終曉不能靜

도연명은 노년에 이르자 일 촌의 시간조차 애석해 하는 모습을 보이는데 《잡시》에 잘 드러나 있다.

기력마저 점점 쇠잔하여 氣力漸衰損

예전 같지 않음을 짐짓 깨닫게 된다. 轉覺日不如

삶은 골짝을 지나는 배처럼 잠시도 머물지 않고 壑舟無須臾

쉬지 않고 나를 달리게 하는구나. 引我不得主

앞으로 살날이 얼마나 되려는지 前途當幾許

멈추어 머물 곳을 알지 못하노니 未知止泊處

옛사람은 촌음조차 아끼라 했는데 古人惜寸陰

이를 생각하니 오직 두렵고 초조할 뿐이로다. 念此使人懼

도연명에게 봄에 씨 뿌리고 가을에 추수하는 농사일은 매년 똑같이 반복되는 무의미한 일이 아니라 풍성하고 충실한 시적 의미가 담긴 삶의 과정 중 하나였다. 삶을 소중히 여기는 사람은 반드시 죽음의 문제에도 관심을 두게 마련인데, 죽음이란 인생에서 필연적으로 맞게 되는 종착역이기 때문이다. 도연명 역시 죽음에 대해 다음과 같이 언급하곤 했다.

인생은 꿈처럼 돌고 돌며 변하여 가다가 人生似幻化

종국에는 공과 무로 돌아가네. 終當歸空無

- 《귀원전거》

한번 태어나면 반드시 죽게 마련이니 運生會歸盡

예부터 그렇게 말하여왔다. 終古謂之然

- 《연우독음》

그는 죽음을 예감하여 《환구거遷舊居》라는 시에서 이런 구절을 남기기도 했다.

일찍 죽어 쓰러질까 두렵구나, 常恐大化盡

아직 기력 다하지 않았는데. 氣力不及衰

그러나 도연명은 결코 죽음을 두려워하지 않았다. 죽음이라는 것이 무척 자연스러운 일이며 자연이 변화하는 과정의 한 부분이므로 사람은 이러한 변화에 순응해야 한다고 여겼다. 그래서 《형영신形影神》〈신석神釋〉에서도 이렇게 말했다.

지나치면 생명을 상하게 하나니 甚念傷吳生

하늘의 운에 따라 흘러가도록 맡기는 게 좋으리라. 正宜委運去

어지러운 물결처럼 크게 변화하면서 조화를 이루는 자연의 이치 가운데 縱浪大化中

기뻐하지도 두려워하지도 말게나. 不喜亦不懼

세상 떠날 때 되면 가버리면 그만인 것을 應盡便須盡

홀로 근심할 것 무엇인가! 無復獨多慮

도연명은 또한 《자제문》에서 죽음을 '집에 돌아가는 것'과 동일시하기도 했다. 나그네가 잠시 머물던 곳을 작별하고 본연의 집으로 돌아가는데 두려워할 것이 뭐가 있으며 고민할 것이 뭐가 있겠느냐는 내용이다.

나는 지금 陶子將辭

나그넷길 잠시 머물던 곳 떠나 逆旅之館

본연의 집으로 영원히 돌아가려 한다. 永歸於本宅

그러나 그는 살면서 중요한 것은 죽음에 대한 고민이 아니라 현재의 삶에 집중하는 것이라 생각했다.

천 년 만 년 지난 후에 千秋萬歲後

누가 알리 그 영욕의 세월을. 誰知榮與辱

이 세상 살면서 다만 한스러웠던 건 但恨在世時

맘껏 술 마시지 못했던 것이라오. 飮酒不得足

- 《의만가사 擬挽歌辭》

예전엔 술 없어 못 마셨더니 在昔無酒飮

이제 와 부질없이 잔만 넘치네. 今但湛空觴

봄 술 탁주에 지게미가 떠올랐지만 春醪生浮蟻

언제 다시 맛볼 수 있을는지. 何時更能嘗

- 《만가 挽歌》

유머러스하게 표현되어 있긴 하지만 시인은 죽음보다 살아생전의 삶을 더 중시했다. 이 점이 더욱 명확하게 표현된 것은 《귀거래혜사》 의 마지막 구절이다.

이제 그만두자. 已矣乎

이 몸 세상에 남아 있을 날 얼마나 되리. 寓形宇內復幾時

가고 머무는 대자연의 섭리에 몸을 맡기지 않고 曷不委心任去留

어찌 바라는 바를 서둘러 좇기만 하는가. 胡爲乎遑遑欲何之

돈과 지위는 내 바라는 바 아니요, 富貴非吳願

죽어서 신선의 나라에 다시 태어날 것도 기대하지 않는다. 帝鄕不可期

좋은 때 만나면 혼자 거닐기도 하고 懷良辰以孤往

때론 지팡이 세워두고 김매기도 하네. 或植杖而耘籽

단순하고 소박하게 인생을 누리다 - 도연명

동쪽 언덕에 올라 가만히 읊조려보다가 登東皐以舒嘯

맑은 시내에서 시를 지어본다. 臨淸流而賦詩

변화하는 대자연의 수레를 탔다가 이 생명 다할 때 돌아가리니 聊乘化以
歸盡

주어진 천명을 즐길 뿐 무얼 염려하랴. 樂夫天命復奚疑

　죽음은 언젠가는 다가올 일이므로 고민할 필요가 없다. 또 죽음이 임박했을 때는 대자연 조화의 법칙에 따라 돌아가면 그만이다. 그래서 지금 이 순간 더욱 중요한 것은 현재의 삶을 잘 누리며 사는 것이다. 불로장생하는 신선의 고향이란 본래 공허한 것이니 어찌 바랄 수 있겠는가. 종교를 믿는 이들은 영혼이 불멸하므로 인생의 귀향처는 죽은 후 피안이나 천국에 있다고 한다. 그러나 도연명은 사람이 죽으면 영혼도 소멸하며 죽은 후에 돌아갈 곳은 공허한 무의 상태이므로 마음을 둘 필요가 없다고 한다. 《논어》〈선진先進〉 편에서 공자가 "현세의 삶도 모르는데 어찌 죽음을 알겠느냐"라고 말한 것과 같은 맥락이다.

　현실 생활에서는 정신적인 고향을 어디서 찾을 수 있을까? 반드시 인적이 없는 깊은 산에 들어가 동물들을 벗 삼아 살아야만 가능한 것일까? 그렇지 않다. 인류는 결국 무리를 지어 살아야만 하는 사회적 동물이다. 그래서 공자도 "사람은 세상을 떠나 새와 짐승의 무리와 함께할 수 없다. 내가 사람의 무리와 함께하지 않고 누구와 함께하겠는가?"라고 하여 사람이 사람을 떠나 살 수는 없다고 했다.

　그렇다면 인간은 어쩔 수 없이 번뇌 가득한 이 현실 세계에 몸을 두고 살 수밖에 없는 것일까? 곳곳이 시끄럽고 번화한 이곳에서 우리의 영혼을 편히 쉬게 할 만한 오염되지 않은 정토는 없단 말인가? 이에 대해 도연명이 홀로 터득한 비밀을《음주》를 통해 엿보자.

> 사람 사는 동네에 초가 엮었지만 結廬在人境
> 수레 끄는 소리 말 울음소리 들리지 않네. 而無車馬喧
> 묻노니 그대는 어찌 능히 그럴 수 있소? 問君何能爾
> 마음이 멀어지니 사는 땅도 절로 멀어진다네. 心遠地自偏
> 동쪽 울타리 아래서 국화 한 송이 꺾어 들고 採菊東籬下
> 유유히 남산을 바라보니 悠然見南山
> 저물녘 산 기운은 더욱 아름다워지고 山氣日夕佳
> 날아가던 새도 무리 지어 둥지로 돌아오네. 飛鳥相與還
> 이 속에 삶의 참뜻 감추어져 있어 此中有眞意
> 말로써 표현하려 하나 이미 할 말을 잊었노라. 欲辨已忘言

초가를 엮어 마을로 들어가 살아도 수레와 말 울음소리가 나지 않는 것이 바로 도연명이 터득한 비결, 즉 '마음을 멀리하는 것'이다. 마음을 멀리하는 것은 혼탁한 세상을 멀리하고 재물과 명예에 대한 욕심을 넘어서며 물질세계를 정신으로 초월할 수 있는 유일한 방법이다. 우물 안의 물은 물결이 일지 않듯, 마음을 멀리하는 경지에 다다랐기 때문에 도연명에게 부귀영화는 하늘을 떠다니는 구름처럼 허황된 것이었으며 저 먼 곳에서 불어 드는 한 줄기 가는 바람에 불과했다. 그렇기에 그는 여산廬山 자락의 작은 마을에서 이토록 자유롭고 편안하며 소소하게 살아갈 수 있었던 것이다.

유유자적하며 동쪽 울타리에서 국화를 꺾어 들고 한가로이 남산을 바라보고 산안개와 날아드는 새를 보며 대자연의 아름다움만 느끼니,

단순하고 소박하게 인생을 누리다 – 도연명

이를 말로 표현하려 해도 마땅한 말을 찾을 수 없는 게 어쩌면 당연하다. 이것이야말로 도연명이 자기 내면을 위해 쌓아올린 정신의 낙원이라 하겠다.

도연명의 시《음주》는 수많은 후대인에게 호평받으며 다양한 해석을 낳았지만 청나라 사람 진조명陳祚明의《채숙당고시선采菽堂古詩選》이 가장 정곡을 찌른다.

"마음이 멀어지니 사는 땅도 절로 멀어지므로 공연히 노중련처럼 동해에 뛰어들어 제나라를 향한 지조의 뜻을 드러내지 않아도 된다. 국화를 꺾어 산을 바라보곤 그곳이 진정 아름다워 표현할 말이 떠오르지 않으니 이야말로 소위 도원桃園에 이른 자의 모습이 아니겠는가?"

그렇다. 도연명은 오염되고 혼탁한 속세와는 어울리지 못했지만 마음을 멀리하는 방법을 써서 정신의 귀향처를 마련했다. 덕분에 전국시대 제나라의 노중련처럼 굳이 동해에 뛰어들어 진나라를 섬기지 않겠다는 충절을 표시하지 않아도 되었다. 진조명은 도연명이 거처했던 정신의 낙원을 가리켜 '도원'이라고 표현했다. 도원명이《도화원기桃花源記》에 표현한 마음의 낙원을 감상해보자.

땅은 평탄하고 넓으며 土地平曠
집들은 가지런히 늘어섰고 屋舍儼然
기름진 논밭, 아름다운 연못, 뽕나무, 대나무도 있도다. 有良田美池桑竹之屬
밭 사이로 난 밭둑이 사방으로 뻗어 있고 阡陌交通
닭 우는 소리와 개 짖는 소리가 엇갈려 들리는구나. 雞犬相聞

그 사이를 오가며 씨 뿌려 농사짓는 其中往來種作

남녀의 옷차림이 男女衣着

모두 속세의 사람과 같도다. 悉如外人

누런 머리의 노인과 다박머리 아이들이 黃髮垂髫

저마다 기뻐하며 즐거워하고 있다. 並怡然自樂

……

그들이 스스로 이르기를 自云

과거에 선조들이 진나라 당시의 난을 피해 先世避秦時亂

처자와 고을 사람들 이끌고 率妻子邑人

이 격리된 땅에 와서 來此絶境

다시는 밖으로 나가지 않아 不復出焉

마침내 바깥세상과 왕래가 단절되었다. 遂與外人間隔

"지금이 어느 시대인가?"라고 묻지만 問今是何世

한나라조차 있었던 걸 알지 못하니 乃不知有漢

위와 진은 더 말할 것도 없었다. 無論魏晉

이곳이야말로 인간 세상의 이상적 천국이 아니고 무엇이겠는가? 아름다운 환경과 순수하고 소박한 민심, 억압과 착취도 없고 속임수나 다툼도 없다. 사람들은 자기 일에 만족하면서 걱정도 근심도 없이 편히 살아간다. 그는 《도화원시桃花源詩》에서 도화원의 모습을 좀더 보충하여 묘사하였다.

뽕과 대나무 그늘을 드리우고 桑竹垂餘蔭

콩과 기장도 때맞춰 심었네. 菽稷隨時藝

단순하고 소박하게 인생을 누리다 _ 도연명

봄누에 쳐서 긴 명주실 뽑아내고 春蠶收長絲

가을에 곡식이 익어도 나라에 바칠 세금 없다네. 秋熟靡王稅

길 황폐해져 왕래를 막고 荒路暖交通

닭과 개가 번갈아 우는구나. 鷄犬互鳴吠

제사는 여전히 옛 방식이고 俎豆猶古法

옷차림도 새로울 것 없다네. 衣裳無新製

아이들 줄지어 가며 노래 부르고 童孺縱行歌

반백의 노인들도 즐거이 놀러 다니는구나. 斑白歡遊詣

이처럼 '도화원'은 백성이 꿈꾸는 아름다운 지향점이자 도연명 자신이 이상적인 삶으로 추구했던 모습이다.《도화원기》에는 남양의 고상한 선비 유자기劉子驥가 등장하는데 그는 도화원에 관한 소문을 듣고 기뻐하여 그곳을 찾아보겠다고 나섰으나 성공하지 못한 채 병들어 죽고 만다. 사실 유자기는 도연명이 자신의 심정을 이입하여 묘사해낸 일종의 자기 그림자였다. 그는《도화원시》의 마지막 두 구절에서 다음처럼 표현함으로써 그곳이 자신이 바라던 이상향이었음을 직접 드러냈다.

바라건대 가벼운 바람 따라 願言躡輕風

높이 들어 올려 내가 꿈꾸는 곳 찾으리라. 高擧尋吾契

도화원 하면 많은 사람이 헨리 소로의 숲 속 체험기《월든》을 떠올리곤 한다. 도화원과 월든은 각각 문학 작품을 통해 유명해진 지명으로, 사람들에게 종종 같은 맥락에서 거론된다. 그러나 도화원은 중국에, 월든은 미국 매사추세츠 주의 작은 도시 콩코드에 있어서 지구 반 바퀴를 돌아야 만날 수 있을 만큼 지리적으로 멀리 떨어져 있다. 그리고 시간상으로도 《도화원기》는 남조 송나라 때인 422년에 탄생하였으므로 1850년에 쓰인 《월든》과는 1,400여 년이라는 시간 차이가 난다. 이렇게 보면 도화원과 월든은 서로 전혀 관계가 없는 것처럼 보인다. 그런데 이 둘은 어째서 사람들에게 늘 나란히 연상되곤 할까?

도연명은 농경 시대의 중국에 살았고 소로는 산업화 시대의 미국에서 살았다. 다시 말해 한 사람은 옛 시대를 살고 다른 한 사람은 근대를 살았으며, 한 사람은 동에서 한 사람은 반대편 서쪽에서 살았다. 그렇지만 이 두 사람의 삶은 놀랍도록 비슷한 점이 많다. 도연명은 혼탁한 속세에 염증을 느껴 관직을 내려놓고 은거의 삶을 선택, 농사를 지으며 여생을 보냈다. 소로는 하버드 대학을 졸업한 뒤 교사로, 작가로 일하다가 부친의 연필 제조공장 일을 돕기도 하였다. 그러나 스물아홉 살 되던 해에 월든 호수 근처에 직접 작은 집을 짓고 2년을 보냈다. 도연명은 자신이 먹을 것은 자력으로 공급해야 한다고 생각했기에 직접 노동하여 농사에 참여했고, 소로 역시 《월든》의 서막에서 이렇게 표현했다.

> "나는 고독하게 숲 속에서 살아간다. 매사추세츠 주의 콩코드 시 월든 호숫가에 직접 통나무집을 짓고 이웃과도 1마일 이상 떨어진 곳에서 직접 두 손으로 노동하여 살아간다."

도연명의 초막은 초목이 둘러친 곳에 있었으며 소로의 집도 잡초가 무성한 곳에 있었다. 두 사람 모두 은거의 삶을 살기로 한 것은 인생에

단순하고 소박하게 인생을 누리다 _ 도연명

서 특별한 선택이었다. 도연명은 젊은 시절 큰 포부를 가지고 뜻을 이루고자 적극적이었지만, 관료 생활의 어두운 내면을 보고는 환멸을 느껴 관직을 내려놓고 귀향할 수밖에 없었다. 소로도 마찬가지였다. 정의감에 불타올랐던 소로는 특히 노예제도에 반대하였다. 그래서 월든 호숫가에서 보낸 2년 2개월의 세월은 자기 자신을 돌아보고 마음을 정화하려는 의도도 있었지만, 환멸을 느낀 번잡한 도시 생활로부터 좀 떨어져 지내려는 일종의 물질문명에 대한 도전이었다.

소로는 시공간적으로 요원한 중화 문명에 대해 거의 알지 못했으나 《월든》에서는 《논어》와 《맹자》의 구절을 종종 인용하곤 했다. 그러나 도연명은 20세기 초가 되어서야 미국과 유럽에 소개되었으므로 고대 중국의 은둔 시인 도연명의 존재에 대해서는 그가 알 리 없었다. 그렇지 않고 일찌감치 도연명을 알았다면 아마도 《월든》 내용 중 대다수는 도연명을 앙모하는 심정으로 넘쳐났을 것이다.

이처럼 둘은 본질상 비슷한 점이 많다. 하지만 근본적으로 다른 점이 있으니 그것은 바로 하나는 실제이고 다른 하나는 허구, 허상이라는 점이다. 월든의 호수는 교통이 편리한 요즘 같으면 금방 찾아갈 수 있는 실제 존재하는 장소다. 그러나 도화원은 도연명이 상상으로 만들어낸 허구의 유토피아로 《도화원기》라는 문학 작품 안에만 존재하는 곳이다.

사실 도연명의 도화원은 소로의 월든에 비해 더 큰 의의를 지닌다. 소로는 공간적인 의미에서만 세속을 떠나 월든 호숫가에서 은거했다. 그리고 그곳의 한적하고 고요함에 매혹되어 《월든》의 한 장에 '적막'이라는 제목을 붙였다. 이에 비해 도연명은 '심리적 거리'라는 측면에서 은둔할 낙원을 마련했다. 그의 말을 빌리자면 이것은 '마음을 멀리

한' 결과였다. 속세를 떠나고 싶으면 굳이 깊은 산중으로 들어가지 않아도 마음의 고요함과 편안함만 유지하면 된다는 것이다. 혹은 마음 깊은 곳에 세상에 속하지 않은 도원을 구축하면 된다.

이처럼 두 사람이 추구한 목표는 같을지라도 소로의 방법은 우리가 당장 따르기 쉽지 않은 길이다. 이토록 붐비는 지구 땅에서 어디에 월든 호숫가 같은 한적한 곳이 있단 말인가? 정말로 그런 곳을 발견한다고 해도 그곳은 이미 명성 자자한 국립 보호구역으로 지정되었거나 1년 365일 방문객이 끊이지 않는 관광명소가 되고 말았을 터이다. 세상 어디에서 우리가 은거할 만한 땅 한 평을 찾을 수 있겠는가.

반면 도연명이 택한 길은 우리가 앞으로도 시공간의 제약 없이 쉽게 따라 해볼 만한 방법이다. 왜냐면 외부의 유혹을 거절하고 마음을 멀리하는 것은 언제 어디서든 실현할 수 있는 일이기 때문이다. 아무리 시끄럽고 북적대는 현대 도시를 살아간다고 해도, 집이 시멘트 숲 가운데 박혀 있는 작은 아파트라고 하더라도, 마음의 평안과 고요함만 얻을 수 있다면 이상적인 도원의 세계를 누릴 수 있을 것이다. "마음이 멀어지니 사는 땅도 절로 멀어진다네"라고 말한 도연명의 도화원이 본래 우리 마음속에 있기 때문이다.

단순하고 소박하게 인생을 누리다 _ 도연명

3

___

현실을 직시하며 사람의 길을 묻다

●

두보

___

무릇 시인이란,
함께 견디기 위해 존재하는 것

•

두보는 당 현종 때인 712년에 태어나 770년에 세상을 떠났다. 그의 조부인 두심언杜審言은 측천무후 시대의 유명한 시인이었고 관직이 선부원외랑膳部員外郎, 수문관직학사修文館直學士에 이르렀다. 두보의 부친 두한杜閑은 연주사마兗州司馬, 봉천령奉天令을 역임하기도 했다. 청년 시절의 두보는 근심 걱정이 없을 만큼 여유로운 삶을 누렸던 것으로 보인다. 그는 소장했던 책을 팔아 오나라와 월나라 땅을 유람하면서 청년 시절을 보내기도 했다. 또 스물넷에 과거에 응시하여 낙방하긴 했지만 절망하지 않았고 삶을 낙관하며 술을 즐겼다. 자기 삶에 대해 자신감으로 충만했기 때문이다. 이러한 청년 두보의 기백은 《망악望岳》에서 태산처럼 뭇 산을 굽어보는 위치에 오르겠다는 표현으로 드러나 있다.

태산이 어떠한가 하였더니 岱宗夫如何

제나라와 노나라 땅에 걸쳐 푸르디푸르구나. 齊魯青未了

조물주가 신령함과 빼어남을 한데 모아놓았고 造化鐘神秀

산의 앞뒤로 낮과 밤이 갈리네. 陰陽割昏曉

층층이 생겨나는 구름 속에 내 마음 씻어내고 盪胸生層雲

눈 크게 떠 둥지로 돌아가는 새 바라본다. 決眥入歸鳥

내 반드시 산꼭대기 올라 會當凌絕頂

뭇 산의 작음을 굽어보리라. 一覽眾山小

두보의 일생은 당 현종 치세의 시작에서부터 안사의 난에 이르는 격정의 대전환 시기에 맞물렸을 뿐 아니라 당 제국이 찬란하게 발전을 거듭하던 성당 시기로부터 쇠락의 길로 접어들던 시기까지 고르게 거쳤다. 당 현종은 통치 초기 29년간은 어진 정치를 위해 힘썼고, 요숭姚崇이나 송경宋璟 등 어진 신하의 보필을 받아 공정하게 다스린 덕에 나라가 부강해졌다. 그래서 역사도 이 시기를 당 현종 때의 연호인 개원開元에서 가져와 '개원성세開元盛世'라고 하며 태평성대라고 불렀다. 그러나 현종은 통치 후반에 이르러서는 교만과 사치, 주색에 빠져 국정을 제대로 돌보지 않았고 이임보, 양국충 등 간신들에게 권력이 농락당하여 정치 현실은 날로 암담해졌다.

이처럼 국세가 갈수록 쇠락해가다가 결국 안사의 난으로 나라는 도탄에 빠지고 만다. 8년 후 안사의 난이 평정되긴 했으나 이때부터 대당 제국은 이전의 영광을 좀처럼 되찾지 못한 채 쇠락의 길을 걷는다.

이러한 역사적 배경을 바탕으로 따져보면 두보가 살았던 시기는 당현종 때인 713년에서 당 대종 때인 763년에 이르는 50여 년의 시기라고 볼 수 있다. 두보는 어린 시절에 개원성세의 태평세월을 직접 겪었기에 만년에 《억석(憶昔)》이라는 시에서 그때 기억을 회상하며 말했다.

옛 개원 시대의 전성기를 회상하니 憶昔開元全盛日

작은 고을에도 만 가구가 있었고 小邑猶藏萬家室

쌀은 기름지고 좁쌀은 깨끗하며 稻米流脂粟米白

관청과 백성의 창고가 가득 찼었지. 公私倉廩俱豐實

온 나라 길마다 도적 떼라곤 없었고 九州道路無豺虎

먼 길 갈 때도 길일을 따지지 않고 아무 때나 떠날 수 있었지. 遠行不勞吉日出

제나라 명주와 노나라 비단을 수레마다 싣고 齊紈魯縞車班班

남자는 밭 갈고 여자는 양잠 시기를 놓치지 않았다네. 男耕女桑不相失

성인이 된 뒤 두보는 정치 현실의 암담함과 백성들을 불안하게 하는 사회 현실을 지켜봤고 전란의 횡포를 직접 겪었다. 두보는 자신이 직접 태평 시대를 보냈기에 유가의 정치 이상에 대한 믿음이 흔들리지 않았고, 그 이상이 현실에서 실현되길 늘 바랐다. 또한 안사의 난 전후 나라의 변화를 직접 겪어보았기에 사회의 각종 불합리한 폐단이 더욱 눈에 잘 들어왔고, 덕분에 강한 비판정신으로 현실적인 시를 지을 수 있었다.

위대한 시인이란 일반인에 비해 민감한 감수성을 가지고 사회 변화의 맥박을 제대로 짚어내는 지표 역할을 해야 한다. 급변하는 시대 한가운데 선 두보의 마음에는 거대한 감성의 파란이 일었다. 이 때문에 그의 시에는 슬픔과 애통, 분노, 격양됨, 비분강개의 심정이 그대로 드러나게 되었다. 그의 시에서는 격양되면서도 가라앉은 감정이 교차하는 풍격을 느낄 수 있는데, 그 본질은 내면의 파동하는 감정 변화였다. 옛말에 "고난은 옥처럼 너를 다듬어 완성시킨다"고 했는데, 이는 두보와 그가 살았던 시대 간의 관계를 정확하게 설명해준다.

두보의 일생은 시가 역사에서 성당 시기에서 중당 시기로 전환되는 시점과 맞물려 있다. 사람들은 당 현종의 후기 연호인 천보天寶 말년(756년)을 당시唐詩의 결정적인 전환점으로 삼아 이전을 성당 시기, 이후를 중당 시기라고 부른다. 청나라 사람 섭섭과 근대 시인 원이둬는 심지어 고시가 전체 역사의 분수령이라고까지 말한다.

당시 마흔다섯 살이던 두보는 이미 30여 년에 달하는 시 생애의 중간 지점을 달리고 있었다. 두보는 이백 등과 함께 성당 시인 대열에 서기도 했고 원백元白 등과 함께 중당 시인의 선구자가 되기도 했다. 한나라에서 위진남북조 시대, 육조 시기를 거쳐 성당 시기에 이르기까지는 시 창작에서 풍성한 결실이 있던 시기다.

두보는 이 시기 선인들의 유산을 계승하고 더욱 발전시켜 제재나 내용 면에서 당시의 새로운 발전 방향을 제시했다. 성당의 시인들은 각각 시의 제재를 달리하여 특징을 가지고 있었는데, 예컨대 왕유와 맹호연은 산수 전원을 노래했고 고적과 잠삼岑參은 변방의 생활을 시의 소재로 삼았다. 이백은 주로 내면의 정서를 풀어쓰길 좋아했을 뿐, 사회를 향한 시선은 시의 소재로 그다지 즐겨 쓰진 않았다.

반면 두보는 그렇지 않았다. 그는 시대와 사회를 향한 제재를 무시하지 않고 사회상과 자연을 아우르는 외부 세계 전체를 소재로 다루었을 뿐 아니라 이를 내면의 정서와 결합하여 시 언어로 표현해냈다. 그래서 명나라의 호응린胡應麟이 《시수詩藪》에서 두보를 가리켜 "땅을 안고 바다를 포함하여 만물을 담아내지 않는 것이 없다"라고 평하기도 했다.

성당 시기의 시는 낭만적인 색채로 이상 세계를 묘사하는 것이 대부분이었다. 그런데 두보의 시는 오히려 사회 현실을 반영하기 시작했고, 풍격 또한 화려하고 유유자적하며 안일한 느낌에서 벗어나 소박하면서도 깊이 있는 분위기로 전환되었다. 당시 전체의 발전 역사 측면에서 볼 때 두보는 성당에서 중당으로 전환되는 시기의 핵심 인물이라고 할 수 있다. 그래서 두보를 가리켜 시 역사의 '집대성자'라고 칭하기도 했는데, 집대성이 전 시대를 종합·정리하여 새로운 시대를 여는 데 의의가 있기에 두보에게 적합한 별칭이라고 볼 수 있다.

두보가 처한 시대는 정치사적으로나 문학사적으로나 대전환의 핵심 시기로 위대한 시인이 탄생할 수 있는 적기였다. 두보는 이러한 시기에 탄생한 위대한 시인인 셈이다.

사람을 사랑하는 마음,
천하를 품다

•

당나라 때는 사상 면에서도 무척 개방적인 시대여서 조정에서는 유교·도교·불교의 사상을 아울러 중시하여 지원했다. 그래서 백화가 만발하듯 사상계가 고르게 융성할 수 있었다. 그 영향으로 당나라 시인들 역시 사상적으로 어느 한곳에 구애됨 없이 자유롭게 사고할 수 있었다. 예컨대 왕유의 작품에서는 불교의 분위기가, 이백에게서는 도교의 색채가 보이기도 했다.

두보도 청년 시절 도교에 심취해서 선단仙丹과 영지靈芝 등 불로장생의 신선계에 큰 관심을 가졌으나, 그것은 삶의 가치관이 확립되기 전에 가졌던 낭만적인 환상에 불과했다. 인생의 길목마다 번번이 실패와 좌절을 경험하자 두보는 장년이 되어 불교에 심취하게 되었는데, 이는 불교의 사상에서 마음의 위안을 얻고자 했을 뿐 불문에 입교하려는 의

도는 전혀 없었다. 두보의 시 중에서 《별리비서시흥사소거別李秘書始興寺所居》라는 글에는 흥미로운 시구가 보인다.

당신의 지관경 소리 들으니 重聞西方止觀經

노쇠한 몸과 오래된 절에 시원한 바람 부는 듯하지만, 老身古寺風冷冷

처자식 살길 마련해주고자 돌아갔다가 妻兒待米且歸去

그런 뒤에야 지팡이 짚고 돌아와 귀 기울여 들으리라. 他日杖藜來細聽

먼저 가족의 의식을 해결한 다음에 고승의 설파를 듣고자 한다는 부분에서 두보가 품었던 실제 삶에 대한 진지한 애정을 엿볼 수 있다. 삶의 굴레는 두보로 하여금 불문에 귀의하지 못하게 한 가장 큰 요인이었을지도 모른다. 이는 왕유가 《탄백발嘆白髮》에서 "평생 수없이 맘 상한 일 많았건만 불문을 향하지 않으면 어디서 위로받으리"라고 말한 것과 비교하면 극명한 차이가 아닐 수 없다. 그래서 두보가 품었던 사상의 경향에 대해서는 청나라 사람 유희재劉熙載가 《예개藝槪》에서 "소릉少陵의 일생은 유가의 세계 안에 있다"라고 평가한 글에서 가장 정확하게 드러난다. 여기서 '소릉'은 두보의 호다.

두보는 유학의 가르침을 중시하는 가정에서 태어났으며, 특히 13대 선조인 두예杜亞를 자랑스럽게 여겼다. 두예는 서진의 명신이자 저명한 유교 학자로 화려한 공과 업적을 쌓았다. 그뿐 아니라 유가 경전인 《좌전》에 주석을 달아 그 주석본이 후대인에 의해 《십삼경주소十三經注疏》로 채택될 정도로 유가에서 말하는 이상적인 인물이었다.

이 같은 가정 환경의 영향으로 두보는 어릴 적부터 엄격한 유가사상 교육을 받아 평생 유학의 도를 신봉하면서 살았다. 두보의 시를 보면 유학의 '유儒'라는 글자가 총 44번이나 나오는데, 그중 절반은 자기 자신을 상징하는 호칭에 사용했다. 그래서 두보는 자신을 유생儒生 혹은 노유老儒, 심지어 '생각이 낡고 완고하여 쓸모없는 선비'라는 의미로 부유腐儒라고 표현했다.

그는 《봉증위좌승장이십이운奉贈韋左丞丈二十二韻》에서 "비단옷 입은 자는 주려 죽는 법 없지만 유관 쓴 선비는 몸을 망치는 사람이 많다오"라고 했고, 《취시가醉時歌》에서는 "유가의 가르침이 내게 무슨 소용이 있으리오, 공자나 도척이나 모두 먼지로 돌아갔거늘"이라 하기도 했다. 그러나 이는 극단적인 비분에 젖어 격앙된 심정으로 한 표현에 불과하다.

두보는 유가에서 길조로 여기는 봉황에 자신을 비유하길 즐겨서 《장유壯游》에서도 "일곱 살에 생각이 크고 웅대하여 입만 열면 봉황을 노래했다"고 했으며 임종 직전에도 《주봉행朱鳳行》이라는 제목의 시를 써서 봉황을 향한 뜻을 드러냈다. 두보가 마음에 둔 채 한시도 잊지 않았던 그 봉황은 바로 자신의 마음을 투영한 자기 그림자라고 할 수 있다.

유가에서 주목하는 대상은 현실의 삶과 사회이므로 유가에서 말하는 바른 삶의 태도란 필연적으로 세상일에 적극 참여하는 일일 것이다. 공자가 상상 속 미래의 아름다운 사회인 '천하대동'의 정치 이상을 실현하고자 열국을 주유했고, 맹자가 인의를 핵심으로 하는 정치 이상을 실현하고자 제후들을 찾아다니며 유세했던 것도 다 이런 까닭이다. 그들은 자기들의 사상에 자신감이 있었고 그것을 실현하기 위해 노력하는 것이 숭고한 사명이라고 여겼다.

공자나 맹자가 운명을 믿었다면 그들은 일찌감치 절망스러운 환경 앞에서 포기할 뿐 결코 《논어》〈헌문憲問〉에 나온 것처럼 "할 수 없다는 것을 알면서도 행하는"의 경지에 이르지 못했으리라. 두보도 유가 사상의 가르침 아래 성장기를 보냈기에 그들과 같을 수밖에 없었다. 그 때문에 나라를 안정시키고 견고하게 하는 것은 두보가 전 생애를 통해 품었던 흔들리지 않는 신념이었으며, 두보는 이것이 자신에게 주어진 사명이라고 여겼다. 그래서 그는 청년 시절《망악》이라는 시에서 "내 반드시 산꼭대기 올라 뭇 산의 작음을 굽어보리라"고 외칠 수 있었다. 그러나 당시 그에게는 앞으로 펼쳐질 인생에 대한 깊고 진지한 고민이 없었기 때문에 뜻만 품었을 뿐 구체적이고 확실한 계획들이 없었다. 장안에 온 지 10여 년이 되어 개인적으로 인생의 고난도 맛보고 백성들이 당하는 고통을 지켜보면서 그제야 인생의 신념이 확고하게 자리 잡기 시작한다.

서른아홉 살이 되던 해에 두보는 처음으로《봉증위좌승장이십이운》이라는 글에서 "군주를 도와 섬기기를 요임금, 순임금처럼 되게 하여 순박한 사회 풍토를 회복하게 한다"라고 하여 자신의 뜻을 작품에 담아냈다. 5년 후 두보는《자경부봉선현영회自京赴奉先縣詠懷》라는 글에서 다시 한 번 자신의 뜻을 드러내는데 "어찌 그리 우직한지 옛 명신 직稷과 설契에 비하기도 했다"라고 한 것이 그것이다.

이 두 편의 글 중에서 전자가 군주에 시선을 집중했다면, 후자는 그 시선이 자기 자신에게로 옮겨온 것을 느낄 수 있다. 앞선 시를 쓸 때는 시기적으로 여전히 그는 벼슬하지 않는 평범한 선비였고 뒤편의 시를 쓸 때는 이제 막 관직 생활을 시작하던 때였다. 그러나 종팔품 이하의 말단직이었는데도 그의 어투는 그토록 도도했다. 그의 뜻은 그만큼 크고도 심원했던 것이다.

그렇다면 "군주를 도와 섬기기를 요임금, 순임금처럼 되게 한다"라는 말은 무슨 뜻일까? 어떤 이는 이것이 충군의식의 반영이라고 해석한다. 물론 두보는 임금을 향한 충절이 큰 사람이었고 심지어 송나라 소식도《왕정국시집王定國詩集》에서 그를 향해 "비록 한 끼 밥을 먹을 때조차 일찍이 임금을 잊은 적이 없었다"라고 표현할 정도였다. 이 말이 터무니없이 꾸며댄 것이 아니라는 것은 두보의 시《괴엽냉도槐葉冷淘》를 보면 알 수 있다.

두보는 만년에 곳곳을 떠돌다가 기주 땅까지 흘러갔을 때, 그곳 현지의 차가운 국수 '괴엽냉도'라는 것을 맛보았다. 그 글의 말미에서 홀연 저 멀리 장안에 있는 군주를 떠올리며 "임금도 시원한 것이 그리우면 그때 이 맛을 보셔야 하리"라고 말한다. 이것이 "한 끼 밥을 먹을 때도 일찍이 임금을 잊은 적이 없었다"는 충정의 마음이 아니고 무엇이겠는가? 그러나 두보의 이러한 생각은 우연히 한 번 떠오른 것이 아니다. 그의 충군의식은 줄곧 '요순시대의 순박함을 회복할 수 있게끔 군주를 보좌하는' 형태의 소망으로 드러났다. 즉 지금의 임금이 요임금이나 순임금처럼 현명한 군주가 되게끔 보필하겠다는 뜻이다.

군주제를 기본으로 하는 시대에는 어진 정치가 실현되기 위한 첫 번째 조건이 바로 현명한 군주이며, 이것 없이는 모든 것이 헛수고로 돌아가고 만다. 요임금과 순임금은 유가에서 추종하는 고대의 명군이자 유가에서 가장 이상적인 군주로 주조해낸 대표적 인물이다. 두보는 황제가 요순임금을 본받아 어진 정치를 하기를 소망했다. 이것이야말로 두보가 원대한 정치 이상을 펼치는 데 필요한 첫 번째 절차였다.

그렇다면 "옛 명신 직과 설에 비하기도 했다"라고 한 문구는 무슨 뜻일까? 직은 '후직后稷'이라고도 하는 순임금 시대의 대신으로 어릴 때부터 농사에 밝았다. 그래서 순임금이 그로 하여금 농업을 관장하게 했고, 훗날 주나라의 시조가 되었다. 설은 대우大禹를 도와 물을 다스리는 대신이었는데 훗날 상나라의 시조가 된다. 두보는 어째서 자신을 직과 설에 비유하고자 한 것일까? 자신을 직과 설에 비유했다면 두보는 지나치게 자기 자신을 과신했던 것은 아닐까? 여기에 대해 명나라 말 왕사석王嗣奭은 《두억杜臆》이라는 글을 통해 무척 흥미로운 해석을 내놓는다.

> "사람들은 두보가 자신을 직, 설과 같은 명신에 비견한 것을 두고 말이 많다. 하지만 두보는 그들이 무슨 대단한 이들이어서 자신을 빗댄 것이 아니다. 직과 설은 농사와 치수 일을 잘 감당하기 위해 특별한 기교를 쓰지도 않았다. 다만 그들이 남달랐던 점은 천하에 굶주린 사람이 있으면 자신 때문에 굶주렸다고 여기고 또 물에 빠진 백성이 있으면 자기 때문에 빠졌다고 생각하는 '기기기익己飢己溺'의 정신으로 백성의 아픔을 헤아리려 했을 뿐이다. 두보는 이런 지혜를 본받고자 했던 것이다."

'기기기익'은 《맹자》 〈이루하離婁下〉에 "우禹는 천하에 물에 빠진 사람이 있으면 자신 때문에 물에 빠진 듯이 생각하였고, 직은 천하에 굶주리는 사람이 있으면 자기 때문에 굶주리게 된 듯이 여겼다"라는 데서 유래한다. 우는 홍수를 다스리는 임무를 띠고 있기 때문에 천하에 홍수로 익사하는 사람을 보면 그것이 자기의 책임이라고 여겼다. 마찬가지로 직도 천하에 굶주리는 사람이 있으면 그들이 자기 때문에 배고파하는 것이라고 여기고 책임을 통감했다. 그래서 기기기익은 진지한 책임감이고 숭고한 정치 이념이라고 볼 수 있다.

직이나 설은 당시 국가의 중임을 맡고 있었기에 이러한 책임감을 가지는 것이 어찌 보면 당연한 일이라고 하겠다. 그런데 사실 두보는 그렇지 않았다. 그는 일개 말단직이었고 심지어 벼슬을 하지 않던 선비 시절도 있었다. 《논어》〈태백泰伯〉에서도 "그 직위에 있지 않으면 그 자리의 정사를 논하지 않는다"라고 한 것처럼 두보는 그가 맡은 직책만 봐서는 굳이 이렇게 막중한 책임감을 느낄 필요는 없었다. 그런데도 그는 자신을 직이나 설에 비견하여 의연하게 기기기익을 인생 목표로 삼았으니 이 얼마나 숭고하고도 위대한 신념인가!

"군주를 도와 요순시대의 순박함을 회복하게 한다"는 것이나 자신을 직설에 비견하는 정치 이상은 두보가 살았던 시대에서는 실현 불가능한 탁상공론만은 아니었다. 오히려 이는 당 태종의 치세 시기에 명신 위징魏徵이 제시한 "군주는 요순처럼 신하는 직설처럼 되어야 한다"라고 한 정치 이상과도 맥락을 같이한다.[11] 물론 두보는 평생 자신의 포부를 실현할 기회를 얻지 못했기 때문에 그의 이러한 신념은 평생 가설 상태였다고 볼 수도 있다.

이런 이유로 후대 사람들은 두보를 비현실적이라며 비판하기도 하는데, 《신당서新唐書》〈두보전杜甫傳〉에서 "두보는 천하의 큰일을 논하기를 좋아하지만 뜻은 높되 실제에 맞지 않는다"라고 한 것이 그 예다. 사실 이상이라는 것은 현실과 일정한 거리가 있을 수 있다. 이상은 원대하고 숭고할수록 현실과의 괴리가 더 커지는 법이어서 조기趙岐도 《맹자제사孟子題辭》에서 이렇게 말했다.

"맹자는 유학의 도로 제후들에게 유세함으로써 백성을 구제하고자 했다. 그러나 위정자들이 왕척직심枉尺直尋, 즉 작은 것을 희생하여 큰 것 살리기를 달갑게 여기지 않고 이를 실천하려 들지 않았다. 그래서 당시 군

현실을 직시하며 사람의 길을 묻다_두보

주들은 맹자더러 현실적이지 못하다며 끝내 그를 받아들이지 않았다."

위징도 당 태종에게 어진 정치를 할 것을 권하였으나《자치통감資治通鑑》에 따르면 사람들로부터 "서생이면서 현실을 알지 못한다"라며 공격당했다. 사람이 품은 뜻의 가치는 그 뜻의 고결하고 원대함에 의해 매겨지는 것이지 결코 현실성이 절대적인 잣대가 되어서는 안 된다. 만약 어떤 이가 품은 뜻이 비록 사회 현실에는 부합하지만 수준이 낮고 평범하다면, '현실에 맞지 않는다'는 논란은 피할 수 있을 것이다. 하지만 결코 신념이라고 부를 만한 가치는 없을 것이다.

두보는 평생 곤궁함을 벗어나지 못했고 여러 차례 좌절과 실패를 경험했지만, 아무리 어려운 환경에서도 삶의 신념만큼은 더욱 견고해져만 갔다. 그가 말했던 "군주를 도와 요순시대의 순박함을 회복하게 한다"는 정치 이상은 다음 시《봉증위좌승장이십이운》에 표현된 곤궁한 환경에서 더욱 견고해져만 갔다.

나귀 타고 다닌 세월 벌써 십삼 년 騎驢十三載

나그네로 살며 서울의 화려한 봄을 즐겼다네. 旅食京華春

해 뜨면 부잣집 문을 두드리고 朝扣富兒門

저물면 살진 말을 따라 먼지를 일으키며 다녔지. 暮隨肥馬塵

식은 안주에 빈 잔 남은 술 곁들이며 殘杯與冷炙

곳곳에서 쓰라린 아픔 참아야 했소. 到處潛悲辛

앞서 소개한《자경부봉선현영회》라는 시에서 "어찌 그리 우직한지 옛 명신 직과 설에 비하기도 했다"라고 한 시구의 다음 구절은 "어느덧 어그러지고 늙어 머리가 희어져도 죽을 때까지 뜻을 펼치기 원하네"로 이어진다. 경솔하고 깊이가 없는 사람은 고난을 당하면 금세 이상과 포부를 포기하고 말지만, 진중하고 강건한 사람은 고생스럽고 어려운 일을 당할수록 도리어 의지와 기개가 강해지는 법이다. 두보는 분명 후자에 가까운 사람이었다. 그는 현실 삶에서 수도 없이 슬프고 참담한 상황을 만났고 지독한 가난과 추위, 질병에 시달리기도 했다. 그럴 때마다 그는 가난을 벗어나기 위해 의식 해결의 방도를 가장 먼저 강구해야만 했는데, 이는 《발진주發秦州》와 《병후과왕의음증가病後過王倚飮贈歌》에서도 잘 드러나 있다.

> 먹을 것이 없어 낙원을 찾고 無食問樂土
> 입을 옷이 없어 남쪽 고을을 생각했다. 無衣思南州
> -《발진주》

> 단지 남은 인생 배불리 먹고 但使殘年飽吃飯
> 다만 바라는 것은 서로 무사히 오래 만나기를. 只願無事常相見
> -《병후과왕의음증가》

이 두 시에서는 두보가 막막한 현실 때문에 다소 낙심하여 뜻을 잃은 듯한 느낌이 들기도 하지만, 뜻을 잠시 보류한 것뿐이지 영원히 포기한 것은 결코 아니다. 이상을 향한 염원은 여전히 전과 다름없이 마음속에서 불타고 있어서 기회를 만나면 언제든지 빛을 발할 준비가 되어 있었다. 그래서 두보는 세상을 떠나기 한 해 전 《모추왕배도주수례솔이견흥기체근정소환시어暮秋枉裴道州手禮率爾遣興寄遞近呈蘇渙侍禦》에다 친구에게 다음과 같은 당부의 말을 남기기도 했다.

> 군주를 섬김에 요순의 순박함을 회복하게 도우며 致君堯舜付公等
>
> 나라 위해 한 몸 바칠 길 준비해놓겠네. 早據要路思捐軀

　이제 곧 인생의 종착점에 도달할 사람이 '요순의 순박함을 회복하게 끔 군주를 도우라'는 정치 이상을 친구에게 당부할 정도면 이 사람이 마음에 품은 이상이 얼마나 진중하며 견고했는지 짐작할 만하다.

성실하고도 진지한
감성의 깊이

•

유학의 발전 역사에서 큰 조류를 일으킨 두 시대를 꼽는다면 한나라와 송나라 시기일 것이다. 그래서 유학의 학파를 크게 둘로 나누면 '한학漢學'과 '송학宋學'이 된다. 당나라 시기는 이 두 개의 큰 조류 사이에 끼어서 이들보다 한 단계 더 낮은 조류라고 볼 수 있다. 당대의 유학은 그 발전 정도가 한나라와 송나라만 못했던 까닭이다. 이것은 유학이 당나라에 와서 성장을 멈추었다는 뜻일까? 그러면 당대에는 주목할 만한 대표적인 유학자가 없었을까? 그렇지 않다. 당대에도 탁월한 유학자가 있었다. 그중 한 명이 두보다. 전목錢穆은 두보를 당대의 청렴하고 정직한 유교의 선비라는 의미로 '순유醇儒'[12]라고 불렀는데 무척 정확한 표현이다.

그렇다면 두보는 당대 유학의 발전에 어떤 공헌을 했을까? 당대의

　　　　　　　　　　　　　　　　현실을 직시하며 사람의 길을 묻다 _ 두보

유학 하면 당나라 초기에 지어진 《오경정의五經正義》를 떠올릴 수 있다. 《오경정의》는 유가 경전 역사에서 가장 중요한 주석본 중 하나이지만 그 안에 포함된 관념이나 뜻은 기본적으로 한나라 유학에서 전수된 것이다. 그러니 학문적으로 크게 새롭거나 혁신적인 성과는 아니라고 할 수 있다. 심지어 《오경정의》가 출현함으로써 당대 유학자들의 경전 연구가 거의 정체 상태에 머무르고 말았다는 분석도 있다. 그러나 두보는 그렇지 않았다. 두보는 유가 경전의 주석 학자는 아니었지만 유학의 사상을 마음에 새기고 실천함으로써 삶으로 승화시키려고 애썼다. 몸과 마음을 다해 유학의 원리를 현실화하려 힘쓴 그의 노력이 유학 발전 역사에서 의미 있는 공헌을 한 셈이다.

본질적으로 유학은 실천이라는 면이 중시되는 철학이므로 인간의 행위를 무척 중시한다. 따라서 평소의 삶에서 행할 수 있는 인륜, 윤리, 도덕의 문제가 유학이 가장 관심을 두는 분야다. 공자나 맹자, 둘 다 젊고 혈기왕성할 때는 저술 활동에 매달리지 않았다. 그보다는 천하를 분주히 다니며 인애仁愛의 도를 전하고 실천의 측면에서 행동하는 데 주력했다.

《논어》〈미자〉에 나온 것처럼 그들은 궁극적으로 '도가 행해지지 않을 것임을 이미 알면서도 행한다'라는 진리를 깨닫는다. '도가 잠시 행해지지 않고 나이가 들어서야 비로소 마음을 정돈하고 책을 저술하여 후손에 전수함으로써 말을 세우는 단계'에 접어든 것이다. 본질적으로 유학에서 가장 강조하는 것은 실천, 즉 살아생전 실제의 삶에서 공을 세우는 일이다. 이런 의미에서 두보는 유교의 정신을 삶에서 실천함으로써 그 기본 정신을 가장 잘 떨친 인물이었던 셈이다.

유학의 사상도 여러 가지를 들 수 있지만 핵심은 인애정신이다. 어젊과 사랑의 마음에서 출발한 인의정치를 천하에 베풀어야 한다는 말이다. 유학의 인애정신은 서양의 박애정신과 얼핏 비슷해 보이지만 실제 내용은 다르다. 보통 서양의 박애정신은 종교적 측면에서 말하는 박애정신에 출처를 두고 있다. 물론 이 역시 소중하고 가치 있는 윤리관이다. 그러나 서양인들이 처음에 박애정신을 어떻게 주장하게 되었는지 기원을 살펴보면 첫째는 신의 계명을 따르기 위함이고, 둘째는 인류의 조상이 범한 원죄에 대한 속죄의 개념이다.

반면 유가의 인애정신은 신과는 무관하다. 《맹자》〈진심상盡心上〉에서는 "인의예지는 마음에 뿌리를 두고 있다"라고 했는데 이처럼 유가에서는 일체의 사랑이 사람의 마음에서 자연스럽게 우러나오는 것이라고 믿는다. 《맹자》〈양혜왕상梁惠王上〉에서 맹자가 한 말이 좋은 예다.

> "내 부모를 섬기는 마음가짐과 자세가 남의 부모에까지 미치게 하며,
> 내 아이를 대하는 마음가짐과 자세가 다른 아이에까지 미치게 하라."

이는 가까운 데서 먼 것에 이르고, 친밀한 것에서 소원한 것으로 정감이 자연스럽게 유동하는 과정을 설명해준다. 이 과정에서 생겨나는 인애의 마음은 자연스럽고도 사람의 본성에 더욱 부합하므로 실현 가능성이 클 수밖에 없다. 이런 마음은 터무니없는 공상도 아니고 인성에 어긋나는 비상식도 아니며 강제적인 도덕규범은 더더욱 아니다. 두보는 유가의 이러한 핵심 사상을 마음 깊이 깨달아 그의 시와 행동을 통해 시시각각 녹여낸 것이다. 그래서 후대 사람들은 두보의 성실하고도 진지한 감성의 깊이를 기려서 그를 정의 성인, 즉 '정성情聖'[13]이라

부르기도 한다.

두보는 그의 처와 자녀, 형제들을 마음 깊이 사랑해서 평생 처자식을 포기하지 않고 서로 의지하며 살아갔다. 그래서 양楊 씨와 부부의 연을 맺은 뒤 죽는 순간까지 함께했다. 그는 장안에 억류되었을 때 달을 보며 멀리 부주에 있을 처자식을 생각하며 《월야月夜》에서 이렇게 표현하기도 했다.

그 어느 때 나란히 휘장에 기대어 何時倚虛幌
서로 마주 보며 눈물 자국 닦아줄까. 雙照淚痕乾

《견흥遣興》에서는 가족과 헤어져 만날 길이 요원해졌을 때 자식들을 각별히 걱정하고 그리워하기도 했다.

세상은 어지러운데 가련한 내 어린 자식들 世亂憐渠小
가난한 집안 살림에 어미만 바라보네. 家貧仰母慈

두보는 벗들에게도 형제나 다름없는 각별한 정으로 대했는데, 이는 곳곳의 시에서 엿볼 수 있다. 그가 마흔여덟이 되던 해 진주에 잠시 머물게 되었을 때 온 가족의 생계가 궁지에 몰렸는데도, 그는 석 달간 총 세 번이나 이백을 그리워하는 시를 지었다. 그중 《천말회이백天末懷李白》이라는 시를 보면 이백을 향한 진심 어린 걱정이 그대로 전달된다.

서늘한 바람 하늘 끝에서 불어오니 涼風起天末
이백 그대는 어찌 지내는지 君子意如何

소식 전해줄 기러기는 어느 때나 날아오려나. 鴻雁幾時到

남쪽은 가을이라 강호에 물이 불어났겠지요. 江湖秋水多

시인의 인생에 평탄한 운명이란 어울리지 않는 법. 文章憎命達

소인배들은 의인의 과실을 반기나니 魑魅喜人過

응당 억울한 굴원의 원혼과 호소하여 應共冤魂語

시 한 수 지어 멱라수에 던지리라. 投詩贈汨羅

두보는 알지 못하는 천하의 백성에게도 인애의 마음을 베풀었다. 그가 연금되어 있던 장안을 탈출해 가족을 찾아 봉선 현에 갔을 때 어린 자식이 굶주려 죽어 있는 것을 보게 된다. 비통한 마음 이루 말할 수 없었지만 그는 도리어 천하에 자신보다 더 고통스러운 사람이 있음을 생각하여 《자경부봉선현영회》에서 이런 표현을 남긴다.

지난날 돌이켜보면 슬픔과 고통뿐인데 撫跡猶酸辛

백성들의 괴로움은 얼마나 더할까. 平人固騷屑

묵묵히 전답 잃은 농민들 생각하고 默思失業徒

저 멀리 변방의 병사들을 떠올리노라. 因念遠戍卒

두보는 전답을 잃어 살길이 막막해진 농민과 저 멀리 변방에서 고되게 싸우는 병사들이 겪을 고통은 자신의 것보다 더 클 것이라고 생각했다. 이처럼 그는 자신의 가정에서 민족 전체, 사회 전체로 관심과 사랑의 범위를 넓혔다. 가을철 비바람이 몰아치는 밤에 비록 자신의 초가는 부서져 비바람이 몰아쳐 이부자리가 축축해 밤새 잠을 이루지 못할지라도 《모옥위추풍소파가 茅屋爲秋風所破歌》에서 그는 이렇게 말한다.

현실을 직시하며 사람의 길을 묻다 - 두보

어떻게 하면 천 칸 만 칸 되는 집을 얻어 安得廣廈千萬間

천하의 가난한 선비들을 덮어주며 함께 웃을까? 大庇天下寒士俱歡顔

비바람에도 산처럼 끄떡없이 흔들리지 않을 테니 風雨不動安如山

아! 어느 때에 우뚝 솟은 집 눈앞에 나타날까! 嗚呼何時眼前突兀見此屋

그때 되면 내 움막 부서져 얼어 죽어도 그만이리. 吳廬獨破受凍死亦足

　이처럼 그는 천 칸, 만 칸의 넓고 견고한 집을 지어서 천하의 가난한 사람들에게 비바람 피할 거처를 마련해주고 싶다는 희망을 품고 있었다. 역사상 최초로 서민 아파트 개념을 생각해낸 셈이다. 심지어 그는 그런 서민 아파트가 나타난다면 자신은 홀로 얼어 죽어도 좋겠다고 장엄하게 선포한다.

　두보의 감정과 사상의 흐름은 가까운 데서 먼 곳으로, 친밀한 대상에서 전혀 모르는 사람들에게로 뻗어 나갔다. 맹자가 말한 "내 부모를 섬기는 마음가짐과 자세가 남의 부모에까지 미치게 하며 내 아이를 대하는 마음가짐과 자세가 다른 아이에까지 미치게 하라"라는 유교의 정신이 구체적으로 실현된 사례라고 할 수 있다.

　거듭 말하지만, 유가의 인애정신을 실현하는 최고의 방법은 그것을 행동으로 실천하는 것이다. 두보는 여기에 온전히 동의하여 《잠곡행蠶穀行》이라는 시를 통해 다음과 같은 희망을 표현했다.

　그날이 오면 소가 밭 가는 역할을 다하고 양잠도 잘될 텐데. 牛盡耕蠶亦成

　언제쯤 의로운 선비가 눈물 흘리지 않게 되고 不勞烈士淚滂沱

　사내는 농사짓고 여인네는 길쌈하여 거리서 다시 노래 부를 날이 올까! 男穀女絲行復歌

그는 진심으로 조정이 노역을 줄이고 세금을 낮춰줌으로써 백성이 삶의 안정을 찾고 생업에 종사할 수 있게 되길 원했다. 그 심정은《제봉提封》이라는 시에도 잘 나타난다.

묻노니 변방을 굳세게 지키게 함으로써 나라의 안녕을 도모하는 것이 借問懸車守

군주로 검소함과 덕망을 갖추게 하는 것만 하겠는가? 何如儉德臨

그러면서 그는 가혹한 징병과 세금 징수를 탓하며 이렇게 말했다.

조정에서 비단을 하사한다지만 彤庭所分帛

그것 또한 가난한 집 아낙이 만든 것을 本自寒女出

그 남편과 가족에게 매질하여 鞭撻其夫家

모질게 거둔 뒤 대궐에 공물로 바쳐진 것이겠지. 聚斂貢城闕

- 《자경부봉선현영회》

들자하니 처처에서 아들딸 팔아 況聞處處鬻男女

아픔을 머금고 세금 낸다 하네. 割慈忍愛還租庸

- 《세안행歲晏行》

《유감有感》이라는 시에서 그는 가혹한 정치가 백성을 궁지로 모는 근본 원인이라고 지적했다.

다만 군주가 겸손과 절제, 덕을 갖추면 되는 것을 不過行儉德

도적들도 본래는 군주의 관리와 백성 아니었던가. 盜賊本王臣

나라에 손실이 발생하지 않는다는 전제하에 두보는 전쟁을 멈추고 백성의 생업을 도와야 한다고 굳게 믿었다. 당시 당나라는 남조를 상대로 전쟁을 일으켰지만, 시간이 지날수록 전쟁에서 패하기만 하고 심지어 전군이 몰살당하기도 했다. 두보는 이러한 참상을 《병거행兵車行》을 통해 폭로했는데 여기에는 무고한 백성이 백골이 되어 이국의 황량한 땅에 묻히는 비참한 운명을 묘사했다.

그대는 보이지 않는가? 청해의 언저리에는 君不見, 青海頭

예부터 백골 거둬주는 자 없어 古來白骨無人收

새로 죽은 귀신은 괴로워하고 옛 원귀는 통곡하며 新鬼煩冤舊鬼哭

하늘 흐려 비 내리면 그 소리 더욱 처량해진다네. 天陰雨濕聲啾啾

안사의 난이 거의 평정되었을 무렵 두보는 《세병마洗兵馬》를 써서 태평 시대를 향한 염원을 드러낸다.

어떻게 하면 장사를 얻어 하늘의 은하수 끌어다가 安得壯士挽天河

갑옷과 병기 깨끗이 씻어 영영 쓰이지 않게 할까. 淨洗甲兵永不用

유가에서는 어진 정치를 위협하는 현상을 걱정하여 공자도 《예기》〈유행儒行〉에서 "비록 신변에 위기가 닥치더라도 뜻을 펼치고 백성의 고통을 잊지 말아야 한다. 선비가 걱정함은 바로 이와 같아야 한다"라고 말했다. 두보의 근심도 이와 일맥상통하여 《자경부봉선현영회》,

《알선주묘謁先主廟》에도 그러한 심정이 나타나 있다.

> 내 평생 다하도록 착한 백성들을 걱정하여 窮年憂黎元
> 탄식하고 애태우며 살아왔고. 歎息腸內熱
> -《자경부봉선현영회》

> 여태껏 나라 걱정에 흘린 눈물 向來憂國淚
> 고요히 옷깃만 적시네. 寂寞灑衣巾
> -《알선주묘》

그래서인지 후대 사람들에게 두보 하면 떠오르는 첫 이미지가 우국우민憂國憂民이 되었다. 시시각각 나라와 백성의 안위를 걱정하는 사람이라면 사회의 어두운 일면과 숨은 우환에 대해 누구보다도 민감하게 반응하고 강한 경계심을 품게 마련이다. 두보도 그러했다. 당 현종은 유독 일을 크게 벌여서 업적을 세워 자신의 힘을 과시하고 인정받기를 좋아했다. 그래서 간신들은 이런 현종의 비위를 맞추고자 틈만 나면 변방에서 전쟁을 일으켰다.

가끔 얻은 작은 승리에 도취하여 사람들은 국력이 강성해졌다며 착각했지만 두보는 오히려 이 때문에 민생이 피폐해진다고 여겼고, 처참하게 울부짖는 백성들의 고통에 주목했다. 현종이 양귀비와 양국충 남매를 비롯한 간신들의 농간에 눈과 귀가 가려져 사치와 방종만 일삼을 때 사람들은 향연이 태평성대의 상징이라고 안위했다. 하지만 두보만은 간신배들의 농간, 외척의 독주가 동란의 징조라고 여겼다. 이백이 "장안 저잣거리 술집에서 잠을 자며" 몸부림칠 때, 두보는 은연중 그

것이 시대를 한탄하며 낙담한 천재의 비극으로 보았다. 그는 《후출새
後出塞》라는 시를 통해 안녹산의 교만함과 난폭함을 들어 반란의 조짐
과 위기를 예언하기도 했다.

우두머리 장수의 지위는 갈수록 높아져 主將位益崇
그 기세의 교만함이 서울의 조정을 덮치네. 氣驕凌上都

두보가 제일 걱정했던 것은 심각한 빈부 격차였다. 유가에서도 부함
과 가난함 사이의 불균형은 사회를 위협하는 최대 위험요인이라고 했
다. 《맹자》〈양혜왕상〉에서도 "임금의 푸줏간에는 기름진 고기가 있고
마구간에는 살진 말이 있는데도 백성들에게는 굶주린 기색이 보이며
들에는 굶어 죽은 시체가 있다면, 이는 짐승을 몰아 사람을 잡아먹게
한 것이다"라고 할 정도였다.

예로부터 유가의 학자들이나 시인을 비롯하여 많은 이들이 빈부 격
차로 인한 민생의 고충을 토로하는 경구와 시구를 많이 지었지만, 그중
에서도 두보는 사람들의 심정을 가장 애절하게 울리는 시인이다. 두보
의 근심과 우려가 생동감 있게 표현된 《자경부봉선현영회》의 다음 시
구는 천추만대에 걸쳐 빈부 격차에 대한 엄한 경고의 메시지가 그대로
전달된다.

높으신 분들의 집에는 술과 고기가 썩어나지만 朱門酒肉臭
길에는 얼어 죽은 백성의 시체가 나뒹구네. 路有凍死骨

두보는 또한 유가의 인애사상에 일면 기여하고 보충함으로써 이를

한층 더 발전시켰다. 첫째, 그는 자기 민족과 동포를 사랑했을 뿐 아니라 인애의 대상을 다른 민족에까지 확대해서 베풀었다. 성당 시기에는 당나라와 변경 지역 소수민족 간에 크고 작은 전쟁이 빈발했다. 어떤 때는 변경 밖의 민족이 당나라를 침범하기도 했고, 또 어떤 때는 당나라가 영토 확장을 위해 다른 나라를 침공하는 경우도 있었다. 두보는 외세의 침입을 막아 자국을 보호하는 것은 당연한 일이지만, 지나치게 반격해서는 안 된다고 여겼다. 그래서 《전출새前出塞》에서 다음처럼 노래했다. 이는 유가의 인의사상에서 출발하여 인간에 대한 도의가 우선인 사람의 전쟁관이라고 볼 수 있다.

> 활을 당기되 마땅히 강한 활을 당기고 挽弓當挽强
>
> 화살을 쏘되 마땅히 긴 화살을 쓰며 用箭當用長
>
> 사람보다는 말을 먼저 쏘고 射人先射馬
>
> 병사보다는 적의 우두머리를 먼저 사로잡아라. 擒賊先擒王
>
> 전쟁에도 살인에는 한계가 있고 殺人亦有限
>
> 나라마다 국경선은 지켜져야 하는 법. 列國自有疆
>
> 적의 침략을 저지하되 苟能制侵陵
>
> 어찌 수많은 살상이 필요할까! 豈在多殺傷

둘째, 공자와 맹자 등 초기 유학자들이 강조했던 인애의 마음은 대상이 인류에 한정됐던 반면 두보는 그 대상을 천지간의 모든 생명체로 확장했다. 《논어》〈안연顏淵〉에는 "번지樊遲가 인이 무엇이냐고 묻자 공자는 '사람을 사랑하는 것이다'라고 답하셨다"라는 말이 나온다. 《맹자》〈공손축상〉에 보면 맹자도 인애지심의 근원에 대해 예를 들어 설명하면서 "어린아이가 우물 속으로 빠지려고 하면 모두의 마음에는 측은지심이 생긴다"라고 했다. 여기서 사람을 사랑하는 마음이나 측은히 여기는 마음은 모두 그 대상이 사람일 뿐 다른 생명체는 포함되지 않는다. 그러나 두보는 그 범위를 넓혀서 사랑으로 충만해진 붓으로 천지간의 모든 생명체를 시에 담아냈다.

담장 사이 가련하게 굴을 짓고 사는 개미 築場憐穴蟻

이삭 주워 마을 아이에게 허락하였네. 拾穗許村童

－《잠주백제복환동둔暫住白帝復還東屯》

소반에 차려진 건 나 먹을 음식이나 盤飧老夫食

조금 덜어 개울 물고기에게 나눠주려네. 分減及溪魚

－《추야秋野》

두보는 천지간 동식물은 모두 사람과 마찬가지로 인애의 대상에 포함되어야 한다고 생각한 것이다. 성도의 두보 초당 주변에는 나무가 무척 많았지만, 그중에서도 두보는 유독 네 그루의 작은 소나무를 아꼈다. 그래서 동란을 피해 재주로 잠시 피난 갔을 때도 네 그루의 작은 소나무를 걱정한 나머지 《기제강외초당寄題江外草堂》이라는 시를 짓기도 했다.

나 언제나 네 그루 작은 소나무 그리워하노니 尚念四小松

잡풀이 그를 얽고 감으면 蔓草易拘纏

소나무가 길게 자라지 못하여 霜骨不甚長

길이 이웃의 가련함이 되리라. 永爲隣里憐

《사송四松》이라는 시를 보면 훗날 그가 초당으로 돌아와서 마치 오랜만에 만나는 자녀를 보듯 소나무들을 꼼꼼히 살폈음을 알 수 있다.

네 그루 소나무 처음 옮겨 심을 때 四松初移時
대략 삼 척의 길이였지. 大抵三尺强
못 본 지 삼 년인데 別來忽三載
둘씩 세워놓고 보니 사람 키만 하구나. 離立如人長

두보는 주변의 하찮은 동식물에도 특별한 관심을 가졌는데,《과진구過津口》라는 시에 잘 나타난다.

흰 물고기 촘촘한 그물에 걸리고 白魚困密網
황조는 아름다운 소리 지저귀는구나. 黃鳥喧嘉音
저들은 비록 미물이나 각각 통하고 갇힘을 제한받으니 物微限通塞
인자의 마음은 이를 측은히 여기노라. 惻隱仁者心

강에 촘촘한 어망을 치면 크고 작은 물고기까지 다 그물에 걸리고 말 것이니 두보는 이를 측은하게 여긴 것이다. 어떤 이는 두보가 동식물을 시에 등장시키는 것은 자신의 심정을 이입하기 위함이라고 하는데 이것도 틀린 말이 아니다. 예컨대 두보는 '매'와 '준마'의 기개를 즐겨 읊었는데 그것들을 통해 시인의 웅대한 의지와 호방한 기개를 표현하고자 했다. 또한 성도에서 쓴 《병귤病橘》,《병백病柏》,《고종枯椶》,《고

남枯楠》에는 각각 병들어 시든 귤나무, 병든 측백나무, 시든 종려나무, 마른 녹나무가 등장한다. 이를 온갖 명목의 세금을 거두어들이는 혹정에 간신히 숨만 붙은 채 살아가는 가난한 백성을 비유한 것이라는 해석 또한 상당히 일리가 있다.

그러나 두보의 시 대부분은 직설적인 표현 위주이지 특정 사물에 감정을 기탁하는 간접적 표현은 많지 않다. 예컨대《주전소아아舟前小鵝兒》라는 시를 봐도 그렇다. 거위에 사람의 마음을 이입하려는 의도보다는 단순히 약하고 작은 생명체를 가련하고 애틋한 시선으로 노래하는 것에 불과하다.

거위 새끼 누런빛이 술과 같기에 鵝兒黃似酒

술을 대하듯 거위 새끼를 사랑하노라. 對酒愛新鵝

배가 연안에 닿자 성난 거위 목 길게 빼고 울어대니 引頸嗔船逼

그 수 셀 수 없어 눈조차 어지럽다. 無行亂眼多

빙빙 돌며 물 젖은 날개 파닥이니 비 내리듯 하고 翅開遭宿雨

그 몸집도 작아 물살에 갇히는구나. 力小困滄波

날 저물면 떠돌던 사람들 배에 오르고 집에 돌아가 흩어지니 客散層城暮

새끼 거위야, 숲에 숨었던 여우 나오면 넌 어쩌려느냐. 狐狸奈若何

이처럼 두보가 모든 생명체를 아끼고 사랑해 시로 표현했던 것은 유가의 인애사상을 한 단계 더 확대하여 진전시킨 것이다. 두보의 또 다른 시《제도수題桃樹》를 감상해보자.

집으로 가는 오솔길, 옛적엔 굽지 않았는데 小徑升堂舊不斜

다섯 그루 복숭아나무 자라는 대로 굽어졌네. 伍株桃樹亦從遮

가을 되면 가난한 사람 먹을 것을 내어주겠지. 高秋總餧貧人食

내년 즈음 두 눈 가득 복숭아꽃 만발하겠구나. 來歲還舒滿眼花

창 열어 새끼 제비 날려 보내고 簾戶每宜通乳燕

아이들도 까마귀 다치게 말라. 兒童莫信打慈鴉

안사의 난 평정되어 과부와 도적 떼도 오늘날 없어졌으니 寡妻羣盜非今日

이제 곧 천하의 질서도 하나로 통일되리라. 天下車書已一家

  두보가 복숭아나무 한 그루, 새끼 제비, 까마귀에도 아끼는 감정을
담아 묘사했음이 느껴진다. 그래서 청나라 양륜楊倫은 《두시경전杜詩鏡
銓》에서 "이 시는 작은 것을 통해 큰 것을 발견하게 하는데, 그것은 바
로 세상 만물을 아우르는 사랑이다"라고 평했다.

  인애지심의 대상을 사람에서 보통의 생물로 확대하는 것은 본래 유
학의 발전 방향이라고 할 수 있다. 송나라에 이르러 성리학자 장재張載
는 "백성은 나의 동포요, 만물은 나와 함께한다"라는 유명한 말을 남
겼다. 이 말은 후대에 '민포물여民胞物與'라는 네 글자로 압축되어 전해
지는데, 이는 "사람들은 모두 내 동포요 형제이고 만물은 인류의 친
구"라는 뜻이다.

  이러한 정신은 이론적으로 송대에 이르러서야 명백히 정립되기 시
작했으나 문학계에서는 당나라 두보가 시라는 형식을 통해 가장 먼저
알리기 시작했다. 이러니 두보가 유가사상의 발전에 공헌하지 않았다
고 할 수 있을까?

현실을 직시하며 사람의 길을 묻다 _ 두보

시,
인생의 교과서가 되다

•

두보의 시는 후대인들에게 '시사詩史, 즉 시로 기록한 역사'라고 높임을 받고 두보 본인은 '시성, 즉 시의 성인'으로 일컬어지니 과연 두보는 시가 역사에서 2관왕의 영예를 안은 시인이라고 할 수 있다. 그렇다면 그의 시가 시사라고 불리게 된 이유는 무엇일까? 이 개념은 만당 시기 맹계孟啟의 《본사시》〈고일高逸〉에서 처음 언급되었다.

"두보는 안사의 난을 만나 촉 땅으로 피하는 고난을 겪었으나 자신이 보고 들은 사회의 변화와 전란의 폐해를 시로 표현해냈으니, 그의 시는 표면적인 내용이나 내재적인 의미 면에서 어느 것 하나 빠짐이 없는 사실적인 내용이다. 이 때문에 두보의 시는 당시 사람들에게 '시사'라고 평가받는 것이다."

맹계의 말에서도 알 수 있지만 '시사'라는 단어 자체에 '시적 언어로 쓰인 역사'라는 의미가 담겨 있다. 어떤 이는 시와 역사의 성질이 완전히 다른 별개의 영역이어서 상호 대체할 수 없는 것이라고 생각한다. 그래서 청나라 초 왕부지조차《강재시화姜齋詩話》에서 "무릇 시로써 역사를 말할 수 없는 것은 입과 눈이 서로 대신할 수 없는 것과 같은 이치다"라고 할 정도였다.

그러나 인간의 신체 기관이 기능적으로 서로 감각이 통하게 되어 있듯, 아무리 다른 영역의 인문 분야라 하더라도 서로 통하는 부분이 있게 마련이다. 왕부지도 훗날《독통감론讀通鑑論》에서 "두보의 〈사절천교似絕天驕〉, 〈화문소비花門蕭琵〉 등을 읽어보면 동란이 얼마나 고통스러웠고 백성을 힘들게 했는지, 그 화가 얼마나 찌르듯 아팠는지 알 수 있다"라고 함으로써 두보의 시가 역사적 사실을 기록하는 기능을 했다고 부분적으로 인정했다. 〈사절천교〉와 〈화문소비〉는 두보의 시《제장諸將》과《유화문留花門》을 가리켜 말한 것이다. 다음은《제장》의 한 부분이다.

한국공이 세 개의 성을 쌓은 본래의 뜻은 韓公本意築三城
한족을 뽑아내려 하는 오랑캐를 멸절하는 것이다. 擬絕天驕拔漢旌

이 시는 당나라 중종 시기 한국공韓國公에 봉해진 장인원張仁愿이 하북河北에서 성 세 개를 쌓아 오랑캐 돌궐의 남침을 막으려 했던 역사적 사실을 배경으로 한다. 다음《유화문》의 내용도 살펴보자.

회흘의 군대가 이 땅에 머무르기는 해야겠으나 花門既須留

현실을 직시하며 사람의 길을 묻다 – 두보

온 나라가 쑥대밭으로 변할까 두렵도다. 原野轉蕭瑟

《유화문》은 안사의 난이 발발한 뒤 당나라의 병사 수가 줄어 회흘에게서 병력을 빌려왔지만, 회흘 군대가 당나라에 들어와서는 제멋대로 약탈하여 백성을 고통스럽게 했던 역사적 사실을 배경으로 했다. 당시 숙종이 회흘 군대의 영내 주둔을 동의하자 두보는 이 시를 통해 깊은 근심을 표한다. 시에서 '화문'은 회흘을 가리키는 말이다. 왕부지는 저명한 역사가였으므로 당나라가 당시 외국의 병력을 빌린 것이 훗날 끊이지 않는 우환의 뿌리가 되었음을 누구보다도 잘 알았다.

이처럼 두보의 시를 실례로 들어 자신의 역사론을 증명하려 했던 사람이 어찌 "무릇 시로써는 역사를 말할 수 없다"고 단언한단 말인가? 하물며 두보의 시는 단순한 사실을 객관적으로 기록하는 데 그치지 않고 역사에 대한 가치판단을 통해 역사의 폭풍우가 인간의 마음에 남기고 간 감정의 파란까지도 섬세하게 서술해놓았는데 말이다. 청나라 사람 포기룡浦起龍이 《소릉편년시목보少陵編年詩目譜》와 《독두심해讀杜心解》에서 "두보의 시는 한 사람의 성정뿐 아니라 삼 대에 걸친 정권의 역사를 실어 나른다"라고 말한 것과 참으로 일맥상통한다.

대당 제국은 현종, 숙종, 대종의 세 개 황조에 걸쳐 급변하는 역사를 이어왔는데 이러한 흥망성쇠는 백성들의 정신세계에 어떤 영향을 끼쳤을까? 안사의 난은 당나라 사람들의 마음에 얼마나 깊은 상처를 안겼을까? 이는 보통의 역사서에서는 찾아볼 수 없는 내용이며, 설령 언급되어 있다 하더라도 아주 구체적이지는 않다.

예컨대 안사의 난으로 말미암아 당나라 제국의 인구는 크게 감소했는데 《자치통감》에는 이것이 구체적인 수치로 기록되어 있다. 즉,

754년 대당 제국의 총인구는 5,288만 명이었으나 764년에는 그 수가 1,690만 명으로 대폭 감소했다고 되어 있다. 불과 10년 만에 인구가 3분의 1로 줄어든 것이다. 그러나 이처럼 역사서에 인구수가 나와 있긴 하지만 그것은 단순히 숫자로 표기되어 있을 뿐, 상세한 세부 과정이나 그렇게 많은 백성이 다들 어떻게 명을 달리했는지는 설명되어 있지 않다. 반면 두보가 만년에 쓴《백마白馬》라는 시에는 전란으로 죽은 이들로 인한 비통한 심정이 애절하게 묘사되어 있다.

전란으로 죽은 이 셀 수 없어 喪亂死多門
오호 애재라! 눈물이 멈추질 않는구나. 嗚呼淚如霰

태평 시대에 사람들이 죽음을 맞이하는 이유는 기본적으로 비슷하다. 장수하다가 고요히 세상을 떠나거나 병사하는 것이 그것이다. 그러나 전란이 횡행하는 시대에 사람들은 각종 예상치 못한 방식으로 죽음에 이른다. 이 얼마나 침통한 일인가! 안사의 난으로 백성이 받았던 고통이 얼마나 심했는지, 다시 말해 때로는 철기의 횡포 아래 목숨을 유린당하고, 피난길의 고통으로 죽고, 전란으로 전토가 황폐해져 굶어 죽는 것이 대부분이었지만 이것을 알려주는 사료가 어디 있단 말인가. 오직《삼리》,《삼별》,《팽아행彭衙行》,《북정北征》등 두보의 시만이 깊이 있는 답을 제시해줄 수 있다. 이런 의미에서 두보의 시는 신 · 구《당서唐書》를 보충해줄 객관적인 필수 사료이자 두보 개인이 후대의 역사에 남기는 개별적인 메시지라는 두 가지 의미를 지닌다.

사마천의《태사공자서太史公自序》에 따르면 공자는 "내용 없는 설교를 하는 것보다는 행동이나 사건을 들어서 그 시비를 명확히 밝히는

현실을 직시하며 사람의 길을 묻다 - 두보

것이 낫다"라고 했다. 어째서 공자는 기존의 역사서《춘추春秋》를 수정
했을까? 그리고 역사서《춘추》는 어째서 '간단하지만 심오한 말로 큰
뜻을 드러내는 필법'을 통해 역사적 사실을 주관적으로 기록했을까?
그것은 역사란 민족의 집단 기억이자 민족의 정신이 흐르는 혈맥이며
집단의 가치관이 수록되고 전승되는 통로여서 민족의 현재와 미래에
깊은 영향을 끼치기 때문이다.

　두보의 시는 역사적 사실을 기록하여 우리의 심원한 사고와 감정에
파고들어 역사를 이해하게 한다. 그뿐 아니라 역사를 감지하고 묵상하
며, 더 나아가 역사의 경험과 교훈을 현재와 미래의 삶에 적용하게 한
다. 이러한 점에 비추어 볼 때 두보의 시와 공자의《춘추》는 같은 의
의를 지닌다고 할 수 있다. 그러므로 두보의 시도 '시사'로서의 가치를
높이 인정받아야 한다. 두보 이후 적지 않은 시인들이 시사라는 칭호
를 얻었다. 이는 두보의 '시사' 정신이 후대 시가 역사에 지대한 영향
을 끼쳤음을 잘 설명해주는 예다.

　그렇다면 '시성'이란 무엇인가? 이는 명나라 사람 비굉費宏이《제촉
강도題蜀江圖》에서 "두보는 기부夔府에서부터 시성이라고 불리었다"라
고 한 데서 유래했다.[14] 얼마 후 호응린도《소실산방필총少室山房筆叢》
에서 "습유는 시성으로 잘 알려져 있으며 집대성이라고도 불린다"라
고 했다. 여기서 '습유'는 두보가 맡았던 좌습유라는 관직을 가리킨다.
명나라 말에 이르자 청나라에 항복하지 않았던 학자 왕사석은 한밤중
두보의 꿈을 꾼 뒤《몽두소릉작夢杜少陵作》에서 애틋한 심정을 담아 '청
련靑蓮은 시선이요, 두보는 시성이다'라고 말하기도 했다. 여기서 '청
련'은 이백의 호다.

　명칭에서 그 뜻을 알 수 있듯이 시성은 '시의 성인'이라는 말인데,

사실 이는 북송에서 일찌감치 나왔던 개념이다. 북송의 시인 진관秦觀은 《한유론韓愈論》에서 맹자의 말을 인용하여 "공자는 성인 중 세상사의 시류를 가장 잘 알고 행동하는 사람으로서 학문의 시작과 끝을 하나로 집대성했다"라고 말한 뒤 "두杜 씨, 한韓 씨 또한 시문을 집대성하였다"라고 말하였다. 진관의 마음에는 두보가 이미 시 세계의 성인이었지만 굳이 '시성'이라는 두 글자로 표현하지 않았을 뿐이다. 진관이 한 말은 당시 사람들의 공통된 인식이었으며 저명한 시인 소식도 여러 차례 같은 뜻을 드러냈다.

그렇다면 당나라 시대의 뛰어난 시인들이 수도 없이 많은데 어째서 두보만이 북송 시인에게 시 세계의 성인이라는 칭함을 받게 되었을까? 사실 북송 초부터 시단에서는 당나라 시인 중 배울 만한 가치가 있는 전형적인 시인을 선별하여 이들에게 주목하는 경향이 있었다. 백거이白居易, 가도賈島, 이상은李商隱, 이백, 한유韓愈 등이 그 예다. 두보는 뒤늦게 알려진 탓에 북송 초기에 왕우칭王禹偁 등 소수의 시인에게만 주목받다가 북송 후기로 접어들면서 철종 때인 원우元祐[15] 연간에 이르러야 전체 시단에서 공인하는 시인이 되었다.

송나라 사람이 두보를 추앙하는 것은 두 가지 가치를 인정했기 때문이다. 첫째는 심미적인 측면, 즉 시 역사에서 일군 시적 성취를 높이 샀기 때문이고, 둘째는 도덕적인 측면에서 두보의 인격적 품위를 높이 평가했기 때문이다. 심미적인 측면을 살펴보면 두보의 시는 소재와 기법이 다양하고 광범위해서 송나라 사람들에게 무수한 시 창작의 가능성을 열어주었다. 왕우칭이 《일장간중함日長簡仲咸》에서 "자미子美는 시 세계의 문을 활짝 열었다"라고 한 말이 바로 그 입장을 대변한다. 여기서 '자미'는 두보의 자다.

현실을 직시하며 사람의 길을 묻다 - 두보

두보 시의 예술적 가치는 수많은 검증을 거쳤기에 아무도 부정할 수 없으며, 심지어 시 예술 역사상 가장 완벽함을 추구했던 송나라 사람들까지도 탄복할 정도였다. 두보가 글자 하나라도 얼마나 신중하게 선택했고 또 시어 선정이 얼마나 탁월했는지 알려주는 일화가 《육일시화六一詩話》에 전해진다.

"한번은 진종이陳從易가 두보의 오래된 시집 한 권을 사서 보았는데 종이가 낡아서 시구 중 글자 하나가 지워져서 보이지 않았다. 사람들은 누락된 그 한 글자가 무엇이었을지 서로 후보 글자를 내며 맞춰보았다. 나중에 온전한 책을 사서 대조해보니 일전에 사람들이 후보로 내놓았던 어떤 글자보다 훨씬 탁월한 글자였다. 그래서 그는 '놀랍도다! 이 글자 하나로도 뭇 사람이 두보를 따르지 못하는구나!'라고 탄복했다."

왕안석王安石도 시를 지을 때 절차탁마하기로 유명하지만, 그런 그조차도 두보를 향해 《진보지시화陳輔之詩話》에서 "세간에 좋은 시어들이 많이 있지만 죄다 두보에 의해 이미 쓰이고 말았다"라고 할 정도였다. 소식과 진관 등도 두보를 시 세계의 집대성자로서 추종하고 존중했다.

두보가 추앙받는 두 번째 이유인 도덕적 측면을 살펴보자. 북송 철종 때 왕안석과 황정견은 각각 《두보화상》, 《노두완화계도인》에서 두보 화상을 노래하는 시를 지었다.

이에 당신의 초상 바라보며 所以見公像
두 번 절하니 눈물만 하염없이 흐르네. 再拜涕四流
헤아려보건대 당신 마음씨 예로부터 드문 것이라! 惟公之心古亦小

바라건대 돌아가신 당신 다시 소생하시어 모실 수만 있다면! 願起公死從
知游

-《두보화상》

오늘날 시인들 두보 초상에 절하나 常使詩人拜畫圖
끊어진 거문고 줄 이어줄 아교는 이제 천고에 없구나! 煎胶續弦千古無
-《노두완화계도인》

　무엇이 왕안석과 황정견 두 사람으로 하여금 두보의 화상을 향해 약
속이나 한 듯 예를 갖추게 했을까? 왕안석은 시에서 "황제가 현명하길
늘 바라고 대신들은 이윤과 주공처럼 되길 소망한다. 차라리 내 움막
이 부서져 얼어 죽을지언정 천하의 가난한 사람들이 추위에 떨게 하진
않겠다"라고 했고, 황정견도 시에서 "중원이 평안을 되찾지 못했으니
날마다 술로 근심 달래보네"라고 하였다. 그들 자신이 이토록 나라를
향한 충절이 깊었기에 애민애국의 마음으로 천하를 품은 두보의 뜻을
사랑하고 존경했던 것이다.
　남송 시대에 이르러 가장 까다롭고도 엄격한 성리학자이자 역사 평
론가인 주희는 두보를 비롯해서 제갈량, 안진경顔眞卿, 한유, 범중엄范仲
淹을 묶어서 '오군자'라고 불렀다. 이들 오군자 중에서 네 사람은 정치
가이거나 나라를 위해 몸을 바친 열사들이었는데, 오직 두보만이 정치
가가 아니었다. 두보는 당 숙종 당시 직언을 하여 임금에게서 멀어진
것 외에는 조정에서 이렇다 할 발자취를 남기지 못한 말단 관리였으
며, 대부분의 시간을 이름 없는 선비로 천하를 떠돌며 살았다.
　이처럼 정치적으로 자신의 포부를 실현할 기회는 얻지 못했지만 조

　　　　　　　　　　　　　현실을 직시하며 사람의 길을 묻다 _ 두보

국에 보답해야겠다는 열망으로 가득했던 그는 안녹산 반란군에는 끝까지 반대했다. 그러나 역사는 끝내 그에게 포부를 실현할 무대를 내주지 않았다. 이렇듯 정치적으로 내세울 만한 인물이 아닌데도 주희가 그를 높이 칭송한 이유는 무엇이었을까? 어떤 점이 주희로 하여금 두보를 제갈량과 범중엄을 포함한 오군자 목록에 오르게 하였을까? 주희는 이에 대해《왕매계문집서王梅溪文集序》에서 명확하게 이유를 밝힌다.

"이 다섯 군자는 처한 상황도 다르고 세운 뜻도 저마다 달랐지만 그들이 구한 것은 하나같이 선한 마음이었다. 광명정대하고 막힘없이 통달하며 도량이 넓어 가려져서는 안 되고 드러내야 할 인물들이다."

오군자의 공통점이 위대한 뜻을 품었고 광명정대하며 도량이 넓은 사람이어서 인격적으로 배울 만한 부분이 많은 인물이라는 의미다. 여기서 알 수 있듯이 송나라 사람은 두보의 인격적인 의의를 크게 인정하고 그의 애국애민 사상을 높이 평가했다. 두보가 이미 도덕적으로 성인의 경지에 올랐다고 여긴 것이다.

그렇다면 송나라와 명나라 사람들이 공통으로 두보에게 '시성'이라는 면류관을 안긴 것은 중국 전체 역사를 통틀어 과연 보편적인 의의를 지닐 수 있을까? 혹은 그것이 현대인들을 일깨우고 이끄는 데도 긍정적인 역할을 했을까? 답은 '그렇다'이다. 개인의 도덕적 수양은 유가 사상의 정수인 만큼 선조들은 개인의 도덕 수양을 무척 중시했다. 그리고 유가에서는 도덕적인 깨우침을 얻은 개인이 모여야 수준 높은 문명을 이룰 수 있다고 여기기 때문에 개인의 도덕적 공로와 수양의 정도를 무척 중시하고 높이 평가했던 것이다.

중국 역사를 통틀어 이러한 기준에 부합하는 어질고 뜻있는 선비를 모아보자면 수도 없을 테지만, 그나마도 대부분 나라의 정사를 논하며 천하를 호령했던 정치적 인물로 채워질 것이다. 그러나 유일하게 두보는 예외적으로 시인이자 벼슬도 이름도 없는 평범한 선비의 신분으로 당당하게 목록 상단에 이름을 올릴 것이다. 두보는 평생 벼슬도 않고 이름도 없는 선비로 지냈다. 그래서 그는 《자경부봉선현영회》라는 글에서 스스로 "두릉杜陵의 벼슬 않는 선비"라고 불렀고 《애강두哀江頭》에서는 "소릉少陵 촌로는 흐느끼며 운다"라고 하여 '촌로'로 표현했다. '벼슬 않는 선비'나 '촌로'는 모두 평범한 백성을 가리킨다.

두보가 평민의 신분으로 유가에서 가장 숭상하는 인격의 전형이 될 수 있었던 것에서 우리는 한 가지 무척 중요한 의의를 발견할 수 있다. 물론 제갈량이나 범중엄을 본받아야 할 전형으로 삼는 것도 의미가 있다. 그렇지만 그들은 평범한 사람의 일상과는 거리가 먼 고위직의 정치가였기 때문에 우리에게는 그들과 같은 업적을 세울 기회가 자주 오지 않고, 어쩌면 평생 오지 않을 수도 있다.

아무리 정치적인 재능과 충정, 포부를 지녀도 역사가 당신에게 기회를 주지 않는다면 그 재능과 뜻을 어떻게 펼칠 수 있겠는가? 그렇다면 한 명의 평범한 시민으로서 도덕적 인격을 갖출 방법은 무엇일까? 평범한 사람은 뭇 성현을 뛰어넘는 인격의 경지에는 이를 수 없는 것일까? 가능하다. 왜냐면 우리에게는 우리처럼 평범한 삶에서 인격의 완성을 이뤄낸 전형적인 인물, 두보라는 본보기가 있기 때문이다.

맹자는 《맹자》〈고자하告子下〉에서 "사람은 모두 요순임금처럼 성인이 될 수 있다"고 했다. 어째서 보통 사람들도 요순임금처럼 성인이 될 수 있다는 것일까? 왜냐면 사람의 성품이 본래 선하기 때문에 사람은

현실을 직시하며 사람의 길을 묻다_두보

선한 본성에서부터 시작하여 노력하고 수행하면 누구나 성현이 될 수 있다는 원리다. 주희가 제시한 높은 기준으로 측정해보아도 두보는 성인으로서 완전한 합격 대상이었다. 성인이라고 하면 신과 같은 느낌 또는 신비로운 존재로서의 이미지가 있기에 존경스러우면서도 섣불리 다가갈 수 없는 먼 존재처럼 느껴진다. 그러나 두보는 실천을 통해 성인의 개념을 멀고도 신비로운 존재에서 인간적인 존재로 끌어내려 성인과 보통 사람 간의 심리적인 간격을 줄여주었다. 보통 사람도 노력하여 덕을 쌓고 수양하면 숭고한 인격의 경지에 들어설 수 있다는 사실을 알려준 셈이다. '시성'의 최대 의의가 바로 여기에 있는 것이다.

두보가 평범한 선비의 신분으로 성현의 반열에 올라선 것은 그의 평범했던 인생에도 거대한 초월적 의미가 담겨 있기 때문이다. 두보는 평생 가난과 추위에 시달리면서 지극히 낮은 수준의 생활을 감내해야 했다. 그러나 그 와중에도 그는 인격적인 정신이 높고 고결한 경지에 이르러 애국애민의 위대한 마음을 통해 가난으로 점철된 삶을 시적인 인생으로 승화시켰다. 그래서 후대인들은 두보의 시를 읽으면서 거대한 심미적 향연을 맛봄과 동시에 심원한 정신적 깨우침도 얻을 수 있는 것이다.

이러한 정신적 일깨움은 이론적인 도덕 교재와는 달리 '마음의 감동'을 따라서 이뤄진다. 마치 그의 시 《춘야희우春夜喜雨》에 나오는 "만물을 소리 없이 촉촉하게 적시네"라는 시구처럼 사람들의 심장과 폐부를 세밀하게 적시며 소리는 없으나 살과 골수에까지 스며들게 하는 힘이 있다.

두보가 세상을 떠난 뒤 무수한 후대인이 그의 시를 통해 그의 삶에 다가가 위대한 영혼의 맥박을 느끼고, 고상하고도 굳은 지조를 배우고자 했다. 다음 두 가지 예를 살펴보자.

첫 번째는 소식에 관한 예다. 소식은 1079년에 황주黄州로 귀양을 가서 직접 농사를 짓고 살았다. 한가하고 무료할 때면 고시를 옮겨 적곤 했는데 그중 많은 부분이 두보의 시였다. 한번은 소식이 두보의 시 《병적屛跡》을 글씨로 써본 뒤 다음의 발문을 지었다.

> "자첨子瞻이 말했다. '이것은 동파거사東坡居士의 시다.' 혹자가 물었다. '이것은 두자미杜子美의 시 《병적》이 아니던가요? 어찌 동파거사는 그것을 자기의 것이라고 하는지요?' 동파거사가 말했다. '무릇 벼와 삼과 곡식과 보리는 모두 농사의 조상인 신농씨神農氏와 후직에게서 나왔다. 만약 오늘날 창고가 있는데 주인이 내주지도 않은 것을 임의로 취한다면 그것을 '도적'이라고 하고 도둑맞은 사람은 '잃었다'고 표현한다. 그러나 최초의 도를 따른다면 곡식들은 모두 신농과 후직의 것이다. 지금 이 시를 생각해보면 글자 하나하나가 다 동파거사가 나의 이야기를 노래한 것과 같으니 곧 동파거사의 시라고 한 것인데 두자미가 어찌 내 뜻을 금하리오!'"

여기서 '자첨'은 소식의 자이고, '동파'는 소식의 호이며, '자미'는 앞서 말했듯이 두보의 자다. '병적'은 은거한 뒤의 행적이라는 뜻으로 두보가 성도 초당에서 쓴 시다. 당시 두보는 전란으로 기약 없는 피난길에 올라 정처 없이 떠돌다가 겨우 성도에서 안정적으로 살 만한 곳을 얻은 터였다. 그래서 그는 평화롭고 소박한 농촌 생활을 특히나 깊이 사랑했다. 소식은 앞의 발문에서 두보가 시로 풀어낸 삶의 태도가 자신의 것과 같다면서 그의 시가 자신의 것이나 마찬가지라고 익살스럽게 표현한다. 이는 청빈하고 소박함을 좋아했던 두보의 삶을 높이 평가했기 때문이다.

두 번째는 남송 말기 문천상에 관한 예다. 그는 원나라 세력에 항거하여 붙잡힌 뒤 대도大都의 감옥에 억류되었다. 원나라 사람들은 그에게 온갖 방법을 동원해서 원나라 정권에 협조할 것을 유도했지만, 지조가 굳은 문천상은 도무지 뜻을 굽힐 줄 몰랐고 감옥에서 장장 3년을 보내다가 결국 세상을 떠나고 말았다. 남송의 정권도 이미 원나라에 의해 무너지고 없었던 데다 본인의 생명조차 보장할 수 없는 위태로운 상황이었는데 도대체 어떤 정신적인 힘이 그로 하여금 최후의 순간까지 민족을 향한 절개를 지키게 했을까?

그는《정기가正氣歌》에서 "바람 부는 처마 아래서 책을 펼쳐 읽노라니 옛사람의 도리가 내 얼굴 비추는구나"라고 했다. 그렇다면 그가 말한 '옛사람'의 도란 도대체 무엇을 말하는 것일까? 문천상이 세상을 떠난 후 그가 사용했던 혁대에 다음의 시가 새겨진 것이 발견되었다.

"공자는 인을 이루라 했고 맹자는 의를 취하라 하였으니 오직 의가 궁극에 이르러야만 인에 도달할 수 있다. 성현의 책을 읽어 무엇을 배우든지 오늘 이후에는 그런대로 부끄러움을 면하겠노라"[16]

이를 통해 극한의 상황에서 문천상을 버티게 해준 정신력의 근원이 바로 유가의 정신이었음을 알 수 있다. 그러나 문천상이 두 번째로 중요하게 여긴 힘의 원천은 바로 두보의 시였다. 문천상은 연경燕京의 감옥에서 200여 편에 달하는《집두시集杜詩》를 지었다. 두보의 여러 시 작품 가운데서 일부 시구를 뽑아다가 조합하여 새로운 작품을 만들어내는 식인데, 그는《집두시》서문에서 이렇게 밝혔다.

"무릇 내 마음이 하고자 했던 말은 자미가 우리를 위해 먼저 이야기하
셨다. 매일 그것을 감상해 마지않으니, 그것이 자미 선생의 시임을 잊
고 마치 나의 시인 것만 같도다. 내가 곤궁에 처한 이래 세상의 변고와
인간사의 흐름에 관해서는 대개 이 집두시를 보면 된다."

두보의 시에 함축된 고상함과 정서의 깊이는 문천상의 마음에 감동
을 주었고 두보의 인격과 정신세계는 문천상을 격려했다. 그 덕분에
문천상이 조국을 위해 몸 바치고 의를 취함으로써 삶의 최고 가치를
실현할 수 있었다.

소식은 비교적 태평한 시기에 두보의 시를 접했고 문천상은 명나라
에서 청나라로 정권이 이동하는 격동의 시기에 두보의 시를 읽었다.
그렇지만 둘 다 두보의 시를 마치 자신의 작품인 양 느꼈다. 두보의 시
가 그들의 마음을 진실하고 친밀하게 대변했기 때문이다. 이는 두보의
시가 시대를 막론하고 진실함을 생동감 있게 전달하는 힘이 있다는 것
을 보여준다.

두보의 시가 탄생한 이래 사람들은 그것을 인생의 교과서로 삼
고 삶의 길을 밝혀주는 등불로 여긴다. 원이둬가 말한 것처럼 두보는
4,000년 중국 문화사에서 가장 장엄하고도 아름다우며 영원한 한 줄
기 빛이 아닐 수 없다![17]

4

혼탁한 세상에서도 삶을 고요케 하다

●

굴원

전 생애를 녹여 만들어낸
불멸의 작품

•

중국 남북조 시대 남조의 유협劉勰은 《문심조룡文心雕龍》 〈변소辨騷〉 편에서 《이소離騷》를 대표로 하는 초사, 즉 초나라의 가사에 대해 설명한 뒤 글 말미에는 "굴원이 없었다면 어찌 《이소》가 있었겠는가!"라면서 경탄해 마지않았다. 그러나 이는 "《이소》가 없었다면 어찌 굴원이 있을 수 있겠는가!"라고 바꿔 말할 수 있을 정도로 굴원과 그의 걸작 《이소》는 불가분의 관계에 있다.

역사를 돌아보면 전한 시대의 학자 가의賈誼가 굴원을 애도하는 부賦를 짓기 전까지는 솔직히 굴원이 다른 이의 작품 세계에 영향을 끼친 흔적은 거의 찾아볼 수 없다. 후대인들도 《이소》를 비롯한 그의 불후의 작품들을 통해서 굴원이라는 작가를 알고 이해하게 됐을 뿐이다. 그만큼 굴원의 작품은 그가 생명을 바쳐 쓴 시라고 볼 수 있다. 바꿔 말하면 이들 작품은 우리가 굴원의 평생과 그가 품었던 마음을 이해하게 해줄 믿을 만한 자료인 셈이다.

굴원의 대표작《이소》는 그가 자신의 출신을 풀어놓는 것으로 시작한다.

옛 임금 고양의 먼 후예 帝高陽之苗裔兮

내 아버지는 백용 朕皇考曰伯庸

인의 해 그 정월 攝提貞于孟陬兮

경인의 날에 나는 태어났다. 惟庚寅吾以降

아버지, 나 태어난 시기 헤아려 皇覽揆余于初度兮

내게 지어주신 아름다운 이름 肇錫余以嘉名

그 이름은 '정칙'이요 名余曰正則兮

자는 '영균'이라. 字余曰靈均

사마천司馬遷의《사기》〈굴원열전屈原列傳〉과 유향劉向의《신서新序》〈절사節士〉, 왕일王逸의《초사장구楚辭章句》등 사료를 비롯해서 후대 학자들의 연구 저서를 참고해보면 이 구절에 포함된 세 가지 비밀은 다음과 같다.

첫째, 굴원은 초나라 왕실 가문의 고귀한 출신이면서 오제 중 한 명인 고양 씨 전욱顓頊의 후예라는 사실이다. 전욱의 후손이 초나라를 세웠는데 그 성은 본래 미羋였다. 그런데 초나라 무왕武王에 이르러 그 아들 중 하나인 하瑕가 굴屈 지역을 봉토로 삼게 되면서 그 자손들은 자연히 '굴' 씨 성을 갖게 되었다. 그러므로 굴 씨는 소昭·경景 씨와 더불어 초나라의 귀족이었던 셈이다.

둘째, 굴원은 길일에 태어났다. 위 시에는 굴원이 초 위왕威王 원년인 기원전 339년 정월 초이레에 태어났다고 되어 있다.[18] '섭제'란 인의 해에 해당하며 '맹추'는 정월(인월)에 해당하고, '경인'은 그해의 정월 초이레를 가리킨다. 굴원은 인년 인월 인일에 탄생했으니 남자아이에게는 최고로 길한 날이라고 할 만하다.

셋째, 굴원의 아버지 백용이 굴원의 탄생 시기를 살펴서 괘사卦辭를 통해 아름다운 이름 '정칙'을 지어주고 자를 '영균'으로 했다는 점이다.[19]

이 밖에도 《이소》와 《석왕일惜往日》을 보면 굴원의 정치 이력이 간단하게 언급되어 있다.

> 애초에 나와 언약하셨으나 初既與余成言兮
>
> 후회하여 맘 바꾸고 회피하시니 당신에게 딴마음 생긴 것이지요. 後悔遁而有他
>
> 나 이미 헤어짐이 어렵지 않사오나 余既不難夫離別兮
>
> 다만 임의 잦은 이별에 마음 아플 뿐입니다. 傷靈脩之數化
>
> -《이소》

> 지난날 일찍이 신임받은 것을 추억하며 애석해 하니 惜往日之曾信兮
>
> 명령 받들어 올바르게 나라를 다스리고 受命詔以昭詩
>
> 선조의 공적을 받들어 백성을 밝히 보살피며 奉先功以照下兮
>
> 법도를 펴서 혐의를 밝혔으니 明法度之嫌疑
>
> 나라가 부강해지고 법도가 바로 섰도다. 國富强而法立兮
>
> 올곧은 신하에게 나랏일 맡기니 군주와 백성은 나날이 즐거워하였고

屬貞臣而日嬉

비밀스러운 일은 내 마음에 묶어두었으며 秘密事之載心兮

비록 과실이 있다 해도 이를 들추어내지 않았다. 雖過失猶弗治

마음을 깨끗이 하고 말을 삼갔는데도 心純厖而不泄兮

참소하는 이 만나 질투를 당하였네. 遭讒人而嫉之

임이 노여움 품은 채 신하를 대하니 君含怒而待臣兮

옳고 그름 밝히 살피지 못하네. 不清澂其然否

- 《석왕일》

굴원은 귀족 집안 출신이라는 신분상의 이점과 탁월한 재능을 바탕으로 초나라 회왕懷王의 신임을 얻어 불과 20여 세의 나이에 좌도左徒라는 벼슬에 올랐다. 이는 영윤令尹이라 불리는 재상 바로 아래의 요직으로 내정과 외교를 아울러 관할하는 자리였다. 그래서 굴원은 안으로는 왕과 국사를 논의한 뒤 각종 명령과 조서를 내리고, 밖으로는 외교 사절과 제후를 응대하여 왕을 보좌하는 유능한 신하였다.

당시 제후국들은 부국강병을 위해 앞다퉈 법을 정비했는데 초나라 회왕도 법을 재정비하여 부국의 길을 닦고자 했다. 앞서 초나라 도왕悼王이 오기吳起라는 인재를 중용해 법체계를 마련케 한 적이 있었는데, 반세기가 지난 뒤 회왕에 이르러 굴원에게 다시 한 번 법 정비의 중임을 맡긴 것이다.

명을 받은 굴원은 심혈을 기울여 초안을 잡아나갔다. 그런데 법안이 거의 완성될 무렵 평소 굴원을 시기하던 상관대부上官大夫가 찾아와서는 그를 음해할 거리를 찾기 위해 법 초안을 강제로 빼앗으려고 했다. 굴원이 이를 거절하자 상관대부는 그 길로 회왕에게 달려가 "굴원은 조정에서 새로운 법령을 내놓을 때마다 '이 법은 내가 만들었다. 왕은 내가 없으면 무엇 하나 제대로 처리하는 것이 없다'라며 떠들고 다닌다 하옵니다"라며 굴원을 참소했다.

회왕은 고집불통이고 독단적이며 일의 시비를 잘 판단하지 못하는 유약한 성격이었다. 그래서 이번에도 간신들의 말만 듣고 사건의 진상을 알아보지도 않은 채 노기충천했다. 그때부터 굴원은 회왕에게서 멀어졌고 결국 좌도 벼슬에서 삼려대부三閭大夫로 좌천되고 말았다.

삼려대부는 소·굴·경 씨 왕족을 관할하고 종실 자제들을 교육하는 직책으로 중원의 진나라 노나라 등 뭇 제후국의 공족대부公族大夫에 상당하는 중책이긴 하지만, 기존의 좌도 벼슬에는 한참 미치지 못했다. 그러나 그는 좌천당한 뒤에도 낙심하지 않고 맡은 일, 즉 나라에 재목이 될 만한 덕 있고 우수한 인재를 배출하기 위해 충심으로 교육에 힘썼다. 하지만 종실 자제들이 권세와 재물의 유혹을 못 이기고 조정의 간신배들에게 빌붙어서 돌변하는 모습을 바라보는 것은 굴원에게 견디기 어려운 일이었다. 그래서 그는 《이소》에서도 당시의 상황을 다음처럼 묘사했다.

나 이미 아홉 원에 난을 심고 余既滋蘭之九畹兮

또 백 이랑에 걸쳐 혜초를 심었네. 又樹蕙之百畝

밭둑에 유이와 게차를 심어 경계로 삼고 畦留夷與揭車兮

두형과 방지를 섞어 심었도다. 雜杜衡與芳芷

가지와 잎이 무성해지기를 冀枝葉之峻茂兮

때 기다려 베어내려 했더니 願竢時乎吾將刈

시들어 떨어져 버려도 슬픈데 雖萎絕其亦何傷兮

향기로운 꽃에 잡초가 섞여들어 더 가슴 아프구나. 哀衆芳之蕪穢

……

세상은 어지러이 쉽게 변하니 時繽紛其變易兮

어찌 오래 머무를 만하겠는가! 又何可以淹留

난초와 백지도 변하여 더는 향을 발하지 않고 蘭芷變而不芳兮

창포와 혜초도 띠 풀 되어버렸네. 荃蕙化而爲茅

어제의 향기롭던 풀 何昔日之芳草兮

오늘은 쑥 덤불 되어버림은 어찌함인고! 今直爲此蕭艾也

그 어찌 다른 까닭 있으랴. 豈其有他故兮

몸과 마음 갈고닦기를 즐겨 하지 않은 연고라. 莫好脩之害也

나는 난초가 믿을 만하다고 여겼으나 余旣以蘭爲可恃兮

아! 속은 비고 겉만 그럴듯했던 것인지 羌無實而容長

아름다움 버리고 속된 것을 좇아 委厥美以從俗兮

구차하게 흔한 꽃들 가운데 놓이고 말았네! 苟得列乎衆芳

운명의 장난이었을까? 이처럼 나라를 향한 애타는 충절 가득했던 그였건만, 잇따른 국난으로 혼란한 정국을 온몸으로 감내하며 살아내야 했다. 당시 초나라는 제후국들이 난립하여 흥망성쇠를 거듭하던 전국 시대, 천하의 한 모퉁이에서 패권의 야망을 키우던 나라 중 하나였다. 초 회왕은 비록 품은 뜻은 컸지만 재능과 소양이 부족해서 안으로는 아첨꾼들에게 눈과 귀가 가려져 사리분별을 못 했고 밖으로는 진나라로부터 수도 없이 농락을 당했다.

굴원은 왕에게 충성했으나 늘 의심받았고, 신의를 다해도 도리어 비방당했다. 그러다 결국 참소하는 무리에 의해 회왕에게 의심을 사 왕과의 관계가 소원해졌고 결국에는 한북, 즉 한수의 북쪽으로 쫓겨났다. 그 뒤 경왕왕頃襄王에 이르러서는 더욱 경계를 받아 강남 지역까지 유배 가게 되었다.

굴원이 첫 유배지 한북에서 쓴 시《추사抽思》에서 당시 그가 느꼈던 비통한 심정을 엿볼 수 있다.

새가 남쪽으로부터 와서 有鳥自南兮

한수의 북쪽에 모였네. 來集漢北

아름답고도 아름다운데 好姱佳麗兮

어찌 이리 외딴 곳에 홀로 머무는가! 牉獨處此異域

무리에서 떨어져 고독할 뿐이니 既惸獨而不群兮

좋은 중매자가 곁에 없구나! 又無良媒在其側

길은 아득히 멀고 하루하루 잊혀만 가는데 道卓遠而日忘兮

내 마음 펼쳐 말하고 싶지만 그리 못 하고 顧自申而不得

북녘 산 바라보며 눈물만 흘리네. 望北山而流涕兮

흐르는 물가에서 깊이 탄식하니 臨流水而太息

한여름 밤 짧다고 하지만 望孟夏之短夜兮

어스름 무렵부터 날 밝아올 때까지가 마치 일 년 같구나! 何晦明之若歲

영도로 가는 길 멀기도 하건만 惟郢路之遼遠兮

마음만은 하루에도 아홉 번 다녀온다네. 魂一夕而九逝

그가 영도郢都를 떠나 남쪽으로 갈 때 쓴《애영哀郢》에도 비슷한 감정이 드러난다.

영도에서 출발하여 마을을 나서니 發郢都而去閭兮

아득하고 망연한 마음 그 끝은 어디일까. 荒忽其焉極

노 저어 서서히 나아가니 楫齊揚以容與兮

다시 못 볼 임금 생각에 비통할 뿐이구나. 哀見君而不再得

길게 뻗은 가래나무 보며 큰 한숨 내쉬니 望長楸而太息兮

눈물만 싸라기눈처럼 흩날리도다. 涕淫淫其若霰

하수의 어구를 돌아 서쪽으로 떠내려가니 過夏首而西浮兮

고개 돌려 용문을 바라보나 보이질 않는다. 顧龍門而不見

⋯⋯

배 띄워 떠내려가 將運舟而下浮兮

동정호로 올라갔다가 장강으로 내려가네. 上洞庭而下江

조상들이 살던 곳 떠나 去終古之所居兮

헤매다가 이제야 동쪽으로 왔도다. 今逍遙而來東

아! 내 영혼 돌아가고 싶으나 羌靈魂之欲歸兮

한순간인들 잊을 수 있으랴. 何須臾而忘反

하구를 등지고 서쪽을 그리워하니 背夏浦而西思兮

영도가 멀어짐이 애통할 뿐이구나! 哀故都之日遠

훗날 원상沅湘으로 다시 유배되었을 때 한층 더 비통해진 심정은 《섭강涉江》에 드러난다.

서포로 들어가 배회하니 入溆浦余儃佪兮

아득하여 내 갈 길 모르겠네. 迷不知吳所如

깊은 산 컴컴하고 묘연한데 深林杳以冥冥兮

혼탁한 세상에서도 삶을 고요케 하다 - 굴원

그곳은 원숭이 사는 곳이어라. 乃猿狖之所居

산은 험준하고 높아 해를 가리고 山峻高以蔽日兮

산자락은 깊고 음침하여 비가 많이 온다네. 下幽晦以多雨

싸락눈은 하염없이 내리고 霰雪紛其無垠兮

자욱한 구름 처마에 닿아 있네. 雲霏霏而承宇

내 삶에 낙 없음을 슬퍼하며 哀吾生之無樂兮

홀로 외진 산중에 살지만 幽獨處乎山中

그래도 마음 바꿔 속세 따르지 않고 吾不能變心而從俗兮

참으로 근심 속에서 평생 고생하고 말리라. 固將愁苦而終窮

오랜 유배 생활 동안 굴원을 지탱해오던 삶의 불씨는 시간이 흐르면서 서서히 소멸해갔고, 날로 쇠약해져만 가는 초나라의 정세 또한 그를 낙담케 했다. 결국 기원전 283년 음력 5월 5일, 굴원은 멱라수에 몸을 던짐으로써 파란만장한 삶의 서사시에 마침표를 찍고 말았다.[20] 돌을 품고 투신하기 전 그는《어부漁夫》와《회사懷沙》를 절명시로 남겼는데《어부》의 전반부 내용은 이렇다.

나 굴원이 추방되어 상강 기슭을 노닐며 시부를 읊을 때 얼굴빛이 초췌하고 바싹 시들었더니만 屈原既放, 遊於江潭, 行吟澤畔, 顏色憔悴, 形容枯槁
어부가 보고서 묻기를 "당신은 삼려대부가 아니오? 무슨 까닭으로 이 궁벽한 곳까지 오시었소?" 漁父見而問之曰, 子非三閭大夫與, 何故至於斯
나 굴원이 답하였다. "온 세상이 더러움에 혼탁해져도 유독 나만 맑으며 뭇 사람이 다 취해도 나만 홀로 깨었으니 이 때문에 미움받아 이곳까지 쫓겨난 거라오." 屈原曰, 舉世皆濁我獨清, 眾人皆醉我獨醒, 是以見

어부가 말하였다. "성인은 세상 것에 걸리고 막혀도 멈추지 않고 세상의 변화에 발맞추어 나아갑니다. 세상 사람 전부가 혼탁하다면 어찌 그 진흙을 휘저어 흙탕물을 일으키지 않습니까? 사람들이 모두 취하였다면 어찌 술지게미와 남은 탁주로 함께 취하지 않으십니까? 어찌 고매한 생각과 행동으로 스스로 추방당하기에 이르셨소?" 漁父曰, 聖人不凝滯於物, 而能與世推移, 世人皆濁, 何不淈其泥而揚其波, 眾人皆醉, 何不餔其糟而歠其醨, 何故深思高擧, 自令放爲

나 굴원이 답하였다. "내가 듣기로 새로 머리 감은 자는 반드시 갓을 털어서 쓰고 새로 목욕한 사람은 반드시 의복을 정제하여 입으라 하였는데 어찌 깨끗한 몸을 외물로 더럽힐 수 있겠는가? 차라리 저 상강에 뛰어들어 물고기 뱃속에 장사지내는 게 낫겠소. 어찌 희고 결백한 몸에 세속의 티끌을 둘러쓴단 말이오?" 屈原曰, 吳聞之, 新沐者必彈冠, 新浴者必振衣, 安能以身之察察, 受物之汶汶者乎, 寧赴湘流, 葬於江魚之腹中, 安能以皓皓之白, 而蒙世俗之塵埃乎

역사가 사마천은 역사서 《사기》 〈굴원열전〉에 《어부》의 내용을 한 글자도 빠짐없이 다 옮겨놓았고 《회사》의 전문까지 수록했다. 그리고 말미에는 "이에 돌을 품에 안고 멱라수에 스스로 몸을 던져 죽었다"라고 덧붙였다. 여기서 알 수 있듯 굴원의 작품은 역사적인 사료로서도 인정받았다. 《이소》에 나오는 문구 "인의 해 그 정월, 나는 경인의 날 태어났다"에서부터 《회사》의 "죽음을 피할 수 없음을 알고 삶을 아쉬워하지 않나니"라는 문구에 이르기까지 굴원의 전 생애와 궤적이 그의 작품 안에 온전히 남겨져 있다.

그래서 후대인들은 굴원의 초상을 그리거나 조각상을 세울 때도 《어부》에 언급된 "얼굴빛이 초췌하고 바짝 시들었다"라는 문구에서 영감을 얻기도 한다. 이처럼 굴원의 삶은 하늘과 땅을 울리고 영혼을 움직이는 한 편의 장편 시였다. 지금 남은 시는 굴원이 전 생애를 녹여 주조해낸 불멸의 작품인 셈이다.

붓끝에서
사람 냄새가 나는 이유

•

굴원이 조국을 얼마나 사랑했는지는 그의 작품에도 잘 드러날 뿐 아니라 그의 행동을 통해서도 엿볼 수 있는 명명백백한 사실이다. 사마천은 《사기》〈굴원열전〉에서 다음과 같이 언급했다.

"굴원은 비록 유배를 갔어도 초나라를 그리워하고 회왕을 염려했으며 조정으로 복귀하기를 원했다. 왕이 깨달아 변화하여 나라를 재건하기를 소망한 끝에 한 편의 시에서도 수없이 그 염원을 드러냈다."

그러나 오늘날 일부에서는 굴원의 이러한 애국심을 이해할 수 없다는 사람들이 있다. 전국 시대에 난립했던 제후국은 오늘날 흔히 말하는 단위 국가의 개념과는 거리가 멀기 때문에 일개 제후국에 불과한

혼탁한 세상에서도 삶을 고요케 하다 _ 굴원

초나라를 향한 굴원의 일편단심이 낯설다는 이유에서다. 그리고 진나라가 중국을 최초로 통일한 것에 큰 역사적 의미를 부여하는 일부 사람은 당시 진나라에 항거하고 제나라와 연합하고자 했던 굴원의 주장이 역사의 흐름을 방해하는 행동이었을 뿐이라고 깎아내리기도 한다. 이런 이유로 굴원이 '애국심' 하나로 미화되는 것에 일종의 반감을 느끼는 것이다. 굴원의 애국심이 과연 긍정적인 평가를 받을 만한 것인지 아닌지는 중요한 문제이므로 다음에서 명백히 밝혀보자.

애국이란 무엇일까? 굴원에게 애국이란 당연히 초나라를 사랑하는 일이었다. 고국 땅에 마음이 절로 가는 것은 누구에게나 자연스러운 일이다. 자고 나면 새로운 세력이 부상하고 기존 세력조차 하루아침에 멸망하기도 했던 춘추전국 시대에는 그나마 국경을 가장 분명하게 나눌 수 있는 단위가 바로 '제후국'이었다. 《맹자孟子》〈만장하萬章下〉와 《예기》〈단궁상檀弓上〉에는 각각 이런 말이 나온다.

> "공자는 제나라를 떠나실 때는 밥하려고 일었던 쌀을 건져 급히 가셨는데 노나라를 떠나실 때는 '내 발걸음이 떨어지질 않는구나. 이것이 부모의 나라를 떠나는 도리이다'라고 말씀하셨다."
> - 《맹자》〈만장하〉

> "강태공이 제나라 영구營丘라는 곳에 봉해진 뒤 5대손에 이르기까지 그곳에서 살았으나 오히려 주나라 땅에서 그를 장사지냈다. 이를 두고 사람들은 '음악은 그 자연적으로 발생하는 바를 즐기면 되고 예는 그 근본을 잊지 않아야 한다. 옛사람이 말하기를 여우가 죽을 때 자기가 살던 굴이 있는 곳으로 머리를 두는 것이 바로 인仁이라고 하였다.'"

이에 대해 공영달孔穎達은 "그래서 언덕을 향해 머리를 바르게 하는 것이다. 언덕은 여우가 살던 굴, 즉 근본이 되는 곳이므로 여우는 죽어서도 그 마음을 여전히 언덕을 향한다. 이것이 바로 어짊과 은혜를 아는 것이다"라고 해석했다.

굴원은 초나라에서 태어나 초나라에서 자랐다. 그야말로 조상 대대로 살아온 터전이니 고국 초나라에 애착을 갖지 않는 것이 오히려 더 이상할 정도였다. 그래서 굴원도 그의 시 《애영》에서 "새는 날아서 고향으로 돌아오고 여우도 죽을 때는 굴을 향해 머리를 돌리는데"라고 하며 고국을 향한 애타는 심정을 드러냈다. 그리고 《귤송橘頌》에서는 귤나무를 노래하며 "타고난 운명 거스르지 않고 강남에서 자랐네. 뿌리 깊고 단단하여 옮기기 어려우니 한결같은 뜻 지녔음이라"라고 했다.

이처럼 고국을 향한 사랑은 사람이라면 누구나 가지는 보편적인 감정이다. 굴원은 남들에 비해 그 애절함이 더욱 컸기에 죽음까지도 불사했던 것이다.

여기서 한 가지 짚고 넘어가야 할 것이 있다. 초나라 회왕과 경양왕은 둘 다 사리 판단이 서툰 범속한 군주여서 초나라 조정은 자란子蘭과 같은 간신배의 손에 놀아나고 있었다. 그들은 제나라와 연합하고 진나라에 대항하자는 굴원의 전략을 배척하고 도리어 진나라 밑에서 치욕 당하기를 자청했다. 이 때문에 초나라는 날로 국운이 기울어 돌이킬 수 없는 지경에 이르고 말았다. 이런 상황에서 굴원은 어째서 시종일관 초나라를 떠나지 못했던 것일까? 한 나라에 머무르지 않고 열국을 주유하는 것이 일종의 유행처럼 번지던 춘추전국 당시의 시대상을 고려할 때 그의 고집스러운 행동은 더욱 이해가 되지 않는다. 공자, 맹자, 묵자墨子, 오기, 신불해申不害, 상앙商鞅, 손무孫武 등도 자신의 학문을 받아들여 신념을 펼치게 해줄 제후국을 찾아 열국을 주유했지 결코 고향 땅에 머물기를 고집하지 않았다. 초나라의 사정도 마찬가지였다. 인재들이 하나둘 초나라를 떠나 타국으로 빠져나갔고, 심지어 인재 유실이 너무 심각해져 '초나라의 인재를 진나라가 사용한다'라는 의미의 초재진용楚材晉用이라는 고사까지 생겨날 정도였다.[21]

상황이 이럴진대 도대체 굴원은 왜 그들처럼 떠나지 않고 초나라만을 고집했을까? 그가 초나라만을 고집했던 것을 보면 참으로 융통성이 없고 사고가 경직된 진부한 사람이 아닌가 하는 의심마저 든다. 그러나 사실은 그렇지 않다. 굴원은 역사 속 선인들을 기리며 노래할 때 그들이 타국에서 벼슬한 것에 대해 결코 비난하지 않았다. 예컨대《석왕일》에서 다음처럼 노래한 것만 봐도 그렇다.

백리해가 포로 되었던 것을 들었고 聞百里之爲虜兮

이윤도 부엌에서 요리를 했다. 伊尹烹於庖廚

여망은 조가라는 곳에서 도축을 했고 呂望屠於朝歌兮

영척은 노래하며 소에게 꼴을 먹였다. 寧戚歌而飯牛

탕왕, 무왕, 환공, 목공 등 어진 군주를 받들지 않았더라면 不逢湯武與桓穆兮

세상의 누가 그들의 진가를 말해주어 알 수 있었겠는가! 世孰雲而知之

굴원도 자신의 탁월한 재능으로만 본다면 초나라가 아니더라도 어디서든지 쉽게 높은 지위에 올라 평생 편하게 살 수 있으리라는 것쯤은 알고 있었다. 그래서 그의 작품《이소》에는 점치는 이조차 굴원을 향해 충고하는 대목이 나온다.

의심 말고 힘써 멀리 가라. 勉遠逝而無狐疑兮

그대가 미인(성군)을 구한다는데 누가 그대를 버리겠는가! 孰求美而釋女

향기로운 풀이 어딘들 없겠느냐만 何所獨無芳草兮

그대는 어찌하여 옛집만을 고집하는가! 爾何懷乎故宇

모르긴 해도 이는 평소 굴원이 자주 듣던 충고였을 터이다. 그러나 굴원은 유독 올곧은 심지를 지닌 호걸이자 고국 땅을 향한 연민의 정이 누구보다도 강했던 사람이다. 고국을 사랑하는 사람이라면 모름지기 조국이 더욱 잘되길 바라고 이를 위해 자신의 재능과 역량을 아낌없이 헌신하게 마련이다. 하물며 굴원은 본래 초나라에 대대로 터를 잡고 살아온 봉토 귀족 출신이었을 뿐 아니라 좌도와 삼려대부라는 요직을 맡아 영욕의 세월을 함께 보냈기에 초나라와는 떼려야 뗄 수 없는 관계였다.

이 때문에 굴원은 시종일관 초나라의 부흥을 자신에게 주어진 신성한 사명으로 생각했고, 심지어 자신의 운명보다 더 귀하게 여겼다. 충절과 지조가 있는 사람은 자신의 신념을 지키기 위해서라면 주변 형세가 변한다고 해서 잠깐의 이익을 위해 쉽게 방향키를 돌리지 않는 법이다. 굴원이 바로 그런 사람이었다.

그는 본래 초나라를 향해 원대한 정치적 꿈을 품고 있었고, 그 꿈 또한 충분히 실현 가능하고 실제적인 주장이었다. 일찍이 초나라 회왕에 의해 중용된 뒤 내정과 외교에서 쌓은 경험을 바탕으로 제나라와 연합하고 진나라에 항거하는 전략을 비롯한 다양한 실제적 정책을 제시했는데, 그중 많은 부분이 초나라 정책의 근간이 되었다. 초나라는 굴원에게 그런 곳이었다. 그런데 어찌 쉽게 등지고 장의張儀처럼 아침에는 진나라에 붙고 저녁에는 초나라에 빌붙는 지조 없는 일을 할 수 있었겠는가?

그 외에도 한 가지 짚고 넘어가야 할 부분이 있다. 앞에서도 언급했지만 굴원이 자칫 진나라의 천하통일 대업을 가로막은 역사의 방해꾼으로 비칠 수 있다는 점이다. 다들 알고 있듯 진나라는 굴원이 세상을 떠난 지 60여 년 후에 마침내 여섯 나라를 멸하고 통일제국을 이루었다. 그런데 굴원은 평생 진나라가 초나라를 삼키려 한 계획을 저지하고자 노심초사, 동분서주했다. 과연 일각의 우려처럼 굴원은 중국 최초의 통일제국 건설이라는 역사적 흐름을 거스르는 방해꾼이었을까?

굴원이 살던 시대에는 서쪽의 진나라는 군사력이 막강했고 동편의 제나라는 경제적으로 풍족했으며 남쪽에 있던 초나라는 영토가 넓어 세 나라가 솥을 받치는 세 개의 다리처럼 천하를 셋으로 갈라 버티고 있었다. 그래서 열국 간 힘의 균형을 고려하여 연합과 대항을 도모하는 전략가를 '종횡가縱橫家'라고 따로 일컬을 정도로 당시에는 열국 간 힘의 경쟁이 치열했다. 다시 말해 전국 시대 열국 중 진나라만 천하통일의 사명과 능력을 지녔던 것은 아니라는 뜻이다. 진나라, 초나라, 제나라 모두에게 천하통일의 가능성과 잠재력이 있었다. 《전국책戰國策》〈초책일楚策一〉에는 다음과 같은 소진의 말이 나온다.

"초나라는 천하 사방 땅이 오천 리요, 군사가 백만이다. 하지만 천하의 추세는 이렇다. 합종 전략, 즉 남북으로 뻗어 있는 제후국 여섯이 연합하여 진에 대항하는 전략이 승리하면 초나라가 왕이 될 것이요, 연횡 전략, 즉 진나라 동쪽 여섯 나라가 가로로 연합하여 진을 섬기는 전략이 이기면 진나라가 황제의 지위에 오를 것이다."

사실 초나라 회왕은 일찍이 합종 전략파의 수장이어서 일찍이 여섯 제후국을 이끌고 진나라를 함께 공격했다. 만약 초나라 왕이 정치에 좀더 애쓰고 현명한 인재를 끊임없이 등용했다면 최초의 중국 통일이라는 역사적 사명과 영광은 초나라로 귀속됐을지도 모른다. 굴원이 주장했던 연제항진聯齊抗秦, 즉 제나라와 연합하여 진나라에 항거하는 전략이 초기 성과를 보이자 덜컥 겁이 난 진나라가 제나라를 둘러싼 연맹을 해체하기 위해 온갖 권모술수를 동원했다는 점이 이를 증명한다.

굴원은 그의 작품에서도 요임금, 순임금, 우임금, 상나라 탕왕, 주나라 문왕, 주나라 무왕 등 고대의 성군들을 나열하였는데 그들은 하나같이 통일천하를 다스린 군주였다. 이 점에서 굴원의 마음에는 초나라 왕을 보필하여 천하통일을 이루고자 했던 원대한 이상이 있었음을 알 수 있다. 이러니 어찌 현재 시점에서 진나라, 초나라 양국의 성패에 따른 천하통일의 결과물만 가지고 그 정치 방향의 시비를 판단할 수 있겠는가.

하물며 굴원의 간절한 꿈 중 하나는 요순시대의 훌륭했던 정치 이상을 초나라에 현실화하는 것이었다. 그래서 그는 《이소》에서 이렇게 노래한다.

저 요임금과 순임금의 빛나는 덕행이여. 彼堯舜之耿介兮
일찍이 도를 좇아 바른길로 갔는데 旣遵道而得路
......

탕왕과 우왕은 근엄하고 삼갈 줄 알았으며 湯禹儼而祗敬兮

주나라는 도를 논함에 어긋남이 없어 周論道而莫差

현자를 천거하고 유능한 사람에게 벼슬을 주고 舉賢而授能兮

법도에 따라 치우침이 없었네. 循繩墨而不頗

하늘은 사사로움 없이 공평하여 皇天無私阿兮

백성의 덕을 살펴 도울 재상을 내려보내니 覽民德焉錯輔

무릇 성인과 현자의 거룩하고 선한 행동을 미루어보아 夫維聖哲之茂行兮

진실로 이 때문에 이 땅을 차지할 수 있었다네. 苟得用此下土

    또한 이상적인 정치의 기본이 '인으로 다스리고 백성을 사랑하는 것'이라고 믿었던 그는《이소》와《회사》에서 각각 다음과 같은 구절을 남긴다.

지나간 세월을 살피고 그 후도 돌아보아 瞻前而顧後兮

이로써 사람의 갈 길을 살핀다. 相觀民之計極

누가 의롭지 않은 이를 중용하며 夫孰非義而可用兮

누가 선하지 않은 것을 따르겠는가! 孰非善而可服

-《이소》

인의를 중히 여기며 重仁襲義兮

생각과 행동을 삼가고 중후하게 함이 매우 크구나. 謹厚以爲豊

-《회사》

    그 밖에도 굴원이 생각하는 이상적인 정치에는 법률과 제도를 중시하는 마음이 담겨 있는데 이는《석왕일》에도 잘 드러난다.

선조의 공적을 받들어 백성을 밝히 보살피며 奉先功以照下兮
법도를 펴서 혐의를 밝혔으니 明法度之嫌疑
나라가 부강해지고 법도가 바로 섰도다. 國富强而法立兮
올곧은 신하에게 나랏일 맡기니 군주와 백성은 나날이 즐거워했다. 屬貞
臣而日嬉

굴원이 죽고 60년이 지난 뒤 진나라는 초나라를 멸했고, 또 2년이
지나 진나라는 결국 천하통일을 이루었다. 그러나 잔혹하고 포악한 수
단으로 얻은 통일천하는 그리 오래가지 못했다. 영원불멸을 꿈꿨던 진
시황의 망상과는 정확히 반대로 통일 후 12년도 채 되지 않아 진승陳
勝과 오광吳廣이 봉기했다. 그들은 초나라 출신이었기에 국호를 '장초張
楚'로 삼았다. 이듬해 과거 초나라의 명장이었던 항연項燕의 아들 항량
項梁은 민간에 떠돌며 남의 밑에서 양을 치던 초 회왕의 손자 '심心'을
찾아내어 회왕으로 추대했다. 그 무렵 각지에서 일어난 반란세력의 공
세를 견디지 못한 진나라는 결국 2년 뒤 멸망하고 만다. '초나라가 망
하고 비록 세 집만 남을지라도 억울한 초나라 사람들은 반드시 진나라
를 멸망시킬 것'이라는 의미의 '삼호망진三戶亡秦'이 마침내 현실화되는
순간이었다.
그 뒤 세워진 한나라 왕조는 정치체제 면에서는 진나라의 관제를 계
승했지만 건국정신만큼은 진나라와 정반대의 길을 택했다. 유방劉邦
은 진나라의 관중關中 땅을 점령한 뒤 진나라의 가혹하고 번잡한 법령
들을 폐지했다. 그리고 '사람을 죽이면 사형에 처하고, 다치게 한 자는

혼탁한 세상에서도 삶을 고요케 하다 – 굴원

처벌하며, 물건을 훔친 자는 처벌한다'는 단 세 개의 조항만으로 된 약법삼장約法三章을 제시해 민심을 얻었다. 가의는 진나라의 실책을 비판하여 쓴《과진론過秦論》을 통해 진나라의 멸망 원인이 '인의를 베풀지 않았기 때문'이라고 결론짓기도 했다.

표면적으로는, 강력한 군사력을 가졌던 진나라가 중국 최초의 통일 왕국을 이룬 것처럼 보인다. 그러나 장구한 역사의 흐름을 되짚어볼 때 진정한 의미의 중국 통일은 초나라 사람 유방이 한나라를 세운 때부터라고 할 수 있다.

굴원이 품었던 아름다운 정치를 향한 이상향과 문화정신은 진나라의 폭력적이고도 반문명적인 노선과 대조되어 그 진보적인 면이 더욱 빛을 발한다. 이런 면에서 굴원의 사상과 문화적 소양은 진정한 의미의 통일제국 한나라에 불멸의 공헌을 한 셈이다.[22] 이를 종합해볼 때 어찌 굴원의 애국심이 역사의 흐름과 추세에 역행했다고 볼 수 있겠는가.

평탄하지 않아도
고결할 수 있다

●

굴원은 누구보다도 열정적으로 삶을 사랑했다. 삶의 매 순간을 아까워했기에 그는 세월의 흐름에 관한 강렬하고도 색다른 인상을 작품《이소》의 곳곳에 새겨두었다.

빠른 물살을 장차 따라가지 못할까 汨余若將不及兮

세월이 나와 함께하지 않을까 두렵도다. 恐年歲之不吾與

아침에는 비산의 목란을 캐고 朝搴阰之木蘭兮

저녁에는 모래톱에서 숙망을 뜯으니 夕攬洲之宿莽

세월은 다함 없이 흐르며 日月忽其不淹兮

봄도 때가 차면 가을로 바뀌네. 春與秋其代序

초목이 말라 떨어짐을 보니 惟草木之零落兮

미인의 노년이 두렵도다. 恐美人之遲暮

……

아침에 창오를 떠나 朝發軔於蒼梧兮

저녁에 현포에 이르러 夕余至乎縣圃

이곳 영쇄에 잠시 머물려 하나 欲少留此靈瑣兮

날은 어느덧 저물려 하는구나. 日忽忽其將暮

나 희화에게 명하여 속도를 늦추고 吳令羲和弭節兮

엄자산을 바라보고 가까이 가지 말라 했네. 望崦嵫而勿迫

길은 까마득하고 먼데 路曼曼其脩遠兮

나는 위아래로 오르내리며 찾아다닌다. 吳將上下而求索

……

나이 더 늦기 전에 及年歲之未晏兮

계절 또한 다 가기 전에 時亦猶其未央

소쩍새 먼저 울까 두려워라. 恐鵜鴂之先鳴兮

저 온갖 풀들 향기 잃게 할까 봐. 使夫百草爲之不芳

이처럼《이소》에서 굴원이 세 번이나 되새김질할 만큼 시간을 아까워했던 이유는 무엇일까? 굴원의 자조 섞인 말을 들어보자.

너도나도 앞다퉈 탐욕을 부리니 眾皆競進以貪婪兮

가득 차도 만족 못 해 더 가지려 찾아 헤매네. 憑不厭乎求索

자기를 용서하듯 남을 헤아려야 함에도! 羌內恕己以量人兮

각자 마음속에 이는 건 질투로다. 各興心而嫉妒

바쁘게 달려나가 아귀다툼하는 것은 忽馳騖以追逐兮

내 마음에 절실한 바 아니니 非余心之所急

늙음이 서서히 다가오면 老冉冉其將至兮

훌륭한 이름 남기지 못할까 두렵네. 恐脩名之不立

저마다 권모술수로 사리사욕을 챙기느라 여념이 없을 때 굴원은 도리어 '훌륭한 이름' 남기기를 소망했다. 이 때문에 세월이 눈 깜짝할 새 흘러가고 노년이 성큼 다가왔을 때 훌륭한 이름 하나 남기지 못할까 하는 것이 그가 인생 말년에 품은 가장 큰 근심거리였다.

흥미로운 것은 한나라 사람 반고班固와 북조 사람 안지추顏之推는 이러한 굴원을 향해 '노재양기露才揚己', 즉 재능을 과시함으로써 자기를 높이려는 사람이라고 하며 깎아내렸다는 점이다. 한편 송나라의 홍흥조洪興祖는 오히려 이에 반박하여 '계집애 같은 편견'이라고 꼬집기도 했다. 반고와 안지추의 표현이 다소 비약이 심하기는 했지만 사실 굴원은 그들의 말대로 실제 '재능을 통해 자신을 드러냈던 사람'이었다.

그는 자신의 재능과 품성에 대해 강한 자신감을 가지고 있었다. 그의 붓끝에서 아름다운 사람 냄새가 뿜어져 나온다는 것은 곧 그가 아름다운 품성을 지녔음을 보여주기 때문이다. 굴원은 가끔 자기 자신을 '미인'에 빗대어 표현하기도 했는데 다음에서 그 부분을 엿볼 수 있다.

원망스러워라, 임의 분별없음이여. 怨靈修之浩蕩兮

끝내 백성의 마음 살피지 않으시니, 終不察夫民心

뭇 계집 내 아름다움 질투하여 衆女嫉余之蛾眉兮

날 음란하다고 헐뜯네. 謠諑謂余以善淫

- 《이소》

오직 아름다운 이를 홀로 그리워하며 惟佳人之獨懷兮

두약에 산초 꺾어 스스로 즐기노라. 折若椒以自處

거듭 훌쩍훌쩍 눈물로 탄식하며 曾歔欷之嗟嗟兮

홀로 숨어 깊은 상념에 젖는다. 獨隱伏而思慮

－《비회풍》

이처럼 굴원은 자기 자신을 미인에 투영하기도 했지만, 다음 작품에서 미인은 그가 찾아 헤매는 임 혹은 궁극의 이상향을 상징하기도 한다.

문득 나 춘궁(봄을 맡은 동쪽의 신이 머무는 궁)을 노닐며 溘吾遊此春宮兮

보석 같은 꽃가지 꺾어 노리개에 매니 折瓊枝以繼佩

화려한 꽃 시들기 전에 及榮華之未落兮

이 꽃을 바칠 하녀(신녀의 시녀)를 찾으리라. 相下女之可詒

나는 풍륭(벼락의 신)을 시켜 구름을 타고 吾令豐隆乘雲兮

복비(황하의 지류인 낙수의 여신) 있는 곳을 찾으라 하였고 求宓妃之所在

노리개 띠를 풀어 언약을 맺으며 解佩纕以結言兮

건수(중매 잘하던 여인)에게 중매를 서라 했네. 吾令蹇脩以爲理

－《이소》

아름다운 임을 그리네. 思美人兮

눈물을 훔치고 우두커니 서서 멀리 바라보나 擥涕而佇眙

중매도 끊기고 길도 막혀 媒絶路阻兮

말 맺어 전할 길 없구나. 言不可結而詒

이러지도 저러지도 못하는 괴로운 심정으로 蹇蹇之煩冤兮

수렁에 빠진 듯 헤어나지 못하네. 陷滯而不發

몇 날을 내 마음 전하려 하여도 申旦以舒中情兮

침울한 뜻 전할 수 없어라. 志沈菀而莫達

－《사미인思美人》

또한 굴원의 작품에서 향초는 주변에서 흔히 볼 수 있는 것들로 그 종류도 많다. 난, 신, 혜초, 창포, 수초, 구리대, 숙망, 국화, 나무뿌리, 폐려초, 균계, 호승, 연, 작약, 게차, 두형, 신초 등이 그것인데 후대 사람들이 굴원의 작품에 언급된 이들 초목을 논문의 과제로 삼기도 했을 정도로 그 종류도 많고 함축된 의미도 다양하다. 굴원은 이런 향초들을 허리에 차고 다니기를 좋아했다.

나무뿌리 캐내어 구리대 매고 攬木根以結茝兮

벽려의 떨어진 꽃술 꿰어서 貫薜荔之落蕊

균계를 들어 혜초를 엮노라 矯菌桂以紉蕙兮

호승으로 꼬아 길게 늘어뜨리네. 索胡繩之纚纚

－《이소》

또한 그는 향초를 음식 삼아 즐겨 먹기도 했다.

목란을 찧어 혜초를 다져 섞고 搗木蘭以矯蕙兮

신초를 빻아 양식으로 삼으며 春申椒以爲糧

수초와 국화도 심어 播江離與滋菊兮

봄에 먹을 향기로운 음식으로 삼으리라. 原春日以爲糧芳

　-《석송》

《이소》를 보면 굴원이 심지어 향초로 옷을 만들어 입기도 했음을 알
수 있다.

연잎으로 저고리 지어 입고 製芰荷以爲衣兮

연꽃을 모아 치마를 만든다. 集芙蓉以爲裳

나 알아주지 않아도 그 또한 그만인 것은 不吾知其亦已兮

참으로 내 마음이 향기롭기 때문이라. 苟余情其信芳

《상부인(湘夫人)》에는 굴원의 상상 속 신선이 향초가 가득한 곳에 살았
다고 나온다.

물속에 집 짓고 築室兮水中

연잎으로 지붕 덮어 葺之兮荷蓋

창포 벽 세우고 자줏빛 단 쌓아 蓀壁兮紫壇

향기로운 산초를 방 가득 뿌리리라. 播芳椒兮成堂

계수나무 기둥과 목란 서까래 桂棟兮蘭橑

신이 풀로 문미 삼고 구리대 잎으로 방 꾸미네. 辛夷楣兮藥房

폐려초로 장막을 짜고 罔薜荔兮爲帷

혜초 쪼개어 처마에 걸며 擗蕙櫋兮旣張

백옥으로 돗자리 누름돌 삼아 白玉兮爲鎭

석란으로 향기롭게 하리라. 疏石蘭兮爲芳

구리대 엮어 연잎 지붕을 이엉하고 芷葺兮荷屋

두형 풀로 그것을 묶는다. 繚之兮杜衡

온갖 풀 모아 뜰에 심어 合百草兮實庭

그 향기로 문과 방을 덮으리로다. 建芳馨兮廡門

그야말로 향기로운 꽃과 풀로 충만한 화원이 아닐 수 없다! 한편
《산귀山鬼》라는 작품에서는 미인과 향초가 만나 한데 어우러진 표현도
보인다.

사람이 있는 듯 없는 듯한 산모퉁이에서 若有人兮山之阿

벽려로 옷 입고 이끼로 띠를 둘렀네. 被薜荔兮帶女蘿

정겹게 바라보며 미소 짓는 것은 既含睇兮又宜笑

그대, 내 자태가 아름다움이라. 子慕予兮善窈窕

붉은 표범을 타고 얼룩무늬 삵을 따라가니 乘赤豹兮從文狸

목련 수레에 계수나무 깃발 메어 辛夷車兮結桂旗

석란으로 옷 입고 두형 띠 두르니 被石蘭兮帶杜衡

향기로운 꽃 꺾어 그리운 임 드리고파. 折芳馨兮遺所思

왕일은 "《이소》는 비유로 사람을 깨우치고 선조善鳥와 향초로 충정
을 표현했으며 영신靈神과 미인을 통해 군주를 향한 그리움을 드러냈
다"고 했다. 이는 틀린 말이 아니다. 더 정확하게 말하자면 굴원은 미
인과 향초를 통해 자신의 고결한 성품과 타고난 재능을 드러내고 싶어
했다고 할 수 있다. 다음의 시구에는 그의 의도가 더욱 분명하게 드러
난다.

혼탁한 세상에서도 삶을 고요케 하다 _ 굴원

나, 갓을 높이 우뚝 세우고 高余冠之岌岌兮

내 노리개 길게 늘어뜨리리. 長余佩之陸離

향기와 악취가 섞여 얽히어도 芳與澤其雜糅兮

오직 맑은 성품 이지러지지 않으리라. 唯昭質其猶未虧

- 《이소》

나 어려서부터 남다른 옷 좋아해 余幼好此奇服兮

늙어서도 여전히 변하지 않았네. 年旣老而不衰

길게 늘어진 칼을 차고 帶長鋏之陸離兮

아찔하게 높은 절운관을 썼으며 冠切雲之崔嵬

등에는 명월 박힌 옷 걸치고, 허리엔 아름다운 옥띠 둘렀도다. 被明月兮珮寶璐

세상이 혼탁하여 날 알아주지 않으니 世溷濁而莫余知兮

나 먼 곳으로 달려가 이 세상 돌아보지 않으리라. 吳方高馳而不顧

푸른 용과 흰 용 이끄는 수레 타고 駕青虯兮驂白螭

나는 순임금과 함께 옥으로 만든 동산에서 노니네. 吳與重華遊兮瑤之圃

- 《섭강》

　여기까지 읽고 나면 어찌 굴원이 반고가 말한 것처럼 '재능을 과시함으로써 자기를 드러내려는 사람'이 아니라고 하겠는가. 한편 생각해 보면 굴원에게는 이처럼 세상을 덮을 만한 능력이 있었는데 어째서 그 재능을 온전히 다 펴지 못했을까 하는 의문이 든다. 또한 그는 고아하고 훌륭한 인품을 지녔는데도 어째서 자신에 대한 고차원의 긍정, 그리고 마침내 자기 자신을 초월하는 단계로 승화하지 못한 채 자신을 죽음으로 내몰고 말았을까 하는 생각도 든다.

굴원의 인생 태도를 잘 살펴보면 그는 항상 모든 일에 분발하여 뭔가를 이뤄내고 적극적이며 진취적인 사람이었음을 알 수 있다. 회왕 재임 후기부터 경양왕에 이르는 시기, 초나라는 정치적 암흑기를 겪었다. 안으로는 문무 관리들이 국사에는 무관심한 채 향락과 안일만을 추구했고, 밖으로는 회왕이 진나라에 인질로 잡혀가는 등 주권이 흔들릴 정도의 치욕을 당했기 때문이다.

그러나 굴원은 불가능한 줄 알면서도 끊임없이 무언가를 시도하는 적극적인 태도로 위기 국면에서 초나라를 구하기 위해 온 힘을 기울였다. 또한 제나라와 연합하여 진나라에 대항하는 전략을 성공시키기 위해 온갖 고초를 겪으면서도 동분서주했고, 진나라의 간교한 계략을 무너뜨리기 위해서라면 설사 왕의 분노를 사더라도 끝까지 주장을 굽히지 않았으며, 수많은 모함과 공격 속에서도 처음 품었던 뜻을 결코 저버리지 않았다.

왕에게서 멀어져 좌천된 뒤 한북에서 강남으로 유배를 가면서 굴원의 처지는 갈수록 곤궁해졌고 앞날은 점점 아득해져 가는 것만 같았다. 장장 16년에 달하는 유배 기간, 나라에 충성하려 해도 길이 없었고 조국을 향해 품은 원대한 뜻은 이뤄질 길이 없었다. 절망과 외로움, 고통, 미래에 대한 막막함에 둘러싸여 그는 인생의 온갖 쓴맛을 보는 듯했다.

이처럼 정처 없이 떠돌며 고생했음에도, 그의 인생이 과연 의미 있는 삶이었다고 할 수 있을까? 그렇다. 분명 그러하다. 왜냐면 굴원은 처음 품었던 가치관과 뜻을 한 번도 포기한 적이 없고 고결한 품성을 끝까지 유지한, 강인한 의지의 소유자였기 때문이다. 그래서 그는 일

찍이 《이소》에서 세 군데에 걸쳐서 이 부분을 언급하며 강조하기도
했다.

> 또한 내 마음의 선함이여 亦余心之所善兮
>
> 아홉 번 죽더라도 후회하지 않으리. 雖九死其猶未悔
>
> ......
>
> 비록 내 몸 찢겨도 난 여전히 변하지 않으리니 雖體解吾猶未變兮
>
> 어찌 내 마음 징계할 수 있겠는가. 豈余心之可懲
>
> ......
>
> 내 몸 위태로워 곧 죽을지라도 阽余身而危死兮

굴원은 유배 생활을 하면서도 결코 허송세월하지 않았고 붓을 들어
조국과 백성을 향한 애끓는 사랑을 적어내려 마음에 품은 정치 이상과
꿈을 표현했다. 조정에서 쫓겨난 뒤 그는 초나라 종묘와 선왕의 사당
에서 벽에 그려진 천지와 산천을 비롯해 각종 신령과 성현의 인물 그
림 앞에 서서 마음의 말을 묻고 이를 《천문天問》이라는 작품으로 탄생
시켰다. 또한 각지를 돌며 민간에서 제사에서 부르는 노래를 듣고 윤
색하여 《구가九歌》를 지었다.

초 회왕이 진나라에서 죽어 시신이 되어 돌아오자 굴원은 그의 영혼
이 타국을 떠돌까 염려하여 《초혼招魂》이라는 작품을 지어 회왕을 애
도했다. 굴원이 자신의 생애와 심정을 담아 탄생시킨 작품은 이 밖에
도 수없이 많다. 처음 한북으로 유배되었을 때 지은 《추사》, 초나라 도
읍인 영도를 나와 남쪽으로 가면서 지은 《애영》, 원상 지역으로 유배
된 뒤 강을 건너며 쓴 《섭강》, 마음의 말을 점치며 물은 《복거卜居》, 투

신을 결심한 뒤 쓴《회사》라는 시가 그것이다. 그러나 무엇보다 압권인 것은 그의 전 생애를 걸쳐 온 힘을 쏟아 탄생시킨 불후의 명작《이소》라고 할 수 있다.

《이소》가 탄생한 정확한 시기는 알 수 없지만 굴원의 인생철학과 고민이 성숙해진 만년에 지은 것이 분명하다.《이소》는 중국 문화사에서 전무후무한 웅장하고 위대한 시편이자 중국 시가 역사에서 영원히 남을 걸작이라 할 만하다. 그는 한 사람의 힘으로 후일《시경》과 함께 중국 시가 역사를 떠받치는 두 기둥 중 하나인 초사라는 영역을 개척한 저력을 보였다. 이는 중국 문화사를 통틀어 대단한 혁명이자 엄청난 공헌이 아닐 수 없다.《좌전》〈양공 24년〉에 보면 굴원이 세상을 떠나기 289년 전에 숙손표叔孫豹가 이렇게 말했다고 한다.

> "가장 뛰어난 것은 덕을 세우는 일이고 그다음으로는 공을 이루는 것이며 마지막으로는 말을 세우는 일이다. 비록 오래되어도 없어지지 않으니 이것을 일컬어 '썩지 않는다'라고 한다."

굴원은 적절한 때를 만나지 못해 공을 이루지는 못했지만 덕과 말을 세우는 두 가지 부분에서 탁월하고도 썩지 않을 유산을 남겼다. 특히 그의 초사에 깃든 고결한 감정은 수천 년을 이어오며 뜻있는 선비들의 마음을 설레게 하였으며, 그의 경이롭고 다채로운 표현들은 후대 시인들에게 마르지 않는 영감의 원천이 되어주었다. 말을 세우는 일은 이렇듯 천 년이 지나도 변함이 없는 불후의 공이라고 할 만하다. 굴원은 이처럼 강건하고도 적극적인 정신으로 삶을 대했으며, 그의 적극적인 행동이 있었기에 그의 삶은 충실하고도 빛이 났다.

그렇다면 이토록 삶을 사랑했던 굴원이 멱라수에 투신하여 삶을 스스로 마감할 수밖에 없었던 이유는 무엇일까? 오랫동안 후대인의 가슴에 먹먹함으로 남은 이 문제에 대해서는 그 관심만큼이나 다양한 의견과 해석이 쏟아져 나왔다. 그중 가장 유력한 견해로는 조국을 위해 목숨을 바쳤다는 '순국殉國'과 도를 위해 목숨을 바쳤다는 '순도殉道'를 들 수 있다. 나는 후자에 동의하는 편이지만 내가 말하는 '도道'는 주로 삶에 대한 신념을 말하는 것이지 학계에서 말하는 도덕이나 이성에 관한 통설과는 거리가 멀다.[23]

한편 굴원과 거의 동시대 혹은 조금 앞선 시대를 살았던 사상가가 있는데, 바로 장자다. 장자도 삶과 죽음에 관한 주제를 다루기 좋아하는 사상가여서 굴원이 그의 영향을 받았는지 아닌지가 궁금하지만, 현재로서는 장자와 그 둘 사이에 교류가 있었는지에 대한 명확한 증거는 없다. 하물며 장자는 《장자》〈추수〉에서 "죽은 지 삼천 년이 된 거북 박제로 사느니 차라리 진흙 속에서 꼬리를 끌며 사는 게 낫다"라고 할 정도도 속세를 거부했기에 치열하고 적극적으로 현재의 삶을 살았던 굴원이 그의 가치관에 동의했을 가능성은 적다.

유가에서는 생사의 문제를 주요하게 다루지는 않는다. 그렇지만 굳이 찾자면 공자는 《논어》〈위령공衛靈公〉에서 "뜻이 있는 선비와 어진 사람은 인을 버리면서까지 살기를 구하지 않으며 오히려 자신을 죽이면서까지 인을 이룬다"라고 했다. 또한 맹자는 《맹자》〈고자상告子上〉에서 "삶도 내가 원하는 것이고 의義 또한 내가 바라는 바이지만, 이 두 가지를 다 가질 수 없다면 삶을 버리고 의를 취하겠다"라고 했다. 그런 면에서 굴원이 품었던 가치관과 생사관은 공자, 맹자와 일맥상통하는 점이 있다. 《이소》의 다음 구절을 보면 그가 선조들의 생사관에 동의했음을 알 수 있다.

맑고 깨끗한 것에 머리 숙이고 바르게 살다 죽음은 伏淸白以死直兮
진실로 옛 성인의 지극한 바라. 固前聖之所厚

그는 또한 《국상國殤》에서 다음처럼 노래했는데, 이를 통해 그가 영웅들이 품었던 장렬한 뜻과 마지막 순간을 찬양했음을 엿볼 수 있다.

몸은 이미 죽었어도 정신은 살아 있어 身旣死兮神以靈
그대는 혼백이 되어서도 뭇 영혼의 영웅이 되리라. 魂魄毅兮为鬼雄

또한 굴원은 범속한 삶을 거부할 것임을 여러 작품에서 드러냈다. 이는 《회사》와 《어부》에서 가장 극명하게 나타난다.

세상이 혼탁하여 날 알아주지 아니하니 世溷濁莫吾知
내 마음 말해 무엇하랴. 人心不可謂兮
죽는 것을 피할 수 없을 바에는 知死不可讓
이 한 목숨 아끼지 아니하리라. 願勿愛兮
- 《회사》

차라리 상강에 뛰어들어 寧赴湘流
물고기 뱃속에 장사지내리라. 葬於江魚之腹中
어찌 희고 결백한 몸에 安能以皓皓之白
세속의 티끌을 덮어쓰리오. 而蒙世俗之塵埃乎

혼탁한 세상에서도 삶을 고요케 하다 - 굴원

-《어부》

　굴원은 세속의 먼지에 자신의 고결한 품성이 더럽혀지는 것을 원치 않았고, 구차하고 졸렬하게 삶으로써 인생의 아름다움을 손상시키고 싶어 하지 않았다. 그래서 고귀한 모습으로 멱라수에 몸을 던지던 순간에도 생명의 존엄을 지켰고, 그것으로 죽음을 초월하려는 의지를 보였다. 멱라수에서 그의 육체적 생명은 끝이 났지만 정신적인 생명은 승화하여 그의 삶 전체를 통해 생명의 송가가 울려 퍼지게 했다. 이로써 굴원의 죽음은 세속을 초월하여 영원의 삶을 얻었다는 데 의의가 있다. 그가 남긴 작품과 그의 인생은 삶을 향한 송가라고 할 수 있으며, 더없이 아름답고 때론 서글프며 장렬하기까지 하다.《구가》의 마지막 곡인《예혼禮魂》을 감상해보자.

　　제사를 마치고 북을 울리니 成禮兮會鼓
　　손에 든 꽃을 주고받으며 춤을 추기 시작하네. 傳芭兮代舞
　　아름다운 여인 천천히 엄숙하게 노래함이여 姱女倡兮容與
　　봄 제사에는 난꽃을 가을 제사에는 국화를 건넨다. 春蘭兮秋菊
　　예부터 선조를 향한 제사는 끝이 없어라. 長無絕兮終古

삶은 끝나도
시는 남아 있다

●

굴원은 생전에 늘 깊은 고독과 적막을 느꼈다. 아무리 재능이 탁월해도 알아주는 이 없고 멀리 보는 안목도 인정받지 못했으며, 마음에 품은 아름다운 그의 정치 이상에 동의하는 이도 없었다. 초 회왕은 일찍이 굴원을 등용했지만 오래지 않아 간신배들의 참소에 판단력을 잃고 그를 내치고 말았다. 그리고 회왕의 뒤를 이은 경양왕 역시 왕위 계승 직후부터 줄곧 굴원에게 적의를 품었다.

조정에는 영윤 자란을 비롯해서 상관대부 근상靳尙 등 굴원의 재능과 고아한 품성을 질투한 소인배들이 호시탐탐 굴원을 쫓아낼 방법을 궁리했다. 심지어 굴원의 가족들조차 그가 고집스럽게 자기 길만 걷는 것을 이해하지 못해《이소》에서 다음과 같이 조언할 정도였다.

많은 사람 일일이 설득할 수 없으니 衆不可戶說兮

누가 내 마음 알아줄까. 孰云察余之中情

세상은 온통 패 가르길 즐기는데 世並擧而好朋兮

외로움 어찌하려고 내 말을 듣지 아니하는고. 夫何煢獨而不予聽

굴원은 고립무원으로 지내다 참소하는 무리에 의해 누명을 쓴 채 《석송》에 이런 글을 남겼다.

빈번하게 허물을 뒤집어쓰고 비방을 받게 되니 紛逢尤以離謗兮

아! 억울함 풀 길이 없구나. 蹇不可釋

속마음이 눌려 펴지질 않고 情沈抑而不達兮

그 또한 가려져 확실히 알 수 없도다. 又蔽而莫之白

마음이 울적하게 있으니 心鬱邑余侘傺兮

나 또한 내 속마음을 알 수 없구나. 又莫察余之中情

참으로 번잡한 말, 맺어 드러낼 수 없고 固煩言不可結詒兮

바라건대 뜻을 전달하고자 하나 길이 없도다. 願陳志而無路

어쩔 수 없이 그는 옛 성현이 갔던 길을 인용하여 자신이 처한 상황을 표현했다.

요임금 순임금의 고결한 품행은 堯舜之抗行兮

너무도 높고 맑아서 하늘에 닿았도다. 瞭杳杳而薄天

참소하는 무리의 질투가 심하여 衆讒人之嫉妒兮

자애롭지 않은 거짓 명분을 내가 뒤집어썼구나. 被以不慈之僞名

충신이라고 반드시 등용되는 법 없고 忠不必用兮

어질다고 반드시 기용되는 건 아니로구나. 賢不必以

오자서는 재앙을 당했고 伍子逢殃兮

비간은 죽어서 소금에 절여졌도다. 比干菹醢

옛적부터 다 그러했는데 與前世而皆然兮

나 어찌 오늘날 남을 원망하리오. 吳又何怨乎今之人

나는 바른길을 따라가길 주저하지 않으리라. 余將董道而不豫兮

거듭 어두운 세상을 만나 이 한 목숨을 마치리. 固將重昏而終身

-《섭강》

심지어 그는 시공을 거슬러 올라가 고대의 명군을 만나 애타는 충절을 토로하는 장면을《이소》에서 다음과 같이 몽환적으로 묘사하기도 했다.

옛 성인 따라 절개를 지켜 바르게 행하면 依前聖以節中兮

아, 마음 가는 대로 이 세상 다니면서 喟憑心而歷玆

원강과 상강 건너 남으로 내려가 濟沅湘以南征兮

순임금께 나아가 말씀 올리리라. 就重華而陳辭詞

또한《석송》에서는 그가 가끔 하늘을 향해 맹세하기도 했음이 드러난다.

지난날의 슬픔을 애도하니 속이 상하고, 惜誦以致愍兮

분이 나서 속마음을 다 펼쳐 보이니 發憤以抒情

내가 한 일이 충성스러웠다는 것을 所作忠而言之兮

푸른 하늘을 가리켜 맹세할 수 있도다. 指蒼天以爲正

　　사마천은 《사기》 〈굴원열전〉에서 "사람은 궁해지면 근본으로 돌아가는 법이고 어려움이 극에 달하면 하늘을 찾지 않는 이가 없다"라고 했는데, 이는 굴원을 깊이 이해한 데서 나온 정확한 해석이 아닐 수 없다. 이처럼 굴원의 전 작품은 농후한 애절함으로 가득 차 있고 고독하고 적막하며 고뇌하는 심정이 그대로 묻어난다.

나 거듭 흐느끼며 가슴 멘다. 曾歔欷余鬱邑兮

때를 못 만나 슬퍼하고 哀朕時之不當

두약과 혜초 뜯어 흐르는 눈물을 닦아내도 攬茹蕙以掩涕兮

흐르는 눈물 내 옷깃 적시네. 霑余襟之浪浪

- 《이소》

마음이 울적하고 답답하여 근심에 잠기고 心鬱鬱之憂思兮

홀로 깊이 탄식하니 슬픔만 더하는구나. 獨永歎乎增傷

심사가 뒤틀려 풀리지 않는데 思蹇産之不釋兮

바야흐로 밤만 깊어가는구나. 曼遭夜之方長

- 《추사》

　　비록 《구가》가 신에게 제사를 드릴 때 부르던 제사 음악이었다고 하더라도 그 안에 녹아 있는 고독감이나 적막감은 지금도 생생하게 느껴진다.《구가》의 하나인《상부인》의 한 소절을 감상해보자.

원강에는 백지가 예강에는 난초가 沅有茞兮醴有蘭

임 그리워도 감히 말 못 하고 思公子兮未敢言

황홀함에 멀리 바라보면 荒忽兮遠望

잔잔히 흐르는 물만 보입니다. 觀流水兮潺湲

－《상부인》

천둥소리 쾅쾅 울리고 비 세차게 내려 어두워지는데 雷填填兮雨冥冥

원숭이 떼 끽끽 한밤중에 울고 猨啾啾兮狖夜鳴

바람이 쉭쉭 불어 나뭇잎 쓸쓸히 흩어지니 風颯颯兮木蕭蕭

그대 생각에 공연히 슬픔에 젖는구나. 思公子兮徒離憂

－《산귀》

　　주희는《초사변증楚辭辨證》에서 "이는 어쩌면 여자 무당이 남자 신을 받아들이거나 남자 무당이 여자 신을 만나는 장면이다"라고 해석했다. 즉, 제사 대상인 신령과 제사를 주최하는 무술인 사이를 남녀 관계로 묘사하고 서로 그리워하는 정을 표현했다는 말이다. 그러나 글자 하나하나와 행간을 잘 살펴보면 굴원 본인의 심정, 즉 믿었으나 의심받고 충절을 바쳤으나 비방당하는 것에 대한 고통과 고독감이 처절하게 묻어난다. 그렇지 않고서야 제사의식에 쓰인 노래가 어찌 이렇게 깊은 우울감과 속을 새까맣게 태울 정도의 비탄으로 가득 찰 수 있겠는가?

굴원의 처지는 사후에도 한동안 적막하고 처량했다. 그가 멱라수에 몸을 던진 사건은 진나라 이전 시대 고서에는 어디에도 그 기록이 없고, 경양왕과 영윤 자란 등이 이 사건을 접하고 다행스럽게 여겼는지 혹은 자살 소식을 전혀 듣지 못했는지도 알 길이 없다. 그러나 역사는 끝내 굴원의 비탄에 찬 울부짖음에 회답한다. 굴원이 멱라수에 몸을 던진 지 108년이 지난 후 가의가 상수湘水를 지나며 굴원이 몸을 던진 곳에서 다음처럼《조굴원부弔屈原賦》를 짓는다.

삼가 천자의 은혜를 입어 恭承嘉惠兮

장사에서 죄를 기다리게 되었도다. 俟罪長沙

어렴풋이 듣건대 옛적 굴원은 側聞屈原兮

멱라수에 몸을 던져 죽었다 하는데 自沈汨羅

나 이제 상수의 흐름에 기탁하여 造托湘流兮

삼가 선생을 조문하노라. 敬弔先生

선생은 실로 무도한 세상 만나 遭世罔極兮

스스로 벽라에 몸 던졌으니 乃殞厥身

아, 슬프도다! 嗚呼哀哉

때를 만남이 상서롭지 못함이여. 逢時不祥

난새와 봉황새는 숨어 피해버리고, 鸞鳳伏竄兮

부엉이와 올빼미가 날뛰는구나. 鴟鴞翱翔

어리석고 되먹지 못한 소인배가 존귀해지고 闒茸尊顯兮

아첨하는 자들이 뜻을 얻었네. 讒諛得志

성현은 정도를 따르지 않아 초야에 묻히고 賢聖逆曳兮

단정하고 바른 사람도 정당한 위치에 서지 못하는 거꾸로 된 세상이다.

方正倒植

은의 어진 사람 변수와 백이를 세상은 더럽다 하고 謂隨夷溷兮

노의 도척과 초의 장교는 옛적 큰 도둑이되 청렴하다 하며 謂跖蹻廉

막야 같은 명검을 무디다 하고 莫耶爲鈍兮

납으로 만든 칼을 예리하다 하는구나. 鉛刀爲銛

아, 뜻을 얻지 못해도 묵묵하게 견뎠으나 于嗟黙黙

선생은 까닭 없이 화를 당하였도다. 生之亡故兮

주나라의 정(제사의식 등에 쓰이던 솥 모양의 기물)을 내버리고, 斡棄周鼎

흙으로 빚은 항아리를 보배로 여기는 꼴이네. 寶康瓠兮

지친 소에게 멍에를 지우고 騰駕罷牛

절름발이 노새를 준마라 함과 같음이로다. 驂蹇驢兮

준마는 두 귀를 늘어뜨린 채 驥垂兩耳

소금 수레나 끌어야 하리라. 服鹽車兮

장보(학자들이 머리에 쓰던 관)가 발밑에 깔려 신발로 쓰임이니 章甫薦屨

그 같은 처지에 오래 머무를 수 없도다. 漸不可久矣

아! 고달파라. 선생이시여 嗟苦先生兮

홀로 더러움을 당하셨구나! 獨離此咎

가의는 재능으로 보나 상수 근처로 귀양을 가게 된 배경으로 보나 굴원과 비슷한 점이 많았다. 그래서 《사기》에서도 굴원과 함께 전해지게 되었다. 가의가 굴원을 향해 조의를 표한 것은 소위 재능과 환경이 비슷한 사람끼리 서로의 심정을 알아주며 안타까움을 실어 한 일이라고 볼 수 있다. 그때 이후 상수 근처에 이를 때마다 굴원을 애도하여 시 등을 짓는 일은 후대 수많은 시인과 문인에게 하나의 전통처럼 이

혼탁한 세상에서도 삶을 고요케 하다 _ 굴원

어져 내려왔다. 사마천도 《사기》 〈굴원열전〉에서 "나는 《이소》, 《천문》, 《초혼》, 《애영》을 읽고 굴원의 심정에 공감하여 슬퍼하였다. 장사長沙에 이르러서는 그가 빠져 죽은 강을 바라보며 눈물을 흘리지 않을 수 없었고 그 사람됨에 깊은 상념에 잠겼다"라고 써서 애도하기도 했다. 당나라 유종원柳宗元은 《조굴원문弔屈原文》에서 이렇게 애도한다.

선생께서 세상을 떠나신 지 대략 천 년이 되어 後先生蓋千祀兮

제가 다시 쫓겨나 상수를 떠돕니다. 余再逐而浮湘

선생께서 투신한 멱라수를 찾아 求先生之汩羅兮

족두리풀 꺾어 들고 그 향기를 바치오니 攬蘅若以薦芳

바라건대 황홀 간에 제 마음 돌아보시고 願荒忽之顧懷兮

드리는 말씀 이해하여주십시오. 冀陳詞而有光

중당 시기 과거시험 역사에서 파천황破天荒의 전설을 남겼던 형주荊州의 유세劉蛻라는 이도 상수 근처 굴원이 자결한 곳에 이르러서는 마치 굴원의 그림자를 보기라도 한 듯 다음의 《조굴원사弔屈原辭》를 지어 그를 안타까워했다.

바람 잔잔하고 보슬비 내리더니 이내 상강의 파도 높아라. 風軟雨絲兮湘波高

구름 덮여 대숲도 캄캄하니 귀신조차 근심하게 하는구나. 雲昏竹暗兮鬼神愁

저 멀리 펼쳐진 노을 배경 삼아 새가 돛에 내려와 앉았네. 遠霞開兮鳥帆隨

푸른 강 잔잔해져 귀항선 이동하니 碧江平兮歸棹移

무지개로 띠를 띠고 구름으로 옷 지어 帶隱虹兮衣凝雲

벽려와 강리로 몸을 두르네. 披薜荔兮扈江蘺

명나라 왕수인王守仁은 굴원이 죽은 상강을 건너면서 쓸쓸하고 처량한 밤 경치를 보고《조굴평부弔屈平賦》를 남겼다.

산은 어둑하고 밤 맞은 강에는 파도가 이는데 山黯慘兮江夜波
쉭쉭 불어대는 바람에 나뭇가지조차 떨어지는구나. 風飀飀兮木落森柯
세찬 물살에 떠내려가니 어디에 정박할꼬. 泛中流兮焉泊
맑은 산초 술로 상강의 죽음을 위로하노라. 湛椒醑兮吊湘纍

이처럼 수많은 문인이 상강 변에 이르면 굴원의 재능과 성품을 앙망하고 그의 심정에 공감하니 '상루湘纍', 즉 상강의 억울한 죽음이라는 단어가 탄생하여 굴원의 억울한 죽음을 대신하는 단어로 통용되기에 이르렀다.

민간의 백성들 또한 굴원을 향한 사랑과 애도가 문인들 못지않았다. 초나라 백성들은 독특한 방식으로 자신들이 아끼고 공경하는 시인들을 기념했다. 첫째가 '용주경도龍舟競渡', 즉 용의 머리로 장식된 배를 타고 상대편 배와 경합하는 것이고, 둘째가 '각서角黍', 즉 대나무나 갈대의 잎으로 찹쌀을 싸서 찐 음식을 만드는 것이다. 용주경도에 대한 기록은 남북조 시대 양나라 사람 종름宗懍이 편찬한《형초세시기荊楚歲時記》에 최초로 언급되어 있는데, "5월 5일에는 멱라수에 몸 던진 굴원의 죽음을 애도하고 그를 구하는 행위를 상징하여 배로 경합한다"라고 했다.

당나라 초기 사람이 편찬한《수서隋書》〈지리지地理志〉에는 이날에 대해 더욱 상세하게 설명되어 있다.

혼탁한 세상에서도 삶을 고요케 하다 - 굴원

"굴원이 5월에 멱라수에 빠져 죽었는데 지역 백성들이 동정호를 뒤져 그 시신을 찾으려 했으나 찾을 수 없었다. 호수는 큰데 배가 작아 돌아올 길이 막막해지자 '어떻게 강을 건널꼬!'라고 외치며 노를 두드리면서 경합하듯 돌아왔다. 이것이 지금까지 이어져 내려와 경합 형태의 전통이 되었다. 빠르게 경합함과 뱃노래가 울려 퍼져 물과 육지가 진동하자 관람하는 이들이 구름처럼 몰려들어 지역 전체가 떠들썩했다. 남군南郡과 양양襄陽이 특히 더욱 그러했다."

또한 양나라 오균鳴均이 쓴 《속제해기續齊諧記》에는 이런 기록도 전해져 온다.

"굴원이 5월 5일 멱라수에 투신하여 죽자 초나라 사람은 이를 애도하여 이날만 되면 대나무 통에 찹쌀을 담아 물에 던져 그를 제사했다. 후한 광무제 때 장사 사람인 구곡區曲이란 자에게 한 선비가 나타나 스스로 '삼려대부'라고 칭하고 이렇게 말했다. '그대가 나를 제사하는 것은 감사한 일이나 매년 교룡蛟龍이 제물을 빼앗아 먹으니 구슬나무 잎에 싸서 오색실로 묶어 던져주었으면 좋겠소. 이것은 모두 교룡이 꺼리는 것이오.' 구곡이 이를 이상히 여겨 그대로 하였고 그 후 사람들은 이를 풍속으로 삼아 단오가 되면 나뭇잎 따위에 음식을 싸서 오색실로 묶은 뒤 물에 던지게 되었다."

이와 같은 전통이 문자로 기록되기 시작한 것은 비교적 뒤늦은 시기지만, 이러한 풍속이 처음 생기고 유행하게 된 것은 훨씬 이전의 일이다. 예컨대 용머리 배 경합과 각서를 물에 던지는 등의 풍속은 이미 남북조 시대부터 고전에 그 기록이 나타나는데, 아마도 그 이전부터 풍속으로 유행했던 것으로 보인다.

한나라 초기 가의가 《조굴원부》에서 "어렴풋이 듣건대 옛적 굴원은 멱라수에 몸을 던져 죽었다 한다"라고 한 것을 보면 벌써 한나라 초기부터 장사 지역 일대에는 굴원의 이야기가 전설처럼 전해져왔음을 알 수 있다. 사실 그때는 시기적으로 굴원 사후 100여 년이 채 되지 않은 때라 굴원의 죽음이 당시 사람들에게 얼마나 큰 충격과 슬픔을 안겨줬으며, 그의 영향력이 또 얼마나 컸는지 짐작할 수 있다.

초나라 회왕이 타국에서 죽어 초나라에 시신으로 돌아왔을 때 초나라 백성들은 "마치 친척이 죽은 것처럼 모두 회왕을 애도했다"라는 기록이 있다. 하물며 충절과 애국으로 평생을 바친 굴원이 죄 없이 억울하게 죽었는데 그 슬픔이 얼마나 컸겠는가? 당시 초나라 지역에는 무속 행위가 성행했다. 《초혼》, 《대초大招》 같은 작품만 보더라도 초혼의 형태로 망자를 위로하는 의식이 유행했음을 엿볼 수 있다. 예컨대 초나라 회왕의 넋을 기리며 굴원이 쓴 《초혼》에서는 다음과 같은 구절이 나온다.

> 강은 깊고 푸르고 강변에 단풍나무 그득하여 湛湛江水兮上有楓
> 눈 들어 멀리 바라보니 봄 색은 사라지고 없구나. 目極千裏傷春心
> 혼이 되어 돌아와 강남을 애도하리라! 魂兮歸來哀江南

이는 용머리 배 경합에서 참여자들이 부르는 '어떻게 강을 건널꼬!'라는 외침과 같은 형태로 비탄을 표현하는 말이다. 천고의 세월이 흘러도 마치 가까이서 직접 귀로 듣는 것처럼 생생하다. 굴원 사후 오래

혼탁한 세상에서도 삶을 고요케 하다 - 굴원

지 않아, 가장 먼저 한나라 시대에 초나라 문화가 부흥기를 맞았고 용머리 배 경합과 물에 각서 던지기 등의 풍속이 이미 생겨났다. 초나라 문화가 유행하면서 한고조도 초나라 음악을 즐겨 들었고 무제 역시 초사를 좋아해 주매신朱買臣, 엄조嚴助 등 초사에 능통한 사람을 관리로 임용하기도 했다. 초사가 유행하면서 사람들이 굴원을 더욱 연구하고 아끼게 되었음은 당연한 일이다. 회남淮南 지역의 봉토 왕이었던 유안劉安은 한 무제의 명을 받들어 《이소전離騷傳》[24]을 짓고 굴원의 인격을 높이 평가하기도 했다.

그 뜻 고결하여 향기롭다 할 만하고 其誌潔故其稱物芳

그 행위 청렴하여 죽어서도 아첨하지 않네. 其行廉故死而不容

스스로 탁한 곳을 멀리하니 自疏濯淖污泥之中

마치 매미가 오물 속에서 허물을 벗어내며 새롭게 태어나듯 蟬蛻於濁穢

세상의 먼지 구덩이 밖으로 헤엄쳐 나와 以浮遊塵埃之外

더러운 세속의 때에 물들지 않았도다. 不獲世之滋垢

그는 청렴하고 고결하여 진흙 속에서도 물들지 않았으니 皭然泥而不滓者也

이에 그의 지조를 추측해본다면 推此誌也

가히 해와 달과도 빛을 다툴 만한 사람이로다. 雖與日月爭光可也

사료에 따르면 《이소전》은 유안이 한 무제의 명을 받은 지 반나절도 되지 않아 완성한 것이라 한다. 그렇게 빠른 속도로 글을 완성할 수 있었던 것은 아마도 유안이 평소 굴원을 흠모하여 원래부터 가슴에 담아두었던 말을 어렵지 않게 꺼낸 것이거나, 이것이 당시 유행했던 일반적인 관점이었기에 쉽사리 써내려갔던 게 아니었나 하는 의견이다.

'윗사람이 좋아하는 것이 있으면 아랫사람은 더욱 좋아하게 마련이다'라는 말이 있듯이 상류 사회에서 굴원을 흠모하는 경향이 있었다면 이는 필연적으로 일반 백성에게도 영향을 미쳤으리라. 그래서 용머리 배 경합이나 물에 각서 던지기 같은 풍속이 초나라 때부터 이어져 내려온 것이다. 당나라 사람 유속劉餗은 《수당가화隋唐嘉話》하편에서 이렇게 말했다.

> "민간에서는 5월 5일 용머리 배 경합이 이뤄졌는데 양주襄州 이남에서 가는 곳마다 전통이 되었다. 굴원이 처음 멱라수에 뛰어들었을 때 그 고향 사람들은 그를 구하고자 앞다투어 배를 띄웠는데, 훗날 이것이 경기로 발전하였다."

당나라 때인 793년에 맹교孟郊는 멱라수를 건너며 굴원의 죽음을 애도하여 《여차상원유회영균旅次湘沅有懷靈均》을 썼다. 그 글에서 "민간의 풍속을 돌아보니 각서를 물에 던져 오랜 세월 제사하며 애도하는 곳이 여러 곳에 달했다"라고 하여 굴원과 관련하여 생겨난 풍속을 언급하기도 했다. 이를 통해 5월 5일 각서를 강에 던져 굴원을 제사하는 풍속이 중당 시기에 이미 전국 각지로 전파되었음을 알 수 있다.

용머리 배 경합이나 각서의 변형된 음식인 쭝즈粽子 만들기는 오늘날 단오절의 대표적인 풍속으로 자리 잡았다. 사실 단오라는 절기는 굴원 이전에 탄생했고 용머리 배나 각서도 오래전부터 있었던 것이다. 그런데 굴원이 멱라수에 몸을 던진 이후 사람들이 그를 기려 5월 5일에 특별한 의미를 부여한 셈이다. 따라서 용머리 배 경합이나 강에 각서 던지기 풍속이 처음 문자로 기록된 시점부터는 적어도 이런 행위를 굴원을 기념하는 풍속과 연관 지어 설명할 수 있다는 말이 된다. 그래서 음력 5월 5일은 두 가지 의미, 즉 절기상 단오절이라는 점과 문화적 의의에서 굴원을 기념하는 날이라는 의미를 지닌다.

2005년에는 단오절 무렵에 굴원을 기념하는 큰 행사가 열렸다. 목선 하나가 굴원의 고향인 쯔구이秭歸를 출발해서 장강을 따라 흐르다가 동정호洞庭湖를 지난다. 이때 사람들이 기증한 쭝즈를 비롯하여 굴원을 향한 애도문을 모아 멱라 강변에 도착한 뒤, 쭝즈를 푸른 강에 던지고 시문을 태우는 행사를 시연한 것이다. 그리고 음력 5월 5일 단오절 당일이 되자 멱라 강변에서는 웅대한 굴원 추모의식이 열렸다. 30여만 명의 인파가 몰린 가운데 위광쭝余光中이 자신이 지은 애도문 《멱라강신汨羅江神》을 낭독하기도 했다.

열사의 끝은 시인의 시작이라 했던가! 烈士的終點就是詩人的起點

옛적 그댄 하늘에 물었고 오늘 그댄 강에 물으나 昔日你問天今日我問河

강은 답이 없고 슬픈 바람만 물 위를 스치네. 而河不答只水面吹來悲風

유유히 서쪽으로 흐르는 것, 그 이름 변함없는 멱라수. 悠悠西去依然是汨羅

그 낭랑한 낭독 소리가 강바람에 흩어지는 것이 마치 굴원의 고독한 슬픔이 2,300여 년 전 시간의 벽에 부딪혀 되돌아오는 메아리 소리만 같았다. 당나라 시인 이백도 《강상음江上吟》에서 굴원을 추모했다.

굴원의 작품은 지금까지 남아 해와 달과 함께 영원하지만 屈平辭賦懸日月

초나라 왕이 세운 누대는 사라지고 없다네. 楚王臺榭空山丘

한때 대단한 권세를 누렸던 초나라 경양왕도, 영윤 자란도 지금은 어디 갔는가? 천하를 호령하던 진나라 황제도, 장의도 모두 어디 가고 없는가? 오직 굴원만이 영원히 우리의 가슴에 남아 살아 숨 쉬는 건 그의 썩지 않는 불멸의 작품 덕이다. 진정한 시인은 죽지 않듯이 굴원의 삶 또한 그의 작품과 함께 유구한 장강의 물줄기처럼 역사에 길이 남아 영생할 것이다.

5

언제나 조화 속에서 방법을 찾다

·

신기질

현실 너머가 보이면
두려움이 사라진다

●

신기질은 어릴 적부터 경전에 능통하고 시문을 잘 썼으며 병서와 무예에도 탁월함을 보였다. 그는 문무가 조화를 이룬 특수한 가정교육 덕분에 당시 송대 문단에서 자주 볼 수 있던 소위 "손에 닭 한 마리 붙들 힘도 없는 나약한 서생"이 아니라 장대한 뜻과 안목을 갖춘 장수로 성장할 수 있었다.

1162년에 금나라 해릉왕 완안량完顏亮이 송나라를 치고 남하하여 중원 지역을 함락했다. 당시 신기질도 스물두 살의 나이로 2,000여 명을 모아 봉기하여 훗날 경경耿京이 이끄는 의군에 합류한다. 경경의 의군은 농민 위주였기 때문에 신기질과 같은 청년 문인이 온 것을 무척 기뻐하며 그에게 장서기掌書記직을 맡겼다. 한편 의단義端이라고 불리는 승려 한 명이 1,000여 명을 규합하여 봉기했다가 신기질의 권유를 받아들여 경경의 의군에 합류한다. 그런데 얼마 후 의단은 다른 마음을 품고 신기질에게서 군의 인장을 훔쳐 금나라 진영으로 달아나고 만다. 그때 신기질은 직접 군대를 이끌고 밤새 쫓아가 그 자리에서 의단의 목을 베어 군의 인장을 되찾아 왔다. 신기질이 맡은 장서기는 본래 군 내 격문이나 공문을 관리하는 직책이었지만, 그는 문서의 초안만 잡는 서생 노릇만 한 게 아니라 이처럼 직접 말을 달려 역적을 토벌하는 일도 병행할 수 있는 인재였던 것이다.

이런 신기질의 기상에 대해 홍매洪邁는 《가헌기稼軒記》에서 "그 위엄과 기세가 장대하고 비장하여 비겁한 자들조차 무척 고무되었다"라고 칭송하기도 했다.

남송에 귀의한 뒤 신기질은 강음군江陰軍 감판으로 임명되는데 이때부터 남송에서의 관직 생활이 시작된다. 오래지 않아 송 고종을 대신해서 효종이 새 황제로 즉위하게 되고 효종은 즉위 후 주전파主戰派인 장준張浚을 추밀사樞密使로 임명한다. 이 일을 전해 들은 신기질은 바로 건강으로 달려가 장준을 만나보고 그 앞에서 금나라를 멸할 계책을 논한다.

1164년 신기질은 광덕군廣德軍 통판으로 임명되는데 통판직은 그렇게 높은 관직이라고 볼 수 없었다. 그런데도 신기질은 자신의 직위가 보잘것없음을 개의치 않고 효종에게 《미근십론美芹十論》이라는 제목의 상소를 올린다. '십론'은 열 가지 책략을 말하는데 앞 세 편의 논문에서는 적진 내부의 모순과 폐단을 논하였고, 뒤 일곱 편에서는 이에 대응하여 남송 조정이 마련해야 할 대책을 건의했다.

병법에서는 "상대를 알고 나를 알면 백 번 싸워도 백 번 이긴다"라고 했다. 《미근십론》은 그야말로 적과 아군 양쪽의 형세를 파악하고 이해함으로써 실제에 맞게 행할 수 있는 전략 방침을 적은 것이었다.

그리고 그는 《미근십론》에서 남송 정부가 오래도록 유지해왔던 친화 노선을 더는 추진할 수 없음을 지적하며 정곡을 찌르는 말을 한다.

"진회秦檜 등의 친화론은 도리어 금나라로 하여금 더욱 방자하게만 만들었습니다. 우리와 전쟁하는 것이 유리하다고 판단되면 전쟁을 일으키고, 그렇지 않으면 우리와 화친하는 식이지요. 서로 속이는 이 간계 속에서 우리가 얻을 수 있는 것이 뭐가 있겠습니까?"

그리고 그는 효종에게 당 태종이 돌궐을 평정함으로써 설욕했던 것을 상기해야 한다고 했다.

"오직 폐하는 소신이 말씀드린 기회를 잡아서 조속히 실시하셔야만 뜻을 이루실 수 있으며 뭇 대신의 분분한 의론에 미혹되어서는 아니 되옵니다. 만약 중원을 회복하는 데 성공하시면 폐하의 용맹함이 당 태종에 비하여도 전혀 손색이 없을 것입니다."

호탕하고 거침없는 발언으로 조정 권력자들에게서 시샘을 받아오던 말단직 '귀순 관리'가 이토록 두려움 없이 황제에게 직접 국가의 대소사를 직언했다는 것은 신기질의 식견이 탁월하고 충의가 대단했음을 보여준다.

1167년 신기질은 건강부의 통판으로 승진했다가 3년 후에는 임안으로 돌아와 효종의 부름을 받아 사농시司農寺의 주부主簿가 된다. 그후 그는 재상 우윤문虞允文에게 《구의九議》를 지어 올린다. 장편의 상소문 《구의》는 《미근십론》의 의견을 심화하여 구체적으로 풀이한 것으로 군사 훈련, 첩자를 이용하는 등에 관한 구체적인 방책을 보충했다. 특히 《구의》에서는 금에 맞서는 정책의 정당성과 필요성을 분명하고 도 당당한 어조로 서술했다.

> "회복의 일은 선대 임금, 사직과 백성을 위한 일입니다. 현명한 군주가 천하의 지혜롭고 용맹한 선비들과 함께 이루어야 하는 일이니 어찌 임금과 나만의 사적인 일일 수 있겠습니까?"

송 효종이나 재상 우윤문도 영토 회복의 의지가 강했고 당시 조정에 도 화친으로 인한 안일함과 폐단을 우려하는 이들이 적지 않았다. 이 런 상황에서 신기질의 의견은 날카롭고도 이치에 맞는 정의로운 목소리였다. 신기질이 스물다섯 살에 올린 《미근십론》이나 서른두 살에 올린 《구의》는 하나같이 내용이 깊이 있고 사리에 맞는 말이었으며 경박하거나 섣부르지도 않았다. 그는 여기에 이제껏 쌓아올린 학문의 정수와 실력을 쏟아부었다. 주희가 《주자어류》에서 말한 대로 과연 그는 "전군을 통솔할 만한 능력을 갖춘 보기 드문 인재"라고 할 만했다. 다만 역사가 그와 같은 기재에게 뜻을 펼칠 기회를 주지 않은 것이 안타까울 뿐이다.

신기질은 서른세 살부터 마흔두 살에 이르는 10년간 장년기를 보내면서 관직을 어찌나 자주 옮겼던지 《신거상량문新居上梁文》에 나온 그의 말을 빌리자면 이렇다.

> "창부랑관倉部郎官을 역임하고 연이어 대리소경大理少卿이 되었다가 뒤이어 호북무사湖北撫使를 역임한 다음 경서운판京西運判, 호북전운부사湖北

　　　　　　　　　　　　언제나 조화 속에서 방법을 찾다 _ 신기질

轉運副使, 호남전운부사湖南轉運副使를 전전했다."

당시 남송 조정에는 금나라 점령지에 살다가 송으로 귀의한 관리에 대해 의심과 멸시의 눈초리를 보내는 사람이 많았다. 그래서 '귀순자'는 경멸의 의미가 다소 포함된 호칭이었다. 이 때문에 신기질도 문학적 재능이 남다르긴 했지만, 여전히 조정의 전폭적인 신임을 받아 중용되기에는 어려움이 있었다. 그래서 주로 외지로 임지를 배정받았고 그나마 인사 결정도 조변석개로 이뤄져 한곳에서 오래 머물며 일하기도 어려웠다. 그럼에도 신기질은 남다른 행정 수완을 보이고 각종 업적을 남겨 조정을 놀라게 했다.

그러던 중 1172년, 신기질은 저주滁州의 지주로 부임하게 되는데 당시 저주는 송과 금의 접전 지역이어서 전란의 피해 때문에 눈 뜨고 볼 수 없을 정도로 황폐했다. 그래서 조정의 대신들도 저주를 가리켜 "버려진 극한의 변경 땅"이라고 부르며 부임하길 꺼렸다. 그러나 유일하게 신기질만은 저주야말로 회남에서 강남 지역을 병풍처럼 둘러싸 보호해줄 남송의 군사적 요충지라고 여겼다.

그는 저주에 도착하자마자 밤낮없이 정사에 매달렸다. 유랑민을 남송에 귀의시키고 그들에게 거처할 집과 경작할 땅 등의 생업에 필요한 요소를 제공했으며, 세금 부담을 줄여 상인들을 불러 모아 시장을 활성화했다. 이런 식으로 통치한 지 2년이 지나자 저주의 모습이 크게 바뀌었다. 성안에는 번웅관繁雄館이라는 시장이 새로 생겼고, 전침루奠枕樓라는 누각은 백성들이 자유롭게 유람하고 쉬어가는 명승지가 되었다. 또한 민간과 군대가 함께 경작하는 둔전屯田의 기본 형세가 갖추어졌다.

신기질은 맡은 임무마다 탁월한 재능을 보여주었지만, 여전히 귀순자의 신분이어서 재능을 증명할수록 오히려 시기와 경계의 대상이 되기만 했다. 게다가 신기질은 천성이 워낙 강직하고 당당하며 호기로워서 조정의 대신들과는 지위 고하를 막론하고 어울리지 못하는 경향이 있었다. 이 때문에 근거 없는 비방을 피할 수 없었고, 심지어 모함하는 무리에 의해 파면될 위기도 여러 차례 겪었다. 1179년에 이런 분위기를 알아차린 신기질은 효종에게 《논도적차자論盜賊劄子》를 올려서 이렇게 고한다.

> "소신은 평생 강직하게 살아와서 직설적으로 말할 뿐 도무지 에둘러 말할 줄 모릅니다. 하지만 저 자신의 소신이나 능력에 대해서는 무척 자신이 있습니다. 최근 대신 중 몇 명이 저를 눈에 거슬려 한다는 말이 있는데 제 마음속의 말을 다 꺼내지 못한 상태에서 재앙이 임할까 두렵습니다."

그래서 신기질은 비가 오기 전에 창을 미리 수리하는 격으로 신주信州 성북에 땅을 사서 퇴직 후의 은거 생활을 준비하기 시작했다. 그래서 그곳에 거처할 곳을 짓고 '가헌稼軒'이라고 이름 지은 뒤 자신을 가리켜 '가헌거사'라고 부르기도 했다. 그는 그때의 심정을 《심원춘沁園春》이라는 사로 표현했다.

> 돌아가 은거할 집과 뜨락이 이제 막 완성되어 三徑初成
> 백학과 원숭이 떼가 놀라나 鶴怨猿驚
> 주인은 오지 않는구나. 稼軒未來

산중에 은거하는 것은 甚雲山自許

내 평생 뜻이었거늘 平生意氣

어찌 고관대작의 웃음거리가 되어 衣冠人笑

끝내 속세의 것이 끼어드는가! 抵死塵埃

관직 생활이 싫어지면 意倦須還

과감히 물러남은 빠를수록 좋은데 身閑貴早

그것이 어찌 맛좋은 음식을 먹기 위함이겠는가? 豈爲蓴羹鱸膾哉

가을 강에 秋江上

활시위 당기는 소리 들리니 놀란 기러기 급하게 피하고 看驚弦雁避

가던 배 되돌아오니 성난 파도 덮쳐옴이라. 駭浪船回

동편 언덕에 오두막 서재 지으니 東岡更葺茅齋

창 열면 호수가 보이는 게 장관이라. 好都把軒窗臨水開

노 저어 낚싯대 드리우려면 要小舟行釣

먼저 버드나무 줄줄이 심고 先應種柳

성긴 울타리 쳐 청죽을 감싸되 疏籬護竹

매화나무 감상을 방해하진 말지라. 莫礙觀梅

가을 국화는 먹을 만하고 秋菊堪餐

봄철 난은 허리에 장식할 만하니 春蘭可佩

이 모든 것을 내가 직접 기르리라. 留待先生手自栽

반복하여 이를 생각하니 沉吟久

임금이 허락하지 않아 怕君恩未許

이 뜻 이루지 못할까 배회하노라. 此意徘徊

이 사에는 은거 생활에 대한 열망이 마음 깊은 데로부터 우러남을 느낄 수 있다. "활시위 당기는 소리 들리니 놀란 기러기 급하게 피하고 가던 배 되돌아오니"라는 구절에는 관직 생활을 통해 겪어야 했던 풍파와 위험을, 그리고 "관직 생활이 싫어지면 과감히 물러남은 빠를수록 좋은데"라는 시구에는 관료 생활에 대한 환멸을 담아냈다. 실제로 이 사가 쓰인 시기는 1181년 겨울로, 신기질이 호남에서 비호군飛虎軍을 편성하면서 자금을 과도하게 운용했다는 죄목으로 탄핵받아 관직을 내려놓았던 때와 겹친다.

이때부터 신기질은 대호帶湖에서 10년을 살다가 1191년이 되어야 정계로 복귀한다. 그는 복건福建의 제형提刑직을 맡게 되지만 3년 뒤 다시 탄핵을 받아 대호로 돌아온다. 1196년 대호의 오래된 거처가 불로 소실되자 그는 연산鉛山 기사期思 지역의 표천瓢泉으로 이주하여 그곳에서 7년을 은거한다. 그러니 마흔두 살부터 예순네 살이 되기까지 20여 년의 시간 중 대부분을 향촌에서 은거하며 산 셈이다.

그는 《송사宋史》 〈신기질전辛棄疾傳〉에서 "인생의 근본은 근면하게 일하는 데 있으니 마땅히 농사를 우선해야 한다"라고 한 말에 동의하여 대호와 표천 등으로 돌아가 아름다운 전원시를 많이 지었다. 이처럼 신기질은 농사도 중시하고 향촌을 사랑했지만, 시종일관 조국의 대업을 이룰 생각에 파묻혀 살았던 애국지사에 더 가까웠다. 그러니 봄비 내리는 강남에서의 고요한 생활이 어찌 철갑을 두른 말에 올라타 가을바람 가르며 변방을 달리던 호방한 시절을 대신할 수 있었겠는가? 이로 인한 쓰라림과 비통함을 《자고천》에서 담담하게 풀어냈다.

옛날을 회상하며 이미 늙은 지금의 나를 탄식하노라. 追往事嘆今吾
봄바람조차 나의 백발을 검게 할 수 없으며 春風不染白髭鬚

금나라 평정할 책략은 만 자에 달해도 이제 부질없을 뿐. 却將萬字平戎策

가져다가 동편 이웃의 나무 기르는 책과 바꿔 보는 수밖에! 換得東家種樹書

향촌의 작은 집에 홀로 사는 적막한 가을밤, 꿈에서 만 리 강산을 걷던 그는 변경 땅을 말 타며 누비던 군 생활을 도무지 잊을 수 없었다. 이러한 심정은《청평악淸平樂》에 잘 나타나 있다.

북쪽 변방을 전전하다 강남으로 와 平生塞北江南

산으로 돌아오니 어느덧 얼굴은 늙고 백발만 휘날리네. 歸來華髮蒼顏

가을밤 소슬한 바람 홑이불까지 파고들어 잠을 깨고 보니 布被秋宵夢覺

눈앞에 아련한 것이 아직도 꿈속 만 리 강산이구나! 眼前萬里江山

신기질은 병부시랑兵部侍郎이 되어 드디어 병권을 관할하는 요직에 오르지만, 그때는 이미 늙고 병든 예순여덟 살의 노인이었기에 사직할 수밖에 없었다. 그리고 같은 해 9월 용처럼 날아오르고 호랑이처럼 용맹했던 일세의 영웅은 병으로 파란만장한 생애를 마감하고 만다. 유극장劉克莊은《심원춘·몽부약沁園春·夢孚若》에서 군인으로서 조국을 위해 싸우다 전쟁터에서 죽지도 못하고, 공을 세워 고관대작의 지위에 오르지도 못했던 신기질의 비극적인 운명을 이렇게 묘사했다.

"삶은 이미 지나가 버렸으니 공명 이루지 못함을 탄식하노라! 늙어야만 공 세울 기회가 오는 것은 무슨 이유인가! 혁혁한 공을 세운 이광李廣 장군은 인재를 아꼈던 한고조 유방을 만날 수 있는데 그깟 만호후萬戶侯가 대수겠는가!"

역사를 꿰뚫어 본
시인의 지략

●

신기질은 어릴 적부터 잃어버린 조국의 영토를 회복하는 데 뜻을 품고 형세에 대한 명확한 판단력과 병법에 정통한 웅대한 전략까지 가지고 있었다. 그래서 일찍이 1164년에 스물다섯 살의 청년 신기질은 자신의 관직이 보잘것없음을 개의치 않고 효종에게 직접《미근십론》이라는 제목의 상소를 올렸다. 그리고 7년 후에는 재상 우윤문에게《구의》를 지어 바쳤다.

《미근십론》과《구의》는 맹목적으로 전쟁을 주장하는 그저 그런 담론이 아니라 대세를 관찰한 뒤 깊은 통찰력을 바탕으로 작성한 남송 초기 가장 탁월한 전략이라고 할 만했다. 당시 조정에는 금나라와의 화친을 주장하는 주화파에 의해 송의 군대가 금의 적수가 되지 못한다는 의기소침한 의론이 주를 이루었다. 그러나 주전파의 주장은 달랐다. 금나라가 사실 생각했던 만큼 강하지 않아 송나라가 제대로 대책을 세우고 준비한다면 중원 수복은 해볼 만한 도전이라고 했다. 적을 알고 자기를 아는 전략의 중요성을 알고 있었던 신기질은 《구의》에서 이렇게 말한다.

> "무릇 전쟁의 도란 적과 아군의 장단점을 먼저 파악한 뒤 논해야 하기 때문에 '지피지기이면 백전불태'라는 말이 나온 것입니다. 작금에 금나라는 첫째, 송에 비해 영토도 넓고 둘째, 장수와 병마가 강하며 셋째, 전쟁에 필요한 전곡도 풍요롭고 넷째, 상벌제도 등 명령체계도 엄격합니다. 이처럼 많은 부분에서 적이 우리보다 강하니 이것은 모두 아군의 단점이 됩니다."

그리고 그는 비록 금나라가 이 네 가지 부분에서 송보다 유리하나 아군도 네 가지 우위를 지니고 있다고 주장한다. 첫째, 민심이 송을 향하고 있다는 것이고, 둘째, 송은 신속하게 병력을 소집할 수 있는 반면 후방에 근거지가 있는 금은 병력을 모으는 데 최소한 1년의 시간이 필요하다는 것이고, 셋째, 송은 출병하면 조정에서 군비를 대는 반면 금나라는 백성들을 착취해서 군비를 마련할 것이니 민란이 일어날 수 있다는 것이며, 넷째, 금나라는 송을 공격하려면 회하를 건너야 하므로 공격이 쉽지 않지만 송은 회하를 건너 금을 공격하면 바로 중원을 수복할 수 있다는 점이다.

신기질의 분석은 단순한 의분으로 맹목적으로 전쟁을 주장했던 호전胡銓 등에 비해 훨씬 실제에 부합하는 현실적인 전략이었다. 그는 또한 이렇게 말했다.

"예로부터 상식적인 이치가 있으니 그것은 바로 비루한 오랑캐는 화하 지역에 오래 안주할 수 없다는 사실입니다. 이것이 고금의 상식적인 도리입니다. 역사를 돌아보면 역경과 순경, 흥성과 쇠망은 하나가 고정됨 없이 끊임없이 서로 교체되어왔습니다. 이는 마치 추위가 가면 더위가 도래하는 이치와도 같고, 사신과 조정이 신표를 둘로 갈라 간직하던 부절符節이 언젠가는 반드시 하나로 합치하게 되는 것과도 같습니다. 지금 오랑캐가 우리를 공격해서 영토를 취하려는 것은 그 방법과 의도가 바르지 않지만 그들이 처한 시기는 무척 흥성합니다. 제아무리 바른 도라고 하더라도 흥한 시기를 만난 뒤에는 언젠가 필연적으로 쇠락의 때가 다가오거늘, 하물며 부정한 수단으로 흥한 시기를 맞은 저 오랑캐들에게 어찌 조만간 쇠망의 징조가 나타나지 않겠습니까? 소신이 생각하는 이치라는 것은 바로 이런 것입니다. 그렇지 않다면 변방의 오랑캐들이 영원히 중원을 차지한 채 자손만대 안주하였을 것인데 고금을 막론하고 이런 일이 어디 있었는지요?"

이처럼 신기질은 먼저 이론적으로 주전론의 관점을 제시한 뒤 구체적인 방책을 제시했다. 그 구체적인 방책이란 첫째, 우수한 병력을 집결해서 회하 근방의 전선을 굳게 지키도록 하는 것이었다. 과거 회하 근처를 수비하던 송나라 병력이 지나치게 분산되어 있다는 생각에서였다.

그리고 나서 그는 정예부대 10만 명을 모집해서 산양山陽, 호량濠梁, 양양의 세 곳에 나눠 주둔시키고, 다시 양주나 화주和州에 총사령부를 설치하여 삼군을 통솔해야 한다고 주장했다. 이렇게 해야만 금나라가 그 경로를 노선 삼아 침범해온다고 해도 송나라 군대가 서로 호응하여 좌우에서 협공할 수 있을 뿐 아니라 후방을 교란시킬 수도 있다는 이유에서였다. 그는 이렇게 조치를 취하면 손빈孫臏이 말한 것처럼 "급소를 치고 빈틈을 찔러 형세를 불리하게 만드는" 병법에 부합한다고 주장했다. 그리고 비슷한 역사적 선례로 손빈이 지략을 베풀어 위나라를 포위함으로써 조나라를 구했던 일이나 후당의 장종莊宗이 곽숭도郭崇韜의 계책을 빌려 소수의 병력만으로 양나라 대군 습격에 성공한 일이 있다고 덧붙였다.

둘째, 신기질은 회남 지역에 귀순인을 모아 둔전을 지급하자고 했다. 그는 과거 회남 지역의 둔전제도가 효과를 거두지 못한 것은 둔전이 일반 백성을 제외한 군사들에게만 지급되었기 때문이라고 지적했다. 대부분 군대는 농사짓기 싫어하는 시정잡배들이 지원한 경우가 많아서 둔전을 지급해도 그들의 게으름 때문에 결국 추위와 굶주림에 내몰리고 만다는 주장이다. 그래서 지금 다시 그들에게 둔전을 주더라도 분명히 원망과 분노만 살 것이라고 하면서 "둔전의 경작을 기존의 군인들에게 맡겨서는 안 되고 그에 대한 책임도 이전의 관리에게 맡겨서는 안 됩니다. 그 이유는 그로 인한 이익을 거두기도 전에 손실이 백배에 이를 것이기 때문입니다"라고 말했다.

그렇다면 어떻게 이를 바로잡을 것인가? 그는 변경의 귀순인들을 모아 그들에게 둔전의 경작을 맡기자고 주장한다. 귀순인들은 본래 중원의 농민이었으나 이민족의 잔혹한 통치하에서 생존할 방도가 없어 회하를 건너 남송으로 귀의한 사람들이었다. 그들은 남송으로 귀순할 때 종종 가족 전체를 데려오고, 부족 전체가 함께 이전하는 경우도 있었다. 만약 회남의 주인 없는 둔전을 그들에게 주어 경작하게 하고 기타 생계를 위해 필요한 조건들을 제공해준다면 그들이 유랑 생활을 접고 정착하여 자생할 수 있을 것이었다. 신기질은 이를 위한 구체적인 방법도 고안했으며 금나라에 대항하여 싸우기 위한 주요 방책도 세웠다. 송나라와 금나라 간의 대치 국면이 시작된 후 금나라는 관중, 낙양, 변경의 세 곳을 가장 중요한 전략의 요충지로 보고 많은 병력을 투입하여 철통같이 방비했다. 남송 조정도 전쟁을 논할 때면 종종 이 세 곳을 주요 공격 대상으로 정하곤 했는데, 그 밖에는 해로를 통해 출격하자는 주장도 종종 있었다.

그러나 신기질은 출병 방법에서만큼은 허장성세를 해도 된다고 했다. 즉, 일단은 금나라 군대로 하여금 관중 지역이야말로 전략적인 요충지임을 굳게 믿게 하고, 낙양이야말로 송의 역사가 살아 숨 쉬는 옛 도읍이므로 남송의 주요 공격 대상임을 확실히 느끼게 하는 것이다. 이렇게 금나라가 세 지역에 병력을 집중하게끔 유도한 다음 실제로는 상대적으로 소외된 산동 지역을 집중 공략하자는 내용이었다.

이 밖에도 신기질은 그리 다급하지 않은 일, 국가의 장기적인 태평을 위한 문제에 대해서도 대책을 제시했다. 그는 '초재진용', 즉 초나라에서 인재를 제대로 활용할 줄 모르자 진나라가 초나라의 인재를 데려다 중용했다는 역사를 실례로 들었다. 그러면서 남송에도 뜻을 펼치지 못한 선비나 장인들이 북의 금나라에 투항하여 그들에 협력한다며 이를 막아야 한다고 주장했다. 또한 재상이나 대장군 등은 한번 중용하면 전적으로 신임하여 오래도록 임직을 보장하여야지 하루아침에 큰 성과를 거두기를 요구하는 관행은 없어져야 한다고 했다.

신기질의 이러한 건의는 표면적으로는 앞에서 말한 당장 시급한 방책들에 비해 시의성이 떨어지는 듯 보이지만, 실제로는 무척 중요한 내용이었다. 그래서 신기질도 상소에서 이를 상세하게 논하였으며 그 어조 또한 간절하고 설득력이 있었다. 예컨대 그는 군인의 용맹함과 기개, 군인의 정신을 육성하여 군대의 작전 능력을 끌어올리자는 의견을 개진하면서, "장수들이 방종하고 사병들이 나태할 경우 평소 별일 없으면 괜찮지만 일이 터지면 그 폐단이 여실히 드러납니다. 적을 보면 숨어버리고 적이 임하면 도망가기에 바쁘니 어찌 국가의 일이 패하지 않을 수 있겠습니까!"라며 군사들의 사기를 떨어뜨리는 치명적인 폐단도 지적했다.

그는 이러한 현상이 생기게 된 원인이 군정과 병법에 익숙하지 않은 문신이 섣부르게 군정에 간섭하기 때문이라고 여겼다. 그래서 '문신들이 병법도 모르면서 무신이 있는데도 그 위에 오르려고 하는' 상황이 되는 것이다. 신기질은 이러한 국면을 타개할 열쇠는 조정이 군정에 참여하는 방식을 바꾸는 데 있다고 했다. 송나라는 줄곧 정책적으로 무인보다는 문인을 중시해왔는데, 신기질은 이를 본체만체할 수 없었다. 그래서 그는 문신 중에서 적절한 이를 선별하여 군중 참모로 배치하고 그들로 하여금 군의 상황을 파악하게 하자고 제안했다.

신기질의 상소를 보면 그가 단순히 용병의 원리에 대해 탁상공론만 하는 문인이 아니라 마음에 육도六韜와 삼략三略을 품은 대장군임을 알수 있다. 그는 남송이 금나라에 대항하여 전쟁을 해야 하는 정당성을 논증함과 동시에 비사중폐卑辭重幣, 즉 '말은 겸손히 예물은 후하게' 하는 전략으로 적을 교만하게 하는 방책을 비롯해서 이간계를 써 금나라 내부에 분쟁이 일게 하는 등의 책략을 능수능란하게 운용해야 한다고 제안했다. 그는 시기와 형세를 잘 판단했고 기회를 보고 대응하는 군사 전문가였지 자신의 견해만 옳다고 주장하는 고집불통 서생이 아니었다.

이처럼 신기질은 나라를 다스릴 만한 식견과 재능을 갖춘 인재였지만 적절한 시기를 만나지 못한 데다 도도한 성격 탓에 사람들과 잘 어울리지 못했다. 그러나 그는 웅지를 펼치지 못했다고 해서 결코 좌절하지 않았으며, 외지를 전전하는 신세라 해서 책임을 회피하지 않았다. 어떤 직책을 맡든 어떤 일을 처리하든 마음을 다해 책임을 완수했다. 일의 크고 작음, 어렵고 쉬움을 떠나서 자신이 세운 뜻은 꼭 이루고 말았다.

1180년, 호남안무사湖南安撫使직을 맡고 있던 신기질은 실전 능력을 갖춘 지방 부대를 창설하기로 마음먹고 조정에 청을 넣어 광동廣東 지역 최봉군摧鋒軍과 복건 지역 좌익군左翼軍의 선례를 따라서 호남 비호군을 창설하기로 한다. 조정의 허락을 받은 뒤 그는 이를 빠르게 행동에 옮겼는데, 맨손으로 한 부대를 창설하는 것이 어찌 쉬운 일이겠는가! 가장 급한 것은 군대의 병영을 구축하는 문제였다.

신기질은 직접 계획을 세우고 온갖 어려움을 하나하나 해결해나갔다. 병영 주변의 도로를 구축하기 위해서는 많은 석재가 필요했다. 그는 현지의 죄수들을 시켜서 돌을 캐게 하고 감형해주는 방식으로 쉽게 문제를 해결했다. 그런데 공정 전체에 드는 비용이 생각보다 컸기에 조정에서 이를 반대하는 무리가 효종을 설득해서 공사를 중단하게 했다. 공사를 중단하라는 조서가 내려왔지만 신기질은 이를 숨기고 한 달 내로 병영 구축을 마무리하라고 지시한다. 설상가상으로 당시는 시기적으로 우기여서 기와를 새로 만들어 햇볕에 말리거나 망가져도 보수할 방도가 없었다. 부족한 기와가 20만 장이나 되었지만 속수무책이었다. 이 소식을 들은 신기질은 즉시 담주의 각 민가에서 처마 밑의 기와 20장씩을 빼 100문을 주고 구입한다. 그러자 이틀 만에 필요한 기와의 수량을 전부 채울 수 있었다. 그 밖에도 병사를 모집한다거나 병기나 필마를 마련하는 업무도 신기질의 손을 거치지 않는 일이 없을 정도로 그는 비호군 창설에 적극적이었다. 마침내 대단한 위용의 호남 지방 군영이 갖추어졌고, 이로써 장강 주변을 방비할 중요한 군사 역량이 마련되었다. 금나라조차 신기질의 군대를 '호아군虎兒軍'이라고 부르며 이름만 들어도 두려워할 정도였다.

신기질은 남창南昌에서 이재민을 구할 때도 신속하고 엄정하게 일을 처리했다. 부임지에 도착한 뒤에야 재난으로 인한 피해가 심각함을 알게 된 그는 민심이 흉흉해지자 방을 붙여서 사재기를 통해 양식을 쌓아둔 채 내놓지 않는 자들을 엄벌에 처한다고 선포했다. 방에는 '폐적자배, 강적자참閉糴者配, 强糴者斬'이라는 여덟 글자만이 적혀 있었는데 그것은 '쌀을 숨기는 자는 귀양 보내고 곡식을 약탈하는 자는 목을 벤다'라는 뜻이었다. 이로써 혼란스러운 국면이 빠르게 안정되었다.

그는 과거 군인으로 지내면서 수시로 빠르고 정확하고 대범하게 결정을 내려야 했던 것이 몸에 배어 쾌도난마快刀亂麻와 같이 깔끔하고 빠르게 일을 처리할 수 있었다. 그러나 구습을 고집하며 새로운 것을 받아들이려 하지 않았던 남송 조정은 신기질의 혁신적인 일 처리 방식이 마음에 들 리가 없었다. 이것은 신기질이 수차례 조정 대신들로부터 시기와 의심을 사게 된 원인 중 하나였다.

보통 일의 큰 그림을 보는 사람은 작고 편협한 것은 마음에 두지 않는다. 반면 구체적이고 상세한 일에만 신경을 쓰면 종종 시야가 좁아질 수 있다. 그러나 신기질은 나무와 숲, 이 둘을 동시에 살필 줄 아는 시야를 갖춘 인물이어서 그가 평소 흠모했던 제갈량과도 성향과 기량이 비슷했다. 제갈량은 좀체 산을 나가 세상을 둘러보지 않았는데도 천하의 형세를 손바닥 보듯 꿰뚫어 보았고 촉한, 위, 오를 중심으로 하는 삼족지세의 국면이 다가올 것임을 정확하게 예측했다. 신기질도 그와 비슷하게 깊은 안목과 폭넓은 식견을 갖추고 있었다. 당시 남송은 금과 대치 중이었으므로 금나라는 두말할 필요 없이 남송의 최대 우환거리였다. 그런데 어째서 금이 망하면 송의 근심이 된다고 한 것일까? 그러나 신기질의 예견이 옳았음이 역사를 통해 증명되었다. 실제로 그로부터 62년 후 금나라는 송나라군과 몽고군의 협공을 받아 멸망했다. 그리고 몽고는 금나라보다 더 막강한 세력으로 부상했고, 남송은 결국 40여 년을 더 버티다가 몽고에 멸망하고 만다.

신기질의 말에 역사의 향방이 고스란히 예언되었으니 이 얼마나 탁월한 식견인가! 송나라 말기 사방득謝枋得이 신기질의 지혜에 탄복하여 "이 사람이 세상에 중용되지 못한 것이 안타까울 뿐이다!"[25]라고 한 말도 이해가 된다.

언제나 조화 속에서 방법을 찾다 _ 신기질

쓸모 있는 시,
고독을 용기로 바꾸다

●

문인이라고 해서 하나같이 학문하기만을 중시했던 것은 아니다.《주례》에서는 '육예六藝'를 예禮·악樂·사射·어御·서書·수數라고 했는데, 그중에서 사와 어가 바로 말 타고 활 쏘는 기술을 가리키는 말임을 볼 때 선조들의 수양 항목에 무예도 포함되었음을 알 수 있다. 또한 문헌에 보면 공자 또한 체격이 남달라 성문의 빗장을 들어 올릴 수 있을 정도로 힘이 세었다고 한다.[26] 그리고《시경》에도 무를 숭상하는 내용의 시가 적지 않다. 예컨대《진풍》의 〈무의〉라는 시와《대아大雅》 중에서 〈상무常武〉 등이 그것이다.

　굴원은《구가》〈국상〉에서 "몸은 이미 죽었지만 정신은 살아 있어 그대는 혼백이 되어서도 뭇 영혼의 영웅이 되리라"라고 하여 용사의 장렬함을 묘사했고 〈동군東君〉에서는 "푸른 구름 저고리에 흰 무지개 바지 입고서 긴 화살 들어 천랑성$^{27)}$을 쏘네"라고 함으로써 태양신의 영민함과 용맹함을 표현했다. 도연명도 비록 은둔의 삶을 살았지만 《영형가》에서 "힘찬 머리털은 높은 갓을 떠받치고 맹렬한 기상은 기 갓끈을 둘러 지르는구나"라고 하여 협객 형가의 기상을 몹시 부러워 하였으며 "그 기묘한 공적 결국 이루지 못했도다"라고 안타까움을 표시함과 동시에 뒤이어 "천 년이 지나도 그 깊은 정 남아 있구나"라고 하며 칭송했다. 천하를 유람하며 자유자재한 삶을 살았던 이백도 그의 시 《협객행》에서 "열 걸음에 한 명씩 해치우나 천 리를 가도 멈추질 않았네"라는 표현을 했다. 이는 상상 속에나 있을 법한 협사의 모습이지만 위호魏顥가 《이한림집서李翰林集序》에서 "이백은 어릴 적 의협심으로 자유자재하며 살다가 여러 명을 베었다"라고 묘사한 것으로 봐서는 이 말이 허풍만은 아닌 듯하다.

두보도 젊은 시절 잠시 호기롭게 세월을 보냈던 적이 있었기에 호협의 기개가 없었던 것은 아니다. 그는 《증이백》에서 "술 실컷 마시고 미친 듯 노래하며 헛되이 세월 보냈으니 거들먹거리고 뽐냈던 것은 누굴 위함이었던가!"라고 하여 자기 자신과 이백, 두 사람의 심리와 이미지를 조영했다.

비록 그는 만년에 노쇠함과 질병으로 고생했지만 낙마하여 부상당했을 때 위문 온 친구들에게 "하필 말까지 타고 문병 올 것은 무엇인가? 그대들은 혜강이 평생 양생에 힘썼어도 결국 살육당했음을 보지 못했는가?"라고 말한 부분을 보면 여전히 호기로움을 잃지 않았음을 알 수 있다. 소식도 문인에 가까웠지만 《강성자江城子》를 보면 "노부가 잠깐 소년 같은 혈기를 드러내어"라고 한 뒤 "친히 호랑이 쏘리니 말이 쓰러져도 마차 바꿔 타고 사냥 계속한 손권$^{28)}$을 보겠네"라고 하고,

그 뒤에 "보름달 같은 조각 활을 멋지게 당겨 서북을 바라보며 천랑성을 쏘리라"고 마무리 지어 호기로운 기개가 시구 곳곳에 살아 있다.

그러나 전반적으로 봤을 때 고대 문학에서 대부분 문인은 무武를 소외시켰으며 이 때문에 자연히 문학 작품도 칼, 창, 검, 극 등 무의 소재와는 소원해질 수밖에 없다. 당나라 사람 이하李賀가 《남원南園》에서 한탄한 것처럼 말이다.

평생 자잘한 글솜씨 뽐내려다 늙고 쇠약해졌구나. 尋章摘句老雕蟲

동틀 무렵 새벽 초승달 아직 남아 창 너머 비춰오는데 曉月當簾掛玉弓

해마다 보지 못했는가, 요동 땅에 이어지는 전란을. 不見年年遼海上

추풍 슬퍼하는 문장 써봐야 어디에 써먹을까. 文章何處哭秋風

무보다 문을 중시했던 중문경무重文輕武가 국책으로 시행됐던 송대에는 사 문단에서 이러한 경향이 더욱 두드러졌다. 그래서 당시 문장들을 보면 영웅호걸의 기개는 거의 찾아볼 수 없고 심미적이고 감성적인 시가 대부분이다. 이러한 역사적 배경을 바탕으로 신기질이 문학작품에서 보여준 영웅적인 기개는 매우 보기 드문 사례였다. 그래서범개范開는 《가헌사서稼軒詞序》에서 신기질을 평가하며 이렇게 말했다.

"비록 그대는 일세의 호걸로서 숭고한 기개와 절개를 품고 위대한 공훈과 업적을 남겼지만 이를 드러내려 하지 않고 고개를 숙였도다. 이런그대가 시와 사에 뜻이 있을 줄 차마 몰랐으니 참으로 도연명과도 같은 재능이로다. …… 종이 크면 공명이 크고 숭고한 뜻을 품은 자의 웅지는 반드시 원대한 법이다."

신기질은 전장에 휘날리던 봉화 연기와 북쪽에서 불어오는 서리 긴 찬바람의 기운을 사에 불어넣어 거침없고 비통한 작품을 남겼다. 그의 작품에는 힘 있고 위세가 등등한 영웅의 기질이 담겨 있다. 육도와 삼략의 웅지를 품어 위풍당당했던 그는 600여 편의 호방한 작품을 남김으로써 사 역사에 영웅호걸의 노래를 길이 들려주고 있다.

신기질이 편찬한 《제남신씨종도濟南辛氏宗圖》를 보면 신辛 씨 성이 본래 적도狄道에 거주하였다가 북송 진종 때에 제남으로 이주하였다고 기록되어 있다. 신 씨 가문에는 예로부터 장수가 많이 배출되어 한나라 때 인물로는 신무현辛武賢, 신경기辛慶忌를 들 수 있으며 당나라 때에는 신운경辛雲京 등이 있다.[29] 신기질은 《신거상량문》에서 스스로 "나의 가문은 본래 진나라 장종將種, 즉 대장군의 후예이다"라고 밝혔으며, 홍매도 《가헌기》에서 그를 '신후辛侯'라고 칭하였는데 이것이 다 틀린 말은 아니다. 주목할 만한 것은 고대에 소위 '장종'이라는 말은 다소 깎아내리는 어감이 담긴 표현이었다는 것이다. 《진서》에 보면 이런 얘기가 나온다.

"진 무제의 후궁이었던 호방胡芳은 무인 가문의 후예였다. 하루는 진 무제와 함께 있다가 잘못 스쳐서 무제의 손이 상처를 입었다. 크게 화가 난 무제가 '하찮은 무장 가문 출신 주제에!'라고 소리쳤다. 그러자 호방은 도리어 웃으면서 '북으로는 공손연公孫淵을 정벌하고 서로는 제갈량과 상대했으니 폐하 또한 무인(진 무제의 조부인 사마의를 가리킴)의 후예가 아니신지요?'라고 말해 진 무제를 무색하게 했다."

송나라에 접어들면서 문을 숭상하고 무를 억제하는 정책을 펼쳤기

언제나 조화 속에서 방법을 찾다 _ 신기질

때문에 사람들은 '장종'이라는 단어를 더욱 꺼렸다. 그런데도 신기질은 자신을 가리켜 스스로 '장종'이라고 부를 만큼 무인의 기개를 자랑스러워했다. 그래서인지 신기질은 한나라 명장 이광에 대해 다른 어떤 시인보다 더 깊이 공감했다. 그리고 밤을 새워《이광전李廣傳》을 읽으며 격양된 마음에 잠을 이루지 못한 채《팔성감주八聲甘州》라는 작품을 썼다.

한나라 이광 장군이 벗과 술 마시다 파릉정에 돌아와 말에서 내리려 하자 長亭解雕鞍

파릉 태위가 술에 취해 恨灞陵醉尉

이광 장군 못 알아보고 욕하며 저지했으나 匆匆未識

그는 이를 일 삼지 않았다. 桃李無言

이 장군이 남산에서 홀로 사냥하다 射虎山橫一騎

돌을 호랑이로 착각하여 활을 쐈다가 돌이 산산조각 났으니 裂石響驚弦

이러한 영웅조차 봉후의 작을 받지 못한 채 落魄封侯事

만년에 귀향하여 밭을 갈며 전원의 삶을 살았다. 歲晚田園

누가 두곡에서 농사를 짓겠는가? 誰向桑麻杜曲

나는 간편한 옷 입고 말에 올라타 要短衣匹馬

남산에 가서 이 장군이 호랑이 쏘며 살았던 삶을 배우련다. 移住南山

멋스럽고 여유 있게 看風流慷慨

담소하며 남은 세월 보내리라. 談笑過殘年

한나라 때는 변경을 달리며 이름 날리고 공 세운 인물 많았지만 漢開邊功名萬里

이광 장군처럼 용맹한 내가 이처럼 한가롭게 지내는가! 甚當時健者也曾閑

창밖에 바람 타고 부슬비 내리니 紗窓外斜風細雨

서늘하기만 하구나. 一陣輕寒

이것이 이광을 찬양하는 시인지 신기질 자신의 심정을 노래한 것인지 정확히는 모르지만, 아마 둘을 겸하여 노래한 작품인 듯하다. 여기서 우리는 신기질이 활 쏘며 전장을 누비던 영웅을 얼마나 흠모했는지, 때를 못 만나 물러나 낙담하고 한가롭게 지내는 운명에 얼마나 공감하며 동정했는지 알 수 있다. 탁월한 군인이라면 강직함과 용맹, 호방함으로 무장하여 전장에서 적을 죽이며 나라를 위해 몸을 바쳐야 할 것이다. 그래서 신기질은 《영우락 永遇樂》이라는 글에서 자신의 성씨인 '신'이라는 글자를 다음처럼 풀이하기도 했다.

"우리 가문의 선배들은 모두 충의의 인물이다. 그리고 작열하는 여름의 태양과 가을의 찬 서리처럼 성품이 강직하다. 우리 조상은 언제부터 어떻게 신 씨 성을 갖게 되었을까? 자세히 관찰해보면 신 씨 가문의 '신'이라는 글자는 '고생스럽다'라는 말에서 유래한다. 그래서 쓰라리고 고통스러운 운명과 뗄 수 없는 인연이 되었다. '신'의 인생은 맵다. 마치 후추나무와 계수나무를 빻아 넣었다가 먹지 못하고 뱉어내듯 말이다."

청년 시절 생명의 위험을 무릅쓰고 전쟁터를 누빌 때도, 장년 시절 조정에 상소를 올려 직언을 할 때도 강직하고 혈기 넘치는 남성이었다. 마찬가지로 군인으로서 살 때도, 은거하며 전원의 삶을 노래할 때도 신기질의 사 작품에는 변함없이 호방한 정으로 넘쳤다. 양계초 梁啟

超는《독육방옹집讀陸放翁集》에서 다음처럼 말했다.

시단의 기풍은 천 년간 쇠하고 미미해졌으니 詩界千年靡靡風

필사의 용맹함도 다하고 나라의 기운도 텅 비어버렸네. 兵魂銷盡國魂空

육유의 시는 열에 아홉이 전쟁터를 누비는 즐거움을 읊었으니 集中什九
從軍樂

예로부터 지금껏 사나이란 육유 혼자뿐이구나. 亙古男兒一放翁

이 작품은 육유의 시를 칭찬한 시인데 조금 과한 면이 없지 않다. 만약 여기서 칭송하는 대상이 신기질의 작품으로 바뀐다면 참으로 적합한 비유라 할 것이다.

남송의 시와 사 문단에서는 금나라와의 전쟁을 주장하는 표현이 적지 않았다. 그러나 대다수 작품이 종이 위에서만 병사를 논한 것에 불과했다. 반면 신기질은 직접 적과 전쟁을 치른 장수였으므로 그의 사 작품에는 장렬한 군인의 소리가 담겨 있고 비장한 호각 소리, 점차 강렬해지며 가팔라지는 북소리가 살아 움직인다. 신기질이 진량陳亮에게 쓴《파진자破陣子》라는 작품을 살펴보자.

취중에도 등불 밝혀 검을 살피고 醉裏挑燈看劍

잠에서 깨면 호각을 불어 병영을 깨운다. 夢回吹角連營

좋은 고기는 나누어 휘하의 장병들 먹이고 八百里分麾下炙

오십 현 거문고 뜯어 웅장하게 군가 연주하네. 五十弦翻塞外聲

이렇게 가을날 전장에서 진영을 점검하노라. 沙場秋點兵

말은 적로마인 양 나는 듯 달렸고 馬作的盧飛快

활은 벼락같이 시위를 떠났네. 弓如霹靂弦驚

중원 수복을 향한 주군의 꿈을 이뤄 了卻君王天下事

죽어도 살아도 명예를 얻고자 했으나 贏得生前身後名

가련하게도 이젠 백발만 성성하구나. 可憐白髮生

　　신기질의 대부분 작품은 '장사莊詞' 즉 '용맹하고 호기로운 영웅의 마음을 장려하게 묘사한 사'다. 보통 특정인의 공덕을 찬양하거나 장수를 기원할 때는 수사壽詞를 짓는데 이는 주제의 특성상 범속해지는 것을 피하기 어렵다. 그러나 신기질이 한원길韓元吉의 장수를 기원하며 쓴 수사《수룡음》은 그렇지 않다.

남송 고종 황제가 남쪽으로 천도한 뒤 渡江天馬南來

몇 사람이 진정 치국의 대가라고 칭해질 만했던가? 幾人真是經綸手

장안의 촌로들과 長安父老

임안의 사대부들은 新亭風景

북벌을 염원하고 파괴된 산하를 슬퍼하네. 可憐依舊

공론만 일삼던 무리 夷甫諸人

함락된 반벽강산은 여전한데 神州沈陸

어찌 영토 수복을 다시 꿈꾼단 말인가! 幾曾回首

나는 금나라 군대를 평정하고자 만 리 변경을 달렸다네. 算平戎萬里

공 세우고 이름을 남기는 것은 본디 학문하는 선비들의 일이거늘 功名本是真儒事

한원길, 그대는 이 점을 알고 있는가! 君知否

이 얼마나 큰 웅지이고 얼마나 용맹한 기개인가! 또, 보통 사람은 송별을 주제로 하는 사를 지을 때면 이별로 인한 근심과 한을 노래하므로 분위기가 가라앉고 의기소침해질 우려가 있다. 그러나 신기질이 장견張堅을 떠나보내면서 쓴《목란화만木蘭花慢》을 보면 그렇지 않다.

한중은 한나라 제업이 시작된 지역이니 漢中開漢業

묻노라, 이 지역이 바로 당시의 한중인가? 問此地是耶非

당시 삼진의 토지를 정복한 뒤 想劒指三秦

한고조는 승세를 몰아 君王得意

동진하여 천하를 놓고 항우와 결전을 벌였다. 一戰東歸

도망가던 한신을 데려와 대장군으로 삼던 도량은 지금 보기 힘들고 追亡事今不見

오직 황폐해진 산하만 눈물 흘리게 하는구나. 但山川滿目淚沾衣

저물녘 금군의 말발굽이 일으키는 흙먼지 바람 끊이지 않는데 落日胡塵未斷

변방 조정의 병마는 공연히 살만 찌고 있구나! 西風塞馬空肥

이 얼마나 넓은 도량이며 얼마나 넓은 시야인가! 수려한 산수를 자랑하는 남검주南劍州의 쌍계루雙溪樓를 노래한 《수룡음 · 과남검쌍계루水龍吟 · 過南劍雙溪樓》를 봐도 그 웅대하고 기이함에 대해 위용을 갖춘 찬양이 이어진다.

머리 들어 서북방향의 뜬구름을 바라보노라. 舉頭西北浮雲

광활한 만 리 길 말 타고 가려면 장검은 있어야지. 倚天萬里須長劍

사람들은 이 땅을 보고 말한다. 人言此地

깊은 밤 북두성과 견우성의 찬란함을 볼 수 있다고. 夜深長見斗牛光焰

내 보기엔 산이 높고 我覺山高

못 물이 차가우며 潭空水冷

달빛과 별빛이 어둡고 처량하기만 하구나. 月明星淡

무소 뿔에 불붙여 물가로 가서 보자. 待燃犀下看

난간에 기대니 두렵구나. 憑欄卻怕

바람과 번개가 노하니 風雷怒

물고기와 용조차 흉악하고 잔인해지는구나! 魚龍慘

또한 한적하고 편안한 은거 생활을 노래할 때도 그의 위용이 드러나는데, 이는 《심원춘》이라는 시를 통해서도 엿볼 수 있다.

겹겹이 둘러싸인 봉우리 서쪽으로 향하는 것이 疊嶂西馳

마치 천만 마리의 말이 맴도는 것 같지만 萬馬回旋

뭇 산은 도리어 동으로 방향 되돌리려 하네. 眾山欲東

마침 급한 물살이 꼿꼿이 正驚湍直下

낙하하여 튀긴 물방울 사방으로 퍼지네. 跳珠倒濺

작은 다리 급류 위를 가로지른 모습이 小橋橫截

조금 덜 찬 달과 같고 이제 막 힘껏 당겨진 활과 같구나. 缺月初弓

사람이 나이 들면 자유롭고 한가하게 세월을 보내기 마련이나 老合投閑

내게는 노년에 많은 일이 생겼나니 天教多事

십만 그루의 거대한 소나무 키우는 것이 그것이라. 檢校長身十萬松

나의 초옥은 작으나 吾廬小

언제나 조화 속에서 방법을 찾다 - 신기질

구불구불 뻗어 나간 소나무 가지가 용의 그림자처럼 비치고 在龍蛇影外

비바람 소리 가운데 놓여 있구나! 風雨聲中

신기질의 사에는 철갑을 두른 말과 추풍이 각각 살구꽃과 봄비로, 전쟁터의 봉화가 장막을 비추는 은색 등불로 대체되어 표현되어 있다. 신기질의 사에서 주인공은 더는 애수에 잠긴 감상적이고 문약한 서생이 아니며, 규방의 미인이나 노래하는 무녀는 더더욱 아니다. 오히려 말 타고 적을 죽이며 말에서 내려서도 격문을 쓰는 영웅무사이자, 너른 도량과 담력을 지닌 정정당당한 사나이다. 이러한 신기질의 사가 있는 이상 어찌 '사'를 가리켜 수려하고 유미적이기만 한 글이라고 깎아내리겠는가? 신기질의 사가 있는 한 《품령品令》에 표현된 것처럼 "노래를 할 때는 반드시 미녀의 단향목과 같은 입술, 하얀 치아, 백옥 같은 피부처럼 아름다운 것들로 노래해야 한다"라고 한 말을 더는 믿지 않을 것이다.

그 옛날 소식이 호방한 풍격의 사를 시험 삼아 한번 지어보았다. 한 선비가 그에게 "선생님의 사는 관서關西의 대장부가 철판 악기 들고 대강동거大江東去, 즉 큰 강이 동으로 흐르는 걸 노래하는 것처럼 기세가 등등한 느낌입니다"라고 말했다. 사실 소식의 호방사는 한번 시험 삼아 써본 것뿐이지만 신기질의 사야말로 청동 비파와 철판 악기에 어울릴 만한 진정한 호방사다. 그러니 신기질이야말로 '관서의 대장부'에 적합한 인물이 아닐까?

그렇다면 신기질에게는 좀체 기분이 가라앉거나 우울해지고 고통스러운 순간이 없었을까? 당연히 있었을 것이다. 그 횟수도 결코 다른 사람보다 적지 않았을 것이다. 그러나 신기질의 우울함은 원대한 뜻이 이뤄지지 않는 것에 대한 침울함이며, 그의 고통은 영웅의 적막한 말로에 대한 비통함이었을 뿐 풍류를 즐기는 사객詞客들이 흔히 하는 공허한 근심이나 원망과는 성질이 다르다. 《청평악》에서는 홀로 시골의 객점에 머물면서 꾼 처량한 꿈의 세계가 신기질의 붓끝에서 광활하여 끝없는 만 리 강산으로 변하는 것을 볼 수 있다.

> 북쪽 변방을 전전하다 강남으로 와 平生塞北江南
> 산으로 돌아오니 어느덧 얼굴은 늙고 백발만 휘날리네. 歸來華髮蒼顔
> 가을밤 소슬한 바람 홑이불까지 파고들어 잠을 깨고 보니 布被秋宵夢覺
> 눈앞에 아련한 것이 아직도 꿈속 만 리 강산이구나! 眼前萬里江山

또한 그는 《하신랑賀新郞》에서 친한 벗과 이별하는 고독감을 강철 같은 결심으로 지켜내야 할 신념으로 승화시켰다.

> 그대가 한밤중 무예 연마하는 듯 비장한 심정을 존경하네. 我最憐君中宵舞
> 내 말했었지, 사내대장부란 북벌의 결심을 죽을 때까지 강철처럼 지켜야 한다고. 道男兒到死心如鐵

유영柳永이 지은 송별사의 명구인 《우림령雨霖鈴》에는 다음처럼 묘사되어 있다.

> 오늘 밤 술 깬 뒤 어디에 머물까? 今宵酒醒何處
> 덩그러니 버드나무 늘어선 강변에 서서 처량한 새벽바람과 흐려진 달만 마주할까 두렵노라. 楊柳岸曉風殘月

언제나 조화 속에서 방법을 찾다 – 신기질

구양수의 유명한 송별사《답사행踏莎行》에 나오는 명구도 감상해보자.

평평하고 광활한 초원의 끝은 어렴풋한 봄 산인데. 平蕪盡處是春山

그러나 그대는 봄 산 밖, 더 아득한 곳에 있구나. 行人更在春山外

《하신랑》에서 신기질의 송별 사조는 이렇게 변한다.

명장 이릉은 공적 커도 흉노에 항복하여 명예가 실추됐도다. 將軍百戰聲名裂

강변 다리에서 소무와 송별하고 고개 돌려 고국 땅 바라보니 向河梁回頭萬里

옛 친구와 영원히 작별이구나. 故人長絕

형가는 역수에서 소슬한 가을바람 맞는데 易水蕭蕭西風冷

그의 의관은 눈처럼 희고 満座衣冠似雪

비분강개의 노래 끝이 없네. 正壯士悲歌未徹

우는 새도 인간 세상에 이처럼 슬프고 통절함이 있는 걸 안다면 啼鳥還知
如許恨

다시는 슬피 울지 않으리. 料不啼淸淚長啼血

오늘 누구와 함께 술 마시며 밝은 달 감상할까. 誰共我醉明月

1205년, 예순여섯 살이 된 신기질은 지진강부知鎮江府에 부임하였
다. 신기질이 남송으로 귀의한 지 이미 43년이 되었지만, 영토 회복의
의지는 여전히 실현하지 못한 채 관직 생활의 풍파를 온몸으로 맞고
향촌에 은거하면서 세월을 다 보내버렸다. 그에게는 이제 노쇠한 몸만
남았는데, 조정에서는 그제야 북벌을 계획하기 시작했다. 그나마도 당
시 정권을 쥐고 있던 한탁주韓侂冑는 현실성과 승산이 모두 없는 무리

한 북벌을 주장하기만 해서 안타까울 뿐이었다. 봄 지신제를 올리는 날 신기질은 북고정北固亭에 올라 북을 바라보며《영우락》을 지어 지난날을 회상한다.

천고의 강산은 그대로인데 영웅은 찾을 길이 없구나. 千古江山英雄無覓

손권과 같은 영웅이 춤추고 노래하며 놀던 누대에 孫仲謀處舞榭歌臺

풍류가 넘쳤건만 깡그리 비바람에 씻기어 사라져버렸네. 風流總被雨打風吹去

초목에 석양이 비치고 일상의 보통 길거리는 斜陽草樹尋常巷陌

송나라 무제 유유가 살던 곳이라 하네. 人道寄奴曾住

당시 일을 생각해보면 그도 금빛 창과 철갑 말로 무장하여 想當年金戈鐵馬

그 기운이 범처럼 만 리를 삼켰으리라. 氣吞萬里如虎

유송 문제 때에 元嘉草草

경솔하게도 낭거서를 봉쇄하여 성급히 공을 세우려다 封狼居胥

후위군에 대패하고 도망친 뒤 창황히 북쪽만 바라보며 후회하였네. 贏得倉
皇北顧

남송에 귀의한 지 사십삼 년, 정자에 올라 북녘땅 바라보니 四十三年望中
猶記

양주로에 연일 봉화가 타오르던 그 시절이 기억나는구나. 烽火揚州路

차마 볼 수 있으랴. 可堪回首

이민족 북위의 태무제 불리가 세운 불리사 밑에서 佛狸祠下

까마귀가 제삿밥을 먹고 백성들이 제사하는 모습을 一片神鴉社鼓

누구에게 물어보리. 憑誰問

염파 장군 비록 늙었어도 아직 밥은 잘 드시고 사시는지. 廉頗老矣尚能飯否

신기질이 추억하고 기린 역사적 인물은 손권과 유유였다. 손권은 강동 일대에서 위·촉과 천하 삼분지세를 이룬 오나라의 군주였고, 유유는 친히 대군을 이끌고 북벌에 나서 낙양과 장안을 수복했던 유송의 개국황제로 두 사람 모두 천고에 빛날 공을 세운 일세의 영웅이었다. 옛일을 회상하는 신기질의 이 글에는 영웅의 기질이 넘쳐흐르며 세월의 풍파가 담담히 묘사되어 있다. 그는 마지막 구절에서 자신을 조나라 명장 염파廉頗에 비유하면서 마음의 웅지를 펼칠 기회가 오지 않음을 개탄했다.

《사기》에 따르면 염파는 만년에 조나라 사자 앞에서 연로한 몸으로도 한 끼 식사로 밥 한 말, 고기 열 근을 먹었으며 갑옷을 입고 말에 오르는 건강한 모습을 보임으로써 자신이 아직은 쓸모 있는 장군임을 증명해 보였다고 한다. 염파도 그랬는데 신기질이라고 어찌 못하겠는가! 그의 호협정신은 죽을 때까지 쇠하지 않았고, 사기 떨어진 군혼의 깊은 심령을 불러내는 수많은 사 작품을 써내어 죽으나 사나 늘 용맹한 군인이었다.

인생의 귀착점은
다름 아닌 대자연

●

조변석개로 임지를 바꾸는 임금의 조서를 받아들고 여러 곳을 전전할 수밖에 없었던 신기질은 결국 관직을 그만두고 신주의 대호帶湖에 땅을 사서 집을 짓고 은거의 삶을 시작한다. 그가 은거를 택한 이유는 첫째, 관료 생활에 염증을 느껴서이고 둘째, 조정 대신들의 시기와 모해를 피하기 위해서였다.

1179년 은퇴 후 새로 거주하게 될 집 '간헌'이 구축되자 신기질은 《대호신거상량문帶湖新居上梁文》을 지어 이를 자축했다. 글에는 시기를 만나지 못해 원대한 꿈을 펼치지 못함을 한탄하는 내용이 나온다.

금나라에 함락된 옛 수도 변경 가는 길 아득히 보이질 않건만 京洛塵昏斷 消息

언제나 조화 속에서 방법을 찾다 – 신기질

장사로 유배 갔던 가의처럼 좌천의 연속이니 人生直合在長沙

금나라를 치려 해도 이제 늙어 힘이 없구나. 欲擊單於老無力

그러나 더욱 중요한 것은 관직을 내려놓고 은거하여 농사하는 기쁨으로 이를 위로했다는 점이다. 《대호신거상량문》의 일부분을 살펴보자.

백만 냥으로 산 것처럼 편한 집 百萬買宅

천만 냥으로도 바꾸지 않을 이웃들 千萬買鄰

인생이 이보다 더 안락하고 즐거울 수 있을까! 人生孰若安居之樂

일 년 농사 종자 심고 一年種谷

십 년 농사 나무 심는다는데 十年種木

나 비록 군자이나 조용히 은퇴하고 싶은 마음뿐이구나. 君子常有靜退之心

과연 2년 뒤 신기질은 탄핵을 받아 관직에서 물러나 대호에 들어와 은거의 삶을 시작하게 되는데 그때부터 명실상부 '가헌거사'가 되었다. 그렇다면 과연 그는 정말로 변경의 땅을 말 타고 달리려던 이상을 접은 채 전원으로 완전히 귀의하기로 한 것일까? 사실 이걸 그대로 믿는 사람은 없을 것이다. 신기질이 홍매를 청해서 지은 《가헌기》를 보면 이런 말이 나온다.

만약 기회만 온다면 使遭事會之來

신기질로 하여금 중원을 수복하여 송에 귀속시킬 수 있고 擎中原還職方氏

주유와 사안이 세웠던 공적 정도는 彼周公瑾謝安石事業

신기질도 본래 충분히 세울 수 있도다. 侯固饒爲之

그러나 그 뜻 아직 실현 못한 상태에서 此誌未償

도리어 스스로 산속에 은거하며 顧自詭放浪林泉

촌로 따라 농사 배우려 하니 從老農學稼

무언가 맞지 않는다 생각이 드는구나. 無亦大不可歟

홍매는 신기질의 원대한 꿈이 영원히 소멸하지 않으리라는 것을 알고 있었다. 그리고 신기질이 산중에서 그냥 늙는 것을 마냥 기뻐하지만은 않는다는 사실도 알고 있었다. 그렇다. 1181년, 마흔두 살 혈기 넘치는 장년의 사내가 어찌 중원 회복의 웅대한 뜻을 한꺼번에 포기할 수 있었겠는가! 그러나 모든 일에는 양면성이 있는 법이다. 신기질이 중년에 은거하게 된 것이 비록 부득이한 일이라고는 하지만, 은거 생활은 어찌 됐든 그가 원해서 시작한 것이었다.

유가에서 무엇보다 중시한 가치는 '조화'다. 그래서 공자도 "조화를 귀하게 여긴다"라고 말했다. '조화'와 '화평'은 농경을 주요 생업 수단으로 삼았던 중화민족으로서 필연적으로 선택할 수밖에 없는 길이었다. 왜냐면 농경이 순조롭게 이뤄지려면 화평한 생존 환경과 안정적인 생존 공간이 반드시 필요하기 때문이다. 그래서 만약 농경 문명이 유목 민족으로부터 침략을 당했다면 이를 방비하고 저항할 힘 또한 잠재되어 있기 마련이다.

신기질은 이 원리를 잘 알고 있었다. 그는 강산이 파괴되고 국토가 빼앗기는 시대에 태어난 탓에 적을 죽여 조국의 영토를 수복하는 것을 평생 잊지 못할 목표로 삼았다. 하지만 그는 누구보다도 내면 깊이 화평을 원했고 이 때문에 안정적이고 평화로운 농경 생활을 열렬히 원했던 것이다. 결국 신기질이 금나라에 빼앗긴 영토를 회복하는 것을 인생 목표로 삼은 것은 민족의 안정적인 생존을 가능하게 할 국토를 회복함으로써 백성들이 외적의 침략을 받지 않고 평화로운 환경에서 농경에 종사할 수 있게 하는 데 목적이 있었다. 그래서 그는 강남 지역의 평화로운 농촌 풍경을 바라볼 때마다 희열을 느꼈다. 그의 작품《청평악》과《작교선鵲橋仙》을 감상해보자.

띠 풀로 엮은 초옥의 처마 낮고도 작은데 茅檐低小

시냇가에는 푸른 풀이 가득하구나. 溪上青青草

술기운 느껴지는 오나라 땅 사투리 부드럽고 아름답게 들리네. 醉裏鳴音相媚好

백발 휘날리는 저 노인은 누구신가? 白發誰家翁媼

큰아들은 시냇가 동쪽 콩밭 김매고 大兒鋤豆溪東

둘째 아들 닭장 짓고 中兒正織雞籠

가장 사랑스러운 막내아들은 最喜小兒無賴

시냇가 풀 위에 가로누워 방금 딴 연밥을 까먹네. 溪頭臥剝蓮蓬

-《청평악》

소나무 언덕에서 더위 피하고 松岡避暑

초가집 처마 밑에서 비를 피하며 茅檐避雨

한가로이 지냈도다. 閑去閑來幾度

취한 채 바위에 기대어 폭포를 바라보니 醉扶怪石看飛泉

잠이 깨는구나. 又卻是前回醒處

동편 이웃은 며느리가 들어오고 東家娶婦

서편 이웃은 딸이 시집가니 西家歸女

등불 아래 웃음소리로 떠들썩하여라. 燈火門前笑語

도화향 술 빚을 수 있었던 건 釀成千頃稻花香

밤마다 하늘 가득 불어준 청풍 덕분이니. 夜夜費一天風露

　　-《작교선》

　이 얼마나 수려한 경치이며 사람들 사이의 인정 또한 얼마나 아름다운가! 이는 사 문단에서 보기 드문 전원의 즐거움을 주제로 한 가작이다. 신기질의 또 다른 전원시《서강월西江月》과《자고천》도 감상해보자.

밝은 달빛 비치니 가지 끝에 앉았던 까치 놀라 날아가는구나. 明月別枝驚鵲

청량한 바람 늦은 밤 매미 울음소리 실어 보내고 淸風半夜鳴蟬

벼꽃 향내 풍기니 풍년을 말하는 이때 稻花香裏說豐年

한 무리의 개구리 울음소리 들려오는구나. 聽取蛙聲一片

　　-《서강월》

마을 어귀 작은 길 뽕나무에 부드러운 새싹 돋아나고 陌上柔桑破嫩芽

동편 이웃의 누에가 알에서 깨어나며 東鄰蠶種已生些

평평한 언덕 위 가느다란 풀 사이 송아지 울어대니 平岡細草鳴黃犢

추위로 소슬해진 나뭇가지 사이 까마귀를 석양이 비춰오네. 斜日寒林點暮鴉

　　-《자고천》

　이전에 문단에서 누가 이처럼 진지하게 농사짓는 풍광을 묘사했으며, 누가 이토록 깊이 있게 향촌의 풍경을 감상했을까? 오직 신기질만이 '인생의 근본은 근면하게 일하는 데 있으니 마땅히 농사를 우선시

해야 한다'라고 생각했기에 《자고천》에서도 명구를 남길 수 있었다.

성안의 복숭아꽃, 자두꽃은 비바람으로 스러질까 근심하나 城中桃李愁風雨

봄 색은 시냇가의 냉이꽃 사이에 만개하였구나. 春在溪頭薺菜花

농경 생활을 열렬히 사랑했기에 신기질이 도연명을 사모하게 된 것
도 자연스러운 일이었다. 그래서 그는 《염노교念奴嬌》, 《접련화蝶戀花》,
《수조가두》, 《수룡음》, 《자고천》에서 도연명을 배우고자 하는 염원과
그를 향한 사모하는 마음을 드러냈다.

동쪽 울타리에서 국화를 따던 須信采菊東籬

천고의 세월을 흘러온 고결한 정 高情千古

오직 도연명뿐이라. 只有陶彭澤

-《염노교》

이곳에 나의 초막 지어 便此地結吳廬

도연명을 배우고자 하니 待學淵明

문 앞에 다섯 그루의 버드나무를 심으리라. 更手種門前伍柳

-《접련화》

나는 도연명 앞에 부끄러워한 지 오래이니 我愧淵明久矣

도연명에 기대어 마음의 더러움 씻고 猶借此翁湔洗

흰 벽에 도연명의 귀거래사를 써보리. 素壁寫歸來

-《수조가두》

나이 들어 도연명을 알게 되었으나 老來曾識淵明

꿈에서 그대 한 번 본 적이 있으니. 夢中一見參差是

-《수룡음》

고귀한 권신들과 귀족들은 도연명과 비교할 수 없으며 若教王謝諸郎在

그들은 뽕나무 앞 작은 도랑의 먼지와도 비교할 수 없도다. 未抵柴桑陌上塵

-《자고천》

도연명을 향한 신기질의 존경과 추앙은 진지하고도 진실했다. 그런데 신기질이 도연명에 관해 쓴 작품 중《하신랑》에 나오는 "도연명을 보면 제갈량처럼 풍치가 있고 멋스럽다"라고 한 구절은 조금 특이한 관점이다. 어째서 도연명이 제갈량과 같은 멋스러움을 지닌 인물이라는 것일까? 어쩌면 도연명의 맑은 심중에 품은 마음, 즉 천하의 대업을 이루려는 웅지가 제갈량과 같아서일 수도 있고 아니면 제갈량이 융중隆中에서 농사를 지으면서 명예와 지위를 추구하지 않았던 점이 도연명과 같아서일 수도 있다.

신기질은 평생 농사지으며 은거하다가 생을 마감한 도연명, 그리고 군대의 전략과 살림을 담당하며 군사軍師로 생을 마감한 제갈량의 풍류를 지닌 사람이다. 다만 그는 각자 처한 인생 환경이 달랐을 뿐이라고 생각했다. 다시 말해 신기질의 생각에는 한 사람의 인생에서 농사지으며 은거하는 삶과 공과 업적을 세우는 삶이 병존할 수 있는 것으로, 결코 모순관계가 아니었던 셈이다.

대호, 표천으로 물러난 신기질은 세상사를 잊지 못했고 마음에 품은 웅대한 포부를 포기하지 못했기에 기회만 닿으면 그 마음을 세상에 다

드러낼 수 있었다. 1188년 겨울, 진량이 신주의 신기질을 찾아왔다. 진량은 세상을 뒤덮을 만한 호기를 지닌 당당한 성격의 소유자여서 비록 이름 없는 선비 신분이었지만 금나라에 대항해야 한다며 조정에 여러 차례 강력히 상소를 올려 신기질의 신임을 받았다. 재능 있는 사람은 서로를 알아보고 서로 아껴주듯 두 사람은 서로 아끼면서 술을 마음껏 마시고 마음껏 노래했다. 이별을 고할 때가 되자 신기질은 사를 지어서 그에게 주었고, 이후로도 두 사람은 글을 주고받으며 서로의 정에 화답했다. 진량과 이별하는 정을 쓴 신기질의 작품《하신랑》을 감상해보자.

나이만 먹고 아무것도 이룬 게 없으니 무슨 할 말 있으랴. 老大那堪說

그러나 오늘 似而今

진등, 진준처럼 호기로운 인물 만나 감개무량하다! 元龍臭味孟公瓜葛

나 비록 병들었지만 그대가 와서 기쁘게 노래 부르고 술 마시며 我病君來高歌飲

누각 위 흩날리는 눈발의 한기를 쫓아내리라. 驚散樓頭飛雪

천 균의 무게로 중시되는 부귀, 한 가닥 머리털처럼 가볍게 여기리. 笑富貴千鈞如髮

우리가 나눴던 조국의 흥망에 관한 식견은 누가 또 들을까? 硬語盤空誰來聽

다만 당시를 기억하는 것은 記當時

서쪽 창가를 비추던 밝은 달뿐이네. 只有西窗月

이리도 뜻이 맞으니 연거푸 잔을 비우고 重進酒

거문고 비파 소리 바꾸세. 換鳴瑟

국가 대사는 변한 게 없는데 사람의 마음은 과거와 다르구나. 事無兩樣人

心別

그대에게 묻노니 問渠儂

금나라에 빼앗긴 중원의 너른 땅, 神州畢竟

얼마나 더 기다려야 찾을 수 있을까? 幾番離合

피땀 흘리며 무거운 소금 수레 끄는 말 아무도 돌아보지 않은 채 汗血鹽
車無人顧

위정자들은 천 리 밖에서 인재를 구하고자 한다네. 千里空收駿骨

한껏 멀리 바라보니 正目斷

변방의 요새와 강의 제방이 막혀 다닐 수가 없구나. 關河路絶

　진등陳登은 자가 원룡으로 천하의 호기로운 선비였고, 진준陳遵은 호가 맹공으로 유명한 호협지사였다. 그들이 진량과 성씨가 같기 때문에 신기질은 진량을 상징하는 의미에서 그 둘을 언급했다. 그리고 냄새와 맛을 뜻하는 '취미臭味'라는 단어를 써서 뜻이 서로 맞음을 표현했고, 오이와 칡 같은 넝쿨식물을 뜻하는 '과갈瓜葛'이라는 단어를 써서 진량과 자신의 친밀한 관계를 묘사했다.

　산에 은거하면서 병중에 손님을 맞이했지만 그럼에도 맘껏 술 마시고 노래 부르며 막힘없이 글을 쓰니 호걸이 아니라면 어찌 이렇게 할 수 있었겠는가! 관직에서 파면된 선비 한 명과 벼슬 않는 이름 없는 선비 한 명이 중원의 미래에 관한 대사를 논하는 모습인데, 재능을 품었으나 때를 잘못 만나 실현하지 못한 데 대한 비통함을 허심탄회하게 이야기하고 있으니 이 어찌 영웅들의 한탄이 아니라 하겠는가!

　이 시에서 말한 '북벌의 결심을 죽을 때까지 강철처럼 지키는 사내 대장부'처럼 신기질은 무쇠 같은 사나이였다. 설령 때를 만나지 못해 낙심하더라도 설령 어찌해볼 수 없는 환경에 놓여도 그는 여전히 하늘을 메울 만한 원대한 꿈, 죽음에 이르러도 변하지 않을 포부를 지닌 사나이였다.

그러나 신기질은 금나라에 대항하여 영토를 회복하는 일이 얼마나 어려운지 누구보다도 잘 알았다. 그래서 그는 그간 고민했던 결과와 대책을 《미근십론》과 《구의》에 조목조목 밝혀 상소로 올렸지만 감감무소식이었다. 설상가상 신기질이 지방 장관을 하면서 보여준 박력 있고 신속한 일 처리 능력과 다양한 재능은 조정 대신들의 시기와 참소를 불러일으켰다.

신기질은 분명히 알고 있었다. 젊은 시절 변방을 누리던 시절의 호방한 꿈과 혁혁했던 공은 이미 꿈처럼 사라져버렸고, 지금 남은 건 꿈을 펼칠 수 없는 냉정한 현실뿐이라는 것을 말이다. 그래서 그는 《만강홍滿江紅》에서 길게 탄식한다.

마주가 신풍의 객점에 묵고 倦客新豐

소진이 모피 외투를 입고 유세를 하며,[30] 貂裘敝征塵滿目

풍훤이 삼 척 길이 보검을 두드리며 노래를 불렀을 때 彈短鋏青蛇三尺

당시 그 누가 그들이 한 말의 뜻을 알아차렸던가? 浩歌誰續

강남의 영웅들 나이 많다 주저하지 마라. 不念英雄江左老

그 모습 그대로 중용하면 적을 이겨 나라에 공을 세우리라. 用之可以尊中國

탄식하노니, 만 권의 시경과 상서를 읽고 嘆詩書萬卷

군주를 성군으로 만들려고만 하나 致君人

천하는 함락당한 채 중원 수복의 길은 열리지 않는구나! 翻沉陸

그는 교우관계가 넓었음에도 자기를 알아주는 지음은 찾기 힘들었다. 그래서 그는《청옥안》에서 이렇게 말한다.

> 나 비록 무리 가운데 그녀를 수없이 찾았지만, 眾裏尋他千百度
> 무심코 고개 돌리니 驀然回首
> 그녀를 발견하였도다. 那人卻在
> 도리어 꺼져가는 등불 앞에서. 燈火闌珊處

그는 심지어 근심을 말하는 것조차 부질없는 짓이라 여겼다. 그래서《추노아醜奴兒》에서 이렇게 개탄한다.

> 지금 근심 걱정의 쓰라림을 맛보니 而今識盡愁滋味
> 말하고 싶어도 결국 말 못 하고 欲說還休
> 청량한 가을 하늘만 말할 뿐이로다! 卻道天涼好個秋

그렇다면 신기질은 요동치는 심정을 어디서 위로받고 안정을 되찾았을까?《수룡음》에서 "그 누가 가서 단장한 미녀 불러다 나를 위해 실의한 영웅의 눈물을 닦아줄까"라고 말한 것처럼 위로를 받았을까? 혹은《만강홍》에서 "한 미녀 내 마음 가련히 여겨 머리에 꽂을 노란 국화 따줄까"라고 말한 것처럼 위로를 받았을까? 그렇지 않다. 적진을 누비며 용맹하게 싸웠던 전사가 어찌 한량처럼 남녀 간의 사랑에서 안식처를 찾았겠는가! 오랜 노력 끝에 그가 찾아낸 인생의 귀착점은 다름 아닌 대자연이었다.

만년의 신기질은 관직에서 물러나 전원에 은거하면서 산수에 정을

언제나 조화 속에서 방법을 찾다 - 신기질

의탁한 채 대자연의 품에서 마음속 웅지와 세월을 함께 소진했다. 그는 표천의 별장에서 《하신랑》이라는 사를 써서 산수와 정자, 누각, 기암괴석 등을 노래했다. 정운정停雲亭을 노래한 다음 시를 보자.

슬프도다! 나 이미 노쇠하였으니! 甚矣吾衰矣

평생 함께 유람할 친구 천하에 흩어져 있었으나 恨平生交遊零落

지금 남아 있는 이 얼마런가! 只今余幾

오랜 세월 백발만 덧없이 길어지고 공명은 이루지 못했지만 白髮空垂三千丈

세상만사 담담히 받아들이네. 一笑人間萬事

그 무엇이 진정 내게 기쁨이 될 것인가! 問何物能令公喜

푸른 산의 멋스러운 자태를 보노니 我見青山多嫵媚

푸른 산 또한 나를 볼 때 그러하리라. 料青山見我應如是

내 품은 뜻과 풍채가 푸른 산을 닮았도다. 情與貌略相似

술 한 잔 따라 창 앞에서 一尊搔首東窗裏

도연명을 생각해보노라. 想淵明

《정운》을 썼을 때 이런 느낌이었을지. 停雲詩就此時風味

술 마시며 공명을 구했던 강남의 인사들이 江左沉酣求名者

어찌 음주의 정수를 깨닫겠는가! 豈識濁醪妙理

술기운 오르면 고개 돌려 길게 읊으니 回首叫

바람이 일고 구름이 떠내려가는구나. 雲飛風起

자유분방한 옛사람을 보지 못함 안타까운 것 아니라 不恨古人吾不見

옛사람이 자유로운 날 보지 못함이 아쉬울 뿐. 恨古人不見吾狂耳

날 이해해주는 이 몇몇 친구뿐일세! 知我者二三子

당시 신기질은 벌써 환갑의 나이가 되어 뜻을 같이했던 벗인 진량, 한원길 등이 이미 세상을 떠나고 없었으니 맨 앞 구절에서의 장탄식이 이해가 된다. 도연명의 시에 나오는 정운정에 앉아 홀로 여유롭게 술 마시던 중 신기질은 도연명이야말로 비록 옛사람이지만 자기를 알아주는 유일한 지음이라고 생각했다. 그러나 그나마도 교제가 다 끊기면 그 누가 자신과 술잔을 나눌 수 있을지 고민한다. 그 후 깨달은 것은 오직 대자연만이 그 자리를 메워줄 수 있다는 사실이었다. 그래서 그는 입을 열어 "푸른 산의 멋스러운 자태를 보노니 푸른 산 또한 나를 볼 때 그러하리라"라고 노래한다.

이 사에 사용된 '무미嫵媚'라는 단어는 본래 당나라 태종이 명재상 위징을 평가할 때 사용한 말로 풍채가 남성스럽고 기개가 있다는 의미다. 푸른 산이 우뚝 솟아 웅대하고 깊고 수려한 위용을 갖추었으니 신기질의 눈에 위용 있고 아름답지 않을 수 없었다. 그러면서 신기질은 본인이 영웅다운 풍채와 세상을 덮을 만한 재능과 인격을 갖추었으니 푸른 산의 눈에도 자신이 아름답게 보이리라고 자신감 있게 말한 것이다. 작가와 푸른 산이 서로를 알아주는 지음으로서 동시에 깊은 공명에 이른 셈이다.

세상을 덮을 만한 기개를 품은 이 영웅은 자연의 품에서 마음의 위로를 얻었다. 그 누가 신기질더러 장대한 뜻을 이루지 못해 평생 원한을 품고 산 나머지 평범한 삶을 초월하지 못했다고 말했나! 그의 인생은 분명히 장엄하고 웅장한 한 편의 교향시와 같았다. 1악장이 군마가 울부짖고 화살이 쉭쉭 날아가는 전장의 선율이었다면 여울물과 폭포 소리, 소나무 숲에서 들리는 소슬한 잎사귀 소리가 한데 어우러진 마지막 악장으로 그는 인생을 마무리한 셈이다.

6

대범하고 품위 있게 고난을 뛰어넘다

●

소식

"평생 이룬 업적을 묻는다면
귀양살이뿐일세"

●

송나라 휘종 때인 1101년 5월, 인생길의 종착역을 향해 달려가던 노년의 소식은 진강鎭江 금산사金山寺에 막 도착했다. 그리고 그곳에 걸려 있는 자신의 초상화를 바라보며《자제금산화상自題金山畵像》을 지었다.

마음은 마치 다 타버린 나무토막 같고 心似已灰之木

몸은 마치 매어두지 않아 떠다니는 배와 같도다. 身如不繫之舟

평생 이룬 업적이 무어냐 묻는다면 問汝平生功業

황주 혜주 담주에서의 귀양살이뿐일세. 黃州惠州儋州

어째서 소식은 자신이 평생 이루어놓은 일이라고는 황주 등 세 곳에서 한 유배 생활밖에 없다고 했을까? 소식의 탄생 시기를 시작으로 그의 생애 전반을 둘러보자.

어릴 적부터 총명하고 지혜로웠던 소식은 스무 살이 되던 해에 아버지를 따라 성도로 갔을 때 지방 장관 장방평張方平에게 '천상의 기린'이라고 불릴 정도로 재능을 인정받았다. 그리고 스물두 살 되던 해에는 진사에 합격했는데 당시 썼던 글로 구양수에게 극찬을 받았다. 모친이 세상을 떠나자 고향에서 삼년상을 치른 뒤 다시 돌아온 소식은 스물여섯 살이 되었을 때 최고 등급인 제과制科[31]에 합격한다.

그때부터 소식은 장안에 이름을 크게 떨쳤고 앞으로의 출셋길은 보장된 것이나 다름없었다. 그러나 벼슬길은 생각만큼 순풍에 돛 단 듯 평탄하지만은 않았다. 그는 봉상부로 발령받아 첨서판관簽書判官으로 3년을 지내면서 지방 관리의 실무를 익힌 뒤, 서른 살에 비각秘閣의 직사관直史館을 지내고 서른네 살에는 전중승殿中丞이 되었다.

그런데 당시 조정은 왕안석의 신당이 기존의 법을 개정한 신법新法을 통해 국정 전반의 개혁을 주도하던 시기였다. 소식은 왕안석의 신법이 지나치게 조급하고 폐단이 심하다고 생각해서 황제에게 이를 반대하는 상소를 올렸다. 이는 당시 정권을 쥐고 있던 왕안석과 여혜경呂惠卿 등을 격노케 했다. 공교롭게도 비슷한 시기에 소식은 간신배 무리로부터 황당한 모함을 받게 되는데, 그 내용은 소식이 관가의 배를 이용해서 사적으로 소금을 판매, 운반한다는 것이었다.

물증이 없어 이내 누명은 벗게 되었지만, 이 사건을 계기로 아귀다툼하는 정권에 환멸을 느낀 소식은 지방 근무를 자청한다. 그래서 소식은 서른여섯 살이 되던 해에 항주杭州 통판通判으로 내려가는데 그것도 잠시, 또다시 밀주密州의 지주知州, 서주徐州의 지주를 거쳐 마흔네 살에는 호주湖州의 지주가 되어 3개월을 머무른다.

대범하고 품위 있게 고난을 뛰어넘다 – 소식

그런데 그 무렵 소식은 또 한 번 신당으로부터 그가 쓴 시에 조정을 비방하는 내용이 포함되어 있다는 참소를 받고 체포되기에 이르는데, 이것이 바로 오대시안烏臺詩案 사건이다. 이 때문에 그는 변경汴京까지 압송된 뒤 어사대御史臺의 감옥에서 장장 130여 일간 철창신세를 진다. 어사들이 진상을 밝혀내려고 그를 모질게 추궁하였지만 소위 죄목을 증명할 증거라고는 신법을 풍자했다는 시구뿐이었다. 정의감이 살아 있는 일부 조정 대신들은 짧은 시구 하나, 문자 하나를 '귀에 걸면 귀걸이 코에 걸면 코걸이' 식으로 해석해서 사람을 죄인으로 몰아넣는 처사에 항의했다.

많은 이가 당시 황제인 신종에게 소식의 사면을 청했고 심지어 조정에서 물러나 강녕江寧에서 지내던 왕안석을 비롯해서 지체 높은 태황태후 조曹 씨까지 소식의 사면을 청했다. 결국 신종은 소식을 사면했지만 그를 머나먼 황주의 황폐한 땅으로 보낸다. 조정은 떠나는 소식에게 명목상으로 한직을 안겨주긴 했지만 이는 유배나 다름없는 귀양살이였다.

1080년 폭죽이 변경 성 하늘을 수놓는 화려한 정월 초하루, 소식은 어사대에 압송되어 변경을 떠나 황주를 향해 길을 떠난다. 황주는 황량하고 편벽한 작은 도시인 데다 소식은 그나마 죄인의 신분이어서 유배 초기 몸을 의탁할 곳이 없었던 탓에 정혜원定惠院이라고 불리는 작은 사찰에 머무른다. 밤바람이 여전히 차가운 봄의 어느 밤, 소식은 강변에 홀로 나가 산책하면서 깊은 적막에 영혼을 맡긴 채 다음 시《복산자卜算子》를 쓴다.

이지러진 달은 성긴 오동나무에 걸려 있고 缺月掛疏桐

물시계도 끊어져 인적조차 드문데. 漏斷人初靜

누가 보리요, 외로이 이리저리 거니는 은둔자의 모습을 誰見幽人獨往來

아득히 저 멀리 외로운 기러기 그림자 縹緲孤鴻影

놀라 일어나 고개 돌려 보아도 驚起卻回頭

내 원한 알아줄 이 없구나. 有恨無人省

차가운 가지에 깃드는 새는 없나니 揀盡寒枝不肯棲

적막한 모래톱에 차가운 기운만 감도네. 寂寞沙洲冷

시에서 언급된 '외로운 기러기'는 오갈 데 없어져 어찌할 바 모르지만 여전히 고결함을 잃지 않는 은둔자를 상징한다. 은둔자가 외로운 기러기이고 외로운 기러기가 은둔자인 셈이다. 당연히 그 은둔자는 소식 자신을 가리킨다.

황주에 도달한 이후 소식의 삶에는 큰 변화가 생긴다. 그는 비록 대대로 고관대작을 지낸 명망 있는 가문 출신은 아니었지만, 그래도 끼니를 거르지 않을 정도로 가정 형편은 넉넉했었기에 어릴 적부터 의식주 때문에 걱정한 적은 없었다. 벼슬길에 오른 뒤에도 나라에서 주는 녹봉이 있었기에 경제적으로 궁핍하지 않았다. 그러나 황주로 귀양을 오고부터는 상황이 달라졌다. 비록 검교수부원외랑檢校水部員外郎 황주단련부사黃州團練副使라는 직함을 가지고 왔지만, 정상적인 녹봉조차 받을 수 없는 이름뿐인 직책이었기 때문이다.

소식은 애초부터 부귀영화에 대한 욕심이 없었기 때문에 수중에 모아둔 재산도 얼마 되지 않았다. 아무리 절약하고 근검하게 산다 해도 수중에 있는 돈으로는 얼마 버티지도 못할 것이 분명했다. 과연 1년도 되지 않아 가진 돈이 바닥나고 말았다. 하는 수 없이 한 친구가 그를 대신해 황주 관아에 청을 넣어 소식이 황무지를 개간할 수 있게 해주었다. 그 황무지가 황주성 동문 밖의 산자락에 있어서 소식은 그 땅을 '동파東坡'라고 불렀다. 그리고 그는 자신의 호까지도 '동파거사'라고 지었다. 이는 당나라 백거이가 충주忠州로 귀양 갔을 때 충주 성 밖의 동쪽 언덕을 무척 아꼈다는 일화를 염두에 둔 것이기도 했다.

황폐한 땅을 개간하고 남은 시간에 그는 단순히 산수와 풍월만 감상한 것은 아니었다. 그는 시간이 날 때마다 책을 읽거나 직접 저술하였다. 또 가까운 곳에 초당을 세우고 사방의 벽에 겨울철 풍경을 그려 넣어 '설당雪堂'이라고 이름 지은 뒤 서재로 삼기도 했다. 그는 황주에서 세 번이나 《한서》를 필사하고 《논어설論語說》이나 《역전易傳》같은 학술지를 저술하는 등 학자로서의 연구도 게을리하지 않았다. 그는 황주에서 시는 많이 짓지 못했지만 그 시기를 전후로 《적벽부赤壁賦》, 《한식우寒食雨》, 《동파》 등의 명작을 남겼으며 전사塡詞나 서화 등에도 관심이 있어서 거의 매일 서예를 했다. 그래서인지 오늘날 남아 있는 동파의 글씨는 황주에서 쓰인 것이 가장 많고 서법이나 서체에 대한 조예가 한층 깊어진 것도 바로 황주에서였다.

그가 황주에서 쓴 작품 중에는 유독 사가 많았다. 황주에서 총 4년 3개월의 시간을 보낸 것을 고려하면 매년 19수의 사를 지은 셈이다. 주목할 만한 것은 소식이 황주에서 지은 79수의 사 중에는 다른 지역에서 지은 사보다 명작이 더 많다는 점이다. 따라서 황주에서의 시간은 소식의 인생에서 사 창작의 절정기라고 할 수 있다. 예컨대 강한 기개가 엿보이는 《염노교·적벽회고念奴嬌·赤壁懷古》를 감상해보자.

장강은 동쪽으로 굽이쳐 흐르며 大江東去

세찬 물결로 천고의 인물들을 다 쓸어가 버렸네. 浪淘盡千古風流人物

옛 성의 서쪽에는 故壘西邊

사람들 말하길 삼국의 주유가 싸웠던 적벽이 있다네. 人道是三國周郎赤壁

어지러이 널린 바위 구름 뚫을 기세로 솟아 있고 亂石崩雲

성난 파도는 강기슭 할퀴며 달려들어 驚濤裂岸

천 겹의 눈덩이 쌓아올리듯 捲起千堆雪

이 강산 한 폭의 그림 같으나 江山如畵

한때 영웅호걸 그 얼마나 많았던가! 一時多少豪傑

아득히 멀리 주유 살던 때 생각하니 遙想公瑾當年

소교와 막 혼인하고 小喬初嫁了

영웅의 자태가 드높았으리. 雄姿英發

깃털 부채와 비단 두건 쓰고 담소하던 중 羽扇綸巾談笑間

적군의 배는 재가 되어버렸지. 强虜灰飛烟滅

이 마음 혼백 되어 고향 땅 노닐 때 故國神游

정 많던 그대여 날 보고 웃겠지. 多情應笑我

일찍 희어진 머리 보고서 早生華髮

인간의 삶이란 꿈과 같은 걸 人間如夢

강에 비친 달에 한 잔 술 권하노라. 一樽還酹江月

《염노교·적벽회고》는 소식의 사 가운데 대표작일 뿐만 아니라 역사적으로도 전무후무할 만큼 호방한 기개를 자랑하는 작품이다. 조금의 과장도 없이 말하자면 황주에서의 귀양살이는 소식의 인생관을 더욱 성숙하게 하였고, 문학 창작에서도 더욱 진중하고 깊이 있는 방향으로 진전되게끔 도운 시간이었다. 따라서 황주에서의 삶은 소식의 인생에서 가장 중요한 이정표적인 시기라고 할 수 있다.

송 철종 때에 소식은 다시 가까스로 조정으로 복귀하여 한림학사지제고翰林學士知制誥 등의 요직으로 승진한 뒤, 세 번이나 어린 임금 철종의 시독학사侍讀學士직을 맡는다. 황제가 어려서 고태후가 섭정을 했기에 신법을 주장했던 개혁파는 세력 기반을 잃게 된다. 그러나 사마광司馬光을 수령으로 한 구당파가 1년도 안 되어 신법 전체를 폐지해버리자 소식은 다시 한 번 반기를 든다.

소식이 과거에 반대했던 것은 신당파의 신법이었는데, 그것은 단지 급진적인 개혁에 따른 사회 전반의 부작용을 우려했기 때문이었다. 비록 이번에는 신당파가 아닌 구당파로 주체 세력이 바뀌었고 개혁의 명목도 과거로의 회귀일 뿐이라고 하나, 그 역시 방식이 급진적이므로 반기를 든 것이다. 결국 그는 이로 말미암아 구당파로부터 미움을 사 조정에서 또다시 밀려난다. 그래서 항주, 영주潁州, 양주의 지주직으로 좌천되고 만다.

고태후가 세상을 떠난 뒤 철종의 친정이 시작되자 밀려났던 신당파는 권토중래의 기회를 노린다. 소식은 당시 정주定州의 지주로 있다가 다음 해 4월에는 영주英州로 떠밀려 가고, 이어서 혜주로 다시 한 번 보내진다. 그해 10월에 소식은 혜주에 도착하지만 당시 조정의 권력을 장악한 신당이 정적들을 경계하기 시작하면서 혜주에서의 처지는 황주에서보다 더욱 곤궁해진다. 갈수록 노쇠해지고 병이 가중된 데다 그곳의 기후조차 적응하기 어려웠기 때문이다.

그러다가 혜주에서의 생활이 3년 되던 해 소식과 오랫동안 함께했던 시첩 조운朝雲이 병에 걸려 세상을 뜨고 만다. 그 후 소식은 성 밖의 백학봉白鶴峰에 집을 한 채 짓고 의흥宜興에 두고 왔던 자녀들을 모두 데려와 혜주 땅에 장기적으로 머물 준비를 한다. 그런데 돌연 조정으로부터 또다시 해남 담주로 가라는 지시가 도착한다.

예순두 살의 소식은 막내아들 소과蘇過와 함께 바다를 건너 담주로 향한다. 담주는 해남도 서북쪽에 있어 산림이 무성하고 날씨가 무덥지만 겨울철에는 해풍이 차고 특히 말라리아가 유행해서 중원의 인사들에게는 한 번 가면 되돌아오지 못할 지옥으로 불리는 지역이었다. 장돈章惇 등의 신당파 인사들이 예순둘의 노인 소식을 담주로 보낸 것은 그를 죽음으로 내몰려는 의도 외에 다른 이유가 있다고는 볼 수 없었다.

담주의 궁핍하고 낙후한 생활 환경은 소식의 상상을 뛰어넘었다. 그는 친구에게《대솔개무이大率皆無耳》를 써서 보내 어려운 상황을 토로하기도 했다.

"이곳에는 먹을 만한 고기가 없고 병에 걸려도 약이 없으며, 쉴 만한 집도 벗 삼을 이도 없다네. 겨울에는 땔감이 없고 여름에는 시원한 샘물도 없으이. 일일이 열거하기도 쉽지 않아 대개 이렇다네."

대부분의 것이 없다는 것 외에도 담주에는 중원의 인사들을 머리 아프게 하는 어려움이 있었으니, 그것은 바로 풍속이 다르고 언어가 통하지 않는다는 점이었다. 그렇다면 소식은 어떤 방법을 써서 이러한 악조건을 극복했을까? 그가 이를 극복할 수 있었던 비장의 무기는 바로 낙관적이고 적극적인 인생관과 견고한 의지였다.

그는 높은 곳에서 아래를 굽어보는 듯 정신적으로 유리한 고지를 점령했기 때문에 일체의 고난을 무시할 수 있었다. 그래서 아무리 장돈 무리가 고립무원 해남 땅에 그를 사장시키려 해도 소식은 지게 지고 밭을 거닐며 노래 부를 수 있었고《역전》과《서전書傳》,《논어설》 등의 저술에 집중할 수 있었다. 이들 작품은 소식의 평생에 걸친 학술 활동의 결정체라고 할 수 있다. 소식이 해남에서 지었던 시문은 그의 시 세계에서 새로운 경지를 개척해서 시풍이 화려하기도 하고 소박하기도 하며 자연스럽기도 했다. 그중에서도 특히《화도시和陶詩》가 이런 변화를 가장 극명하게 보여주는 시다.

3년간 해남 지역의 낯선 기후와 풍토에 적응하느라 몸이 많이 상했지만, 어느덧 유배 생활이 풀려 육지로 돌아갈 시기가 되었다. 북으로 돌아가는 그의 얼굴은 곳곳이 그을리고 백발마저 듬성듬성해 누가 봐도 노색이 짙었지만, 그의 정신만큼은 의연하고 강건하고 낙관적이고 대범하여 여전히 품위 있는 동파거사의 모습 그대로였다.

이 시기는 소식에게 가장 고난스러웠지만 한편으로는 그를 가장 찬란히 빛나게 한 기간이었다. 화려한 궁궐도 출입해보고 고관대작과도 어울리던 그였지만, 천 년이 지나도록 우리 맘에 새겨진 그의 대표적인 이미지는 화려한 비단옷으로 치장한 소식이 아닌 담주에서 삿갓 쓰고 나막신 신은 동파거사의 모습뿐이다. 그래서 소식이 "평생 이룬 업적이 무어냐 묻는다면 황주 혜주 담주에서의 귀양살이뿐일세"라고 한 것은 웅지를 펼치지 못한 채 밀려난 삶에 대한 자조적 어조가 실린 시구이기도 하지만, 한편으로는 유배 생활에서만 얻을 수 있었던 풍성한 문학적 결실을 반어적으로 표현한 것이라고 하겠다.

아는 것을 말하는 것이
호연지기다

●

소식은 벼슬길에 오른 뒤에도 자주 좌천되어 외지로 유배를 떠나는 삶을 반복했기 때문에 조정에서 관직을 감당했던 시간은 평생에 걸쳐 고작 8년 11개월뿐이었다. 그러나 그의 마음은 늘 충정으로 가득 차 있었다. 훗날에 대한 두려움 없이 직언을 서슴지 않았으며 신변을 걱정하지 않고 옳은 일을 위해 싸웠다.

소식의 정치사상은 당시 정권을 잡고 있던 왕안석과 정반대였기 때문에 두 사람은 서로 자주 비판했다. 소식은 왕안석의 정책에 대해 관중管仲과 상앙의 술책이라고 비난했고 왕안석은 소식의 학문이 전국시대 종횡가의 것에서 나왔다고 비꼬았다. 솔직히 소식이 왕안석을 빗댄 것은 겉껍질을 깨고 들어가 급소까지 찌른 정확한 말이었다. 반면 왕안석이 소식을 빗대어 한 말은 소식의 학문에 대해 겉껍질만을 살짝

건드렸을 뿐 그 안의 핵심까지는 이르지 못했다. 실제로 왕안석은 유가 경전에는 정통했으나 자신을 과신하는 경향이 있었다. 그래서 그가 주장한 변법 이론도 유가의 경학으로 포장하긴 했지만 그 안의 명목은 《주례周禮》의 옛 제도에 근거를 두고 있었다. 그의 변법은 실질적으로 관중과 상앙이 부국강병을 위해 실천했던 법가 학설을 옮겨온 것에 불과했다. 소식은 이를 손금 보듯 꿰뚫었던 것이다.

사실 소식은 신당파가 내놓은 개혁안에 무조건 반대만 했던 것은 아니다. 현실에 안주하며 발전 없이 그럭저럭 지내는 것도 거부했기 때문이다. 하지만 그와 반대로 목적 달성에 급급한 나머지 독한 약을 써서 병을 치료하려는 태도에도 반대했다.

일찍이 1061년, 소식은 제거制擧, 즉 황제가 특별히 필요한 인재를 뽑는 과거시험에 응시하면서 바쳤던 대책론을 통해 조정과 정치에 대한 자신의 소견을 서술했다. 이를 통해 소식은 삼용三元[32], 즉 세 가지 쓸모없는 제도와 양적兩積[33], 즉 삼용으로 쇠락한 두 가지 영역의 폐단을 없애야 한다고 주장했다. 그러기 위해서는 불필요한 관리에 드는 자원과 잉여 병력을 줄여서 비용 낭비를 줄이고 관리제도를 정비하며, 군대를 훈련해서 정치를 혁신하고 군대의 전투력을 증강해야 한다고 했다.

소식이 이렇게 주장하기는 했지만 이는 순전히 점진적인 혁신을 통해서 이뤄야지 급진적인 변법을 통해서 서둘러 추진하자는 뜻이 결코 아니었다. 법의 제정과 수정, 폐지는 반드시 신중해야지 절대 조령석개朝令夕改 식으로 다뤄서는 안 된다고 했다. '수천만의 현자를 얻더라도 하루에 법을 몇 번이나 바꿔버리면 천하는 제대로 다스려질 수 없다'는 말을 믿었기 때문이다. 여기서 알 수 있듯이 소식이 생각하는 혁신의 최종 목적과 구체적인 수단은 왕안석의 것과는 기본적으로 방향이 달랐다. 그래서 원래부터 개혁의 필요성을 느끼고 있던 소식이었지만 송 신종과 왕안석이 기세를 드높이며 갑작스럽게 법을 바꾸려 하자 이를 결사반대했던 것이다.

철종이 즉위하면서 신당파의 세력이 약해지고 구당파의 대표로 사마광이 부상하기 시작했다. 신당파의 왕안석이 혜성처럼 등장해서 신법을 추진했던 때와 마찬가지로, 사마광도 빠른 속도로 신법을 폐지하려 했다. 소식은 그 무렵 황주에서의 유배 생활을 마치고 조정으로 돌아가던 참이었는데 사마광이 신법의 하나인 면역법免役法, 즉 노역 면제법을 폐지하려 한다는 말을 듣고 이를 공개적으로 반대했다.

그는 노역제도를 면제하거나 유지하는 것에는 각각 장단점이 있다고 여겼다. 당시는 노역 면제법이 시행된 지 20년이 지난 상태라 백성이 이미 거기에 익숙해졌으므로 법을 그대로 유지하는 것이 낫고, 다만 그중에서 불합리한 부분만 혁신하면 될 뿐이라고 말했다. 이 주장 탓에 소식은 결국 사마광의 노여움을 사고 만다.

이처럼 신종 때부터 철종에 이르는 기간에 신·구 양당이 서로 정권을 뺏고 빼앗기면서 정국은 바둑 판세가 뒤집히듯 내일의 승자를 짐작할 수 없는 상황이 되었다. 사대부 중에는 정권을 잡은 권력자에 빌붙거나 뜻을 정하지 못한 채 갈등하는 부류가 있었는데, 권력자에 아부하면 부귀와 권세를 어렵지 않게 얻을 수 있다는 사실은 삼척동자도 아는 사실이었다.

소식도 누구보다 총명했기에 신당이 우세할 때는 왕안석의 뜻에 맞추고 구당이 우세할 때는 사마광 편에 서는 것이 유리하다는 사실을 몰랐을 리가 없다. 전쟁터에서도 대장군의 말머리가 향하는 방향을 보고 사병들이 진퇴를 결정하듯, 정권의 향방에 촉각을 곤두세우고 줄을 잘 서야 부귀영화가 따를 뿐 아니라 적어도 화는 당하지 않는다는 사실을 말이다. 그러나 소식은 정확하게 이 원리와 반대로 행동했는데, 이는 개인의 이해득실은 따지지 않고 오직 국가의 이익만을 도모하는 순수한 충심 때문이었다.

이 시기는 참으로 소식의 정치 소양과 품격이 가장 빛났던 전성기로 범중엄, 구양수 등의 혁신적인 선비들이 보여주었던 도덕의 기준을 실제 행동을 통해 현실화했다. 개인의 이익 때문에 줏대 없이 신당, 구당을 넘나들며 기회만 엿보던 여혜경, 유격劉擊 무리, 혹은 이렇다 할 자신의 입장을 정확하게 밝히지 않은 채 눈치만 살피던 왕규王珪 무리와 비교해봤을 때 소식은 두보의 《영회고적永懷古跡》 시에 나온 표현처럼 "만고의 구름 낀 하늘에 날리는 깃털 같은" 사람이라고 할 만했다. 성리학의 대가 주희도 소식에 대해서는 "동파의 뜻은 비록 편파적이라고 하지 않을 수 없으나 그 기개와 절개만큼은 과연 타인을 능가한다"라고 칭송할 정도였다.

출사 이후 소식이 궁벽한 외지의 지방 장관으로 떠돈 세월은 장장 13년 6개월에 달했다. 그는 봉상, 항주, 밀주, 서주, 호주, 등주登州, 영주, 양주, 정주 등지를 전전하며 첨판簽判, 통판, 지주 등의 직책을 맡았다. 그중 가장 오래 머무른 곳은 봉상 지역으로 첨판직으로서 3년 임기를 꽉 채웠던 것이 유일하다. 그리고 가장 짧게 머물렀던 곳은 등주 지역으로, 그곳 지주로 간 지 고작 5일 만에 다시 명을 받들어 떠나야 했다.

후대 사람들은 동파가 임관했던 지역을 방문할 때마다 곳곳에 남아 있는 그의 명문장이나 시구를 발견한다. 소식이 겪은 인생 역정을 모르는 사람이라면 그가 산수와 풍월을 읊고 천하를 유유자적하느라 곳곳에 자취가 남아 있는 것이라고 오해할 수도 있다. 사실은 그가 조정의 지시로 그토록 많은 임지를 전전할 수밖에 없었는데도 말이다.

소식은 어느 한 지역에 관리로 부임하여 도착하면 그곳 백성의 상황과 풍속을 먼저 세심하게 살피고, 그들이 겪는 어려움이나 제도의 폐단은 없는지 꼼꼼히 검토했다. 이처럼 세심하게 통치해서 백성들은 하나같이 그를 존경했다. 다음 두 가지 사례를 보자.

1077년, 소식이 서주로 간 지 4개월이 지나 역대 보기 드문 홍수가 졌다. 며칠 후 홍수는 그쳤지만 황하가 범람하는 바람에 성 밖에 불어난 물의 깊이가 10미터 가까이에 달했고 성내 평지를 불과 3~4미터 남겨놓고 물이 넘실댈 정도였다. 소식은 이런 위기에서도 두려워하지 않고 마을의 경험 많은 노인들에게 홍수를 막을 방도를 묻는 한편 백성 5,000명을 모아 제방을 재건하고 성벽을 견고히 하였다. 그러나 상황은 좀체 나아지지 않고 점차 긴박해지기만 했다. 그러자 소식은 조정의 금지령도 무시한 채 현지에 주둔 중이던 임금의 근위대 금군禁軍에 급히 지원을 요청했다.

그 뒤로도 장장 2개월간 백성과 군대를 지휘하여 매일같이 흙을 날라다가 둑과 성을 재건하는 한편, 양식을 모아 수재민에게 주는 등 재난 대책에 온 힘을 기울였다. 밤낮 쉬지 않고 재난 대책에 힘쓰느라 무리한 탓에 지팡이를 짚고 다닐 정도였지만, 소식은 오히려 성 자락에 초막을 세우고 거기서 살면서 현장을 떠나지 않았다. 이렇게 2개월이 지나자 과연 물이 점차 빠지기 시작했다.

인자仁者는 용감하다고 했던가! 소식은 어진 마음 하나로 홍수 피해 복구의 책임을 지고 끝까지 용감하게 싸웠다. 물이 빠지기 시작하자 소식은 이번에는 어떻게 해야 다음번 홍수를 예방할 수 있을지 고민하기 시작했다. 황하는 50~60년마다 한 번씩 홍수로 범람하는 데다 특히 서주 지역은 변수汴水와 사하泗河의 하류에 있어 지대가 낮으므로 미리 방비하지 않으면 다음에 또 같은 피해를 볼 수 있었다. 이 사실을 알게 된 그는 이듬해 봄이 되자 외성을 보수하고 홍수를 막아줄 새로운 제방을 증건하기 시작했다.

소식이 이토록 책임감 있게 행동하여 위기에 대처할 수 있었던 것은 그에게 두 가지 면모가 있었기 때문이었다. 첫째는 위기가 닥쳤을 때 당황하지 않고 차근차근 피해를 수습하는 수장의 풍모와 위기대처를 가능하게 하는 행정적인 능력이다. 둘째는 천하의 안녕을 도모하는 것이 자신에게 맡겨진 사명이라고 여기는 유가의 기품이다.

만약 그에게 첫 번째 면모가 없었다면 갑작스럽게 몰아닥친 홍수의 피해를 수습하기 어려웠을 것이다. 그리고 그에게 두 번째 면모가 없었더라면 언제 닥칠지 모를 홍수까지 예방하려고 제방과 성곽을 보수하지는 않았을 것이다. 왜냐면 당시 규정상 지방 장관은 임기가 3년이었으므로 3년 이후의 일은 자기 소관이 아니라는 이유로 충분히 회피할 수도 있었기 때문이다. 게다가 홍수 피해 수습도 이미 마무리되었고 임기 내에는 추가로 홍수가 발생하지 않을 것이 분명한데, 굳이 백년대계를 세울 필요가 있었겠는가? 그러나 소식은 말했다시피 인격과 소양이 온몸에 배어 있는 사람이었다. 그래서 백년대계를 위해 끝까지 애썼던 것이다.

1089년, 소식은 조정의 지시로 또다시 항주로 향했다. 그가 처음 항주에 부임했던 시기를 기준으로 장장 15년 만에 다시 돌아가게 된 셈이다. 한편으로는 감격스럽고 기쁜 마음도 있었으나 임기 초기부터 어려움이 기다리고 있을 줄은 몰랐다. 우선 임기 첫해 작황이 좋지 않아 곡물값이 폭등했고 역병이 돌아 인심이 흉흉했다. 소식은 온갖 방법을 동원해서 곡물 수급을 조절해서 물가를 안정시켰다. 그리고 사재를 털어 황금 50냥을 마련한 뒤 환자를 돌보는 '안락방安樂坊'을 세우고 의학에 정통한 승려를 모셔와 환자를 돌보게 했으며, '성산자聖散子'라고 불리는 탕약을 백성들에게 무료로 나누어준 끝에 역병의 유행을 막아냈다.

소식이 지방 장관을 역임할 때 보여준 행동을 보면 그가 유가에서 말하는 인의 정치에 강한 믿음을 가지고 있었고, 이를 실제로 행동으로 옮기려고 노력했다는 사실을 알 수 있다. 그는 유학의 정신을 매일의 삶에 실천하여 백성과 함께 근심하고 백성과 함께 즐거워했으며, 자신의 정치 업적을 중시하기보다는 백성의 안위와 생업을 더욱 챙겼다. 비록 중앙 조정의 정쟁에서 밀려나 좌천된 관리의 신분이긴 했지만 현지 백성들이 겪는 고통은 그의 마음을 무겁게 했고 할 수 있는 데까지 최대한 노력해서 문제를 해결하려고 애썼다.

남송의 시인 육유는 《춘일잡흥春日雜興》에서 소식을 향해 "촌로의 신분으로서 책임이 없었는데도 거리의 유민들 끝내 마음을 울리네"라고 노래했다. 소식은 굳이 어떤 일을 해야 하는 책임이 없는 신분이었는데도 백성들에게 무슨 문제가 있으면 일부러 현지 관아를 찾아가 대책을 제시했고, 심지어 직접 지방의 공익사업에 참여하기도 했다. 마치 현지 백성의 안위를 지켜야 하는 책임이 자기 자신에게 있는 것처럼 말이다. 소식에게 유가의 인정사상은 한몸과도 같은 신념이 되었기에 백성의 어려움을 해결해주는 것이 거의 본능에 가까운 행동이 되었던 것이다.

이처럼 지방 관리를 할 때 소식의 몸에 배었던 책임감은 면직된 이후까지도 줄곧 그에게 남아 어디를 가든 발휘되었다. 영남 지역으로 좌천되어 갔을 때 그는 조정의 권력자들에게 일거수일투족을 감시, 의심받던 때라 솔직히 자기 자신을 돌볼 겨를조차 없는 처지였다. 그런데도 소식은 발이 닿는 곳마다 조금도 주저함 없이 백성의 복지를 위해 전심전력했다. 이처럼 동파는 인애정신을 삶을 통해 관철하고 실천했으니 유가의 "잠시라도 인을 떠나지 않고 어려운 상황에서도 마찬가지다"라는 말에 딱 들어맞는 인물이다.

현실에 충실할수록
삶은 존엄해진다

●

소식은 정치와 학술 방면에서 뛰어난 수완을 보여 한 명의 정치가 혹은 학자로서 역사에 충분히 이름을 날렸을 뿐 아니라 문학과 예술 분야에서도 대단한 창의력을 발휘했다. 만약 정치, 학술, 문학, 예술 분야의 성과를 종합하여 고려해본다면 소식은 중국 역사를 통틀어 감히 견줄 만한 사람이 없을 정도로 독보적인 재능의 소유자였다고 할 만하다. 그는 고문 방면에서는 당송팔대가唐宋八大家의 한 사람으로 추앙받는 등 송대 최고의 고문가로 인정받았다.

시 분야에서는 북송 시단에서 황정견과 이름을 같이 올리고 송나라 전체를 통틀어서는 육유와 어깨를 나란히 할 정도였으니, 가히 송나라 최고의 시인이라 할 만하다. 사 방면에서는 신기질과 함께 '소신蘇辛'이라 불리며 송사의 최고봉을 이룬 대표 인물이었다. 서예 방면에서도

대범하고 품위 있게 고난을 뛰어넘다 - 소식

황정견, 미불米芾, 채양蔡襄 등과 함께 송사가宋四家로 꼽힐 만큼 대단한 실력을 인정받았다. 회화 방면에서도 마찬가지다. 소식은 묵죽과 고목, 기암괴석으로 회화사에서 명성이 대단했으니 가히 문인화 분야의 개척자라고 할 만하다.

그렇다면 소식 한 사람이 이토록 다양한 분야에서 정상에 오를 수 있었던 이유는 무엇일까? 의심할 여지 없이 남다른 재능 덕분이다. 전해지는 바에 따르면 소식이 세상에 태어날 때 고향의 팽로산彭老山 초목이 모두 말라죽었다고 하는데, 놀랍게도 소식이 세상을 떠난 뒤에 푸름을 회복하여 다시 울창해졌다고 한다. 그래서 주변朱弁의《곡유구문曲洧舊聞》에 보면 이치李廌가 소식의 죽음을 애도하며 "명산과 큰 강에 천고의 영험한 기운을 돌려주었다"라고 한 말도 나온다.

이처럼 소식은 재능을 타고나기도 했지만 후천적으로도 쉬지 않고 노력했다. 그는 삶을 뜨겁게 사랑했고 잠깐의 짧은 시간이라도 아끼며 인생을 진지하고 적극적으로 대했기 때문이다. 소식이 현실의 삶을 뜨겁게 사랑했음은 그의 사《수조가두水調歌頭》를 통해서도 엿볼 수 있다.

바람에 몸 실어 돌아가려 해도 我欲乘風歸去

옥으로 된 누각에 옥 같은 집이라도 두렵기만 한 것은 又恐瓊樓玉宇

너무 높아 추울까 하노라. 高處不勝寒

일어나 춤추며 맑은 그림자와 놀지만 起舞弄清影

어찌 인간 세상에 비하리오. 何似在人間

전해지는 바에 따르면 송나라 황제 신종은 소식의 이 시를 보고는 "소식이 짐을 사랑하는 마음이 이러했구나"[34]라고 하면서 임금을 향한 충심을 표현한 시라고 여겼다고 한다. 그러나 사실 이 시에 담긴 것은 임금을 향한 마음이 아니라 인간 세상을 향한 사랑이었다. 소식은 정을 인류의 가장 근본적이고 자연스러운 속성이라고 생각했다. 정치 이상도 인류도 도덕도 모두 사람의 정에 기초하므로 인정을 위배해서는 안 된다고 여겼다. 이처럼 그는 유가 경전도 모두 인정에 기초한다고 생각해서 《중용론中庸論》에서 "성인의 도는 그 근본을 보면 모두 인정에서 나왔다"라고 말하기도 했다.

소식은 성정이 올곧고 돈독하며 도량이 넓고 성격이 모나지 않아 늘 선한 마음으로 다른 사람을 대했으며, 종교와 학문의 유파를 초월하여 누구와도 잘 어울렸다. 그래서 소식 자신도 "위로는 옥황대제를 섬기고 아래로는 고통받고 헐벗은 백성을 섬긴다"라고 했는데, 실제로 그는 위로는 고관대작부터 아래로는 평범한 백성까지 마음을 다해 대하였다.

문동文同은 소식보다 열여덟 살이나 위였고 미불은 소식보다 열네 살이나 어렸지만 그들은 모두 소식과 세대를 초월한 교제를 나누었다. 유경문劉景文은 장수 집안 출신이지만 승려나 다름없을 정도로 불교의 도가 온몸에 밴 사람으로, 소식과는 생사를 같이하는 벗이 되었다. 이 밖에 소식은 수많은 평민과도 교제하였는데 예컨대 황주의 서민 반병潘丙, 고경도古耕道, 담주 여족黎族의 여자운黎子云, 부림符林을 비롯해서 성명이 확인되지 않는 사람만 10여 명에 달했다.

일찍이 소식은 담주의 시장에서 땔감을 파는 여족 산골 주민을 알게 되었는데, 두 사람은 비록 언어가 통하지 않았지만 손동작으로 의사소통을 했고 여족 주민은 소식에게 차가운 바닷바람을 막으라고 무명으로 된 외투를 선물하기도 했다. 이에 깊이 감동한 소식은 특별히 《화도

의고和陶擬古》라는 시를 지어 이 일을 기억에 남기기도 했다.

소식은 정치적인 적수에게도 충직하고 돈독한 마음으로 대했다. 장돈은 소식과 같은 해에 과거에 급제해서 그와 다년간 교제한 동기였다. 그런데 이후 장돈이 재상의 지위에 오르면서부터는 정치 적수가 되어 온갖 방법을 동원해서 소식을 핍박했다. 몇 년 후 정국이 돌변해서 소식은 사면을 받아 다시 북으로 돌아왔고, 도리어 장돈이 탄핵을 받아 남으로 유배 가는 상황이 되었다. 장돈의 아들 장원章援이 소식에게 부친의 구명에 힘써달라고 요청하자, 소식은 옛 원한은 잊은 채 좋은 말로 그를 위로한 뒤 직접 '백술방白術方'을 써주어 낯선 유배지 생활에 비상용 의약 처방으로 가지고 있으라고 서신에 덧붙이기도 했다.

충직함과 돈독함, 진지함을 갖춘 천성으로 소식은 현실 세계와 사람들을 사랑하고 아꼈다. 이 때문인지 그에게는 비현실적인 피안의 세계에 대한 환상이 없었다. 그래서 그는 《화도신석和陶神釋》에서 "신선이 산다는 산과 부처가 있다는 극락정토는 어쩌면 없을까 하노라"고 말하기도 했다. 그래서인지 소식은 일상의 소소한 즐거움을 누릴 줄 알았다.

평범하고 소박한 생활에서도 그는 무궁무진한 맛을 감지해내고 느꼈다. 진귀한 음식이든 평범한 음식이든 감칠맛 나게 즐길 줄 알았고, 시구를 통해 그 기쁨을 다른 이들과 공유하기도 했다. 고금의 시인 중 음식을 주제로 시를 짓는 시인이 적지 않은데 소식도 그중 한 명이었다. 유가에서는 본래 물질 생활을 누리는 걸 배척하지는 않지만, 소쿠리에 밥을 먹고 표주박으로 물을 마시듯 소박한 삶을 통해 안빈낙도하는 것을 더 가치 있다고 여긴다. 이것이 바로 후대 유가에서 숭상해 마지않는 공안낙처孔顔樂處의 삶이다.

이러한 유가의 정신을 굳이 언급하지 않더라도 소식은 원래 소박한 삶을 사랑했다. 이 때문에 그는 평범하기 그지없는 일상에서도 행복감을 느꼈고, 심지어 그 안에서 미적인 감각과 시상을 떠올릴 수 있었다. 소식이 해남에 유배되어 갔을 때 가끔 먹을 것이 떨어지면 아들 소과가 고구마로 죽을 쑤어 '옥삼갱玉糝羹'을 차려내곤 했는데 동파는 그것을 칭송하며 "이런 맛은 천상의 소타酥陀도 모르며 인간 세상에도 없는 맛이다"라고 시를 짓기도 했다. 그리고 항주에 머물렀을 때 지은 사《청옥안靑玉案》에서는 "조운이 한 땀 한 땀 바느질했던 봄옷은 서호의 비에 젖곤 했지"라는 표현을 쓰기도 했다. 고구마로 쑨 죽 한 그릇이나 애첩 조운이 손수 지어준 옛 봄옷 한 벌은 평범하기 그지없는 것들이지만, 소식의 붓끝에서 그토록 깊고도 아름다운 정을 덧입고 다시 태어난 것이다.

물론 평생 수많은 좌절과 시련을 겪었기 때문에 소식은 하루에도 수없이 '덧없다'고 할 만한 인생의 환멸을 느꼈을 것이다. 근대 사상가 리쩌허우李澤厚는 이에 대해 "아옹다옹 살아가는 우리의 인생이 궁극에 어떤 목적과 의의를 가지는지 이 근본문제에 대한 의심과 권태, 해탈과 포기의 상태다"[35]라고 표현했다. 그러나 이는 나무만 보고 숲을 보지 못함으로써 소식이라는 사람을 완전히 잘못 이해한 것이다.

만약 정말로 소식이 인생의 의의에 대해 의심을 품고 싫증을 느꼈다면 어떻게 황주와 혜주, 담주의 지역적 악조건에서도 그 안의 삶을 끝까지 책임감 있게 마무리할 수 있었겠는가. 그가 삶을 권태롭게 느꼈다면 정치, 학술, 문학, 예술, 공예 등의 방면에서 그토록 거대한 공을 세울 수 있었겠는가. 그리고 임종 직전까지 맑은 정신을 가지고 서천 극락정토의 유혹을 거절할 수 있었겠는가.

옛말에 '하늘의 운행은 힘차고 온전하니 군자는 그것을 본받아 스스로 강건해지고자 끊임없이 애쓴다'라고 한 것에 대해 소식은《역전》에서 이렇게 해석했다.

"무릇 하늘이 어찌 강함만 가지고 온전해질 수 있겠는가! 오직 끊임없이 애쓰는 까닭에 온전해질 수 있을 뿐이다. 그래서 흐르는 물은 썩지 않는 법이며 그릇도 자주 써야 벌레가 꼬이지 않는 법이다. 이런 까닭에 군자가 정중하고 공손함으로 무장하면 날로 강해질 것이요, 안일하고 방자하면 날로 경박해질 것이다. 강하면 오래가고 경박하면 소멸되고 만다."

이처럼 그는 '자강불식自强不息'을 평생 좌우명으로 삼아 적극적인 태도로 삶을 살았다. 그래서 조정에 있든 초야에 묻히든 앞길이 순탄대로이든 역경에 처했든 늘 성실하게 맡은 일을 처리했고, 할 일이 없다고 공허해 하거나 침울해 하지 않았다.

소식은 종교와 학파를 가리지 않고 고루 흡수했으나, 그중에서도 실제에 부합하고 세상사에 도움이 되는 이론을 중시하고 허무맹랑한 가벼운 이야기는 반대했다. 소식이 항주에서 통판을 지낼 때였다. 그는 당시 지주인 진술고陳述古와 함께 선학禪學의 이치를 배우고 즐겼는데, 둘은 가끔 선학에 대한 생각과 뜻이 맞지 않아 충돌하기도 했다. 소식은 선학의 내용 중 인생 수양에 도움이 되는 것만을 받아들일 뿐 황당한 내용은 거부했지만, 진술고는 현묘하고 공허한 선학의 도리를 모두 좋아했기 때문이다. 소식은 훗날 진술고를 회상하면서《답필중거答畢仲舉》에서 이렇게 말했다.

"과거에 진술고는 선(禪)을 논하길 좋아하고 스스로 선의 높은 경지에 이르렀다고 생각하면서 내가 말하는 이치를 받아들이지 않았다. 그래서 나는 진술고에게 말했다. '그대가 말하는 것을 음식에 비유하자면 용의 고기에 해당하고 내가 말하는 것은 돼지고기와 같다네. 그대는 온종일 용의 고기에 대해 말하지만 한 번 먹으면 배도 부르고 맛도 좋은 나의 돼지고기만 못하지.'"

그는 진술고의 한담이 듣기에만 좋지 실속이 없는 용의 고기와도 같아서 실제로 먹어서 배부르게 해주는 돼지고기만 못하다고 비유했다. 즉, 오묘하고 종잡을 수 없어 실제에 부합하지 않은 고론보다는 깊이는 없지만 실용적인 학설을 잘 연구하여 실천에 주력하는 것이 더 낫다고 여긴 것이다. 실천적인 면을 중시하는 사람은 나태하거나 산만하지 않으며 신중하고 근면하기 마련이다. 소식도 《답필중거》에서 이렇게 말했다.

"불교를 배우는 것은 본래 평온함과 달관에 이르는 데 목적이 있다. 그러나 평온함은 나태함과 비슷하고 달관은 방자함과 유사하다. 따라서 그것을 배우고자 하는 이는 그 바라는 바에 도달하지 못하고 그것과 유사한 것만 먼저 얻게 되니, 해가 없다고 하지 못하리라. 나도 항시 이것으로 말미암아 나 자신을 조심시키는 까닭에 이것들을 드러내어 그대와 의논하노라."

소식은 개인적으로 승려를 비롯해서 도사들과도 친밀한 관계를 유지했고 불경과 도가 서적을 두루 공부했다. 그렇지만 양대 종교의 폐단을 평소 경계했던 터라 그 폐단으로 인한 부정적인 영향은 거의 받지 않았다. 즉, 선학의 도가 선비의 삶에 나태함과 방자함을 쉽게 불러올 수 있다는 단점이 있는데, 적어도 소식의 행위에서만큼은 그런 흔적을 거의 찾아볼 수 없다. 서주의 성벽에서 소식이 온 힘을 기울여 홍수 피해를 복구하고 재해 방지를 위해 고군분투했던 시절이나 서호에 제방을 쌓는 현장에서 백성과 같이 먹고 자며 준설 현장을 지휘하던 때, 한림학원에서 조서의 초안을 잡던 학사로 지내던 때나 임시로 야자수 잎을 덮은 움막에서 비바람을 온몸으로 맞았던 나그네 시절에도 소식은 시종 진지하고 근면하게 삶을 살았고 일 촌의 시간도 헛되이 보내지 않았다.

옛 문인들은 생산 활동을 위해 노동하는 것을 천시했고 심지어 유익한 기술을 발명하는 것조차 사악하고 음험한 기교라고 여겨 거들떠보지도 않았다. 그러나 소식은 그들과는 달랐다. 그는 서화가로서 붓과 묵, 종이, 벼루가 어떻게 만들어지는지 제조 방법을 손바닥 보듯 다 꿰고 있었고 손수 묵을 만들기도 했다. 그리고 그는 지방 장관으로서 농업생산뿐 아니라 수리, 방충, 농기구, 양종 등의 기술을 부지런히 연구하고 보급했다.

그뿐 아니라 광물 채굴, 제련 등과 같은 공업기술에도 뜻을 두고 연구함으로써 민생에 도움을 주었다. 일상에 필요한 각종 기술, 예컨대 의약, 양주, 요리, 복식 등에 대해서도 정통하지 않은 것이 없었으며 수많은 방법을 고안하고 제품을 발명해냈다. 한때 변경성汴京城 내에서 유행했던 '자첨모子瞻帽'나 '동파육東坡肉' 등도 모두 처음에 소식이 고안해서 지금까지도 사랑받는 아이템들이다.

소식이 평생 남긴 학술 저서와 문학 작품, 서화 작품은 셀 수 없이 많고 수준 또한 높다. 그렇다면 그는 어떻게 그렇게 짧은 시간 동안 중국 문화사에 크게 공헌을 할 수 있었을까? 1100년 겨울, 소식은 유배지 생활에서 풀려나 북으로 돌아가던 중 곡강曲江에 이르렀다. 작은 배에 몸을 싣고 가던 중 급물살을 만나 모래톱에 잠시 정박했을 때, 사방은 파도로 출렁였지만 그는 눈 하나 깜짝 않고 차분히 배 안에 앉아 글씨를 썼다. 이는 동파가 아무리 변고를 당해도 당황하지 않는 도량을 가지고 있으며 자강불식의 정신을 삶에서 그대로 실현하고 있음을 보여주는 일화다. 그 외에도 이듬해 5월, 소식은 금릉으로 돌아가면서 정지원程之元에게 서신을 써서 그에게 정혁程奕이 제작한 붓 100필, 월주越州에서 만든 종이 2,000폭을 대신 사달라고 부탁한다.

그때 소식은 병세가 심해져서 이미 인생의 막다른 길을 향해 가던 때였지만, 그런 상황에서도 마음속으로는 여전히 앞으로 해야 할 막대한 양의 일을 계획하고 있었던 것이다. 과연 그로부터 2개월 후 소식은 세상을 떠나고 만다. 만약 그가 그때 세상을 등지지 않았더라면 얼마나 많은 서화 작품을 이 세상에 더 남겼을지 아무도 모를 일이다.

역사를 돌아보면 생전에 문화적으로 큰 공을 세웠지만 사후에야 비로소 인정과 사랑을 받게 되는 인물이 적지 않다. 하지만 그중에서도 지식층과 서민층 모두에게, 그리고 부녀자와 선비들 모두에게 공통으로 사랑받는 인물은 고금을 막론하고 소식이 유일하다.

소식이 올린 제방 위에 서서 푸른 물결 일렁이는 서호를 바라볼 때마다, 비계가 많지만 느끼하지도 않고 입에 넣으면 사르르 녹는 동파육을 먹을 때마다 천재의 기운이 넘쳐흐르던 동파 노인을 연상하지 않을 수 없다. 이러한 물질 형태의 유산도 물론 귀하긴 하지만 소식이 우리에게 남긴 더 고귀한 유산은 역시 정신적인 형태의 사상 문화라고 할 수 있다. 그는 우리에게 경이로운 양의 문학 작품과 서화 작품을 유산으로 남겨주었고, 이는 우리 심미적 감성의 샘을 마르지 않게 해주는 원천이 됐다. 소식이 남긴 작품들은 그의 풍부한 인생 경험과 대단한 창의력에 힘입어 풍성한 내용과 다채로운 품격이 돋보인다.

이 때문에 후대인들은 소식의 성과에 대해 '소식의 바다'라는 뜻의 '소해蘇海'라는 이름을 붙이기도 했다. 남송 사람 이도李塗는《문장정의文章精義》에서 여러 문인의 고문을 평가하며 말하기를 "한유의 글은 바다 같고 유종원의 글은 샘과 같으며 구양수 글의 풍격은 파도 같고 소식의 글은 조수와도 같다"라고 했다. 하지만 명나라 말기 오위업嗚偉業은 이에 대해 그렇지 않다고 했다. 그는 스승인 장보張溥가 쓴 소식문집의 서문인《소장공문집서蘇長公文集序》를 통해 이렇게 말했다.

"이도는 한유의 글을 바다라 하고 유종원의 글은 샘과 같다 했으며 구양수 글의 풍격은 파도 같고 소식의 글은 조수와 같다고 했으나 그렇지 않다. 그것을 바꾸어 말하면 '한유의 글은 조수와 같고 구양수의 글은 파도 같으며 유종원의 글은 강과 같고 소식의 글은 바다와 같다'라고 하는 게 맞다."

소식이라는 인물이 바다처럼 그 기상이 천추에 빛날 뿐 아니라 항상 분발하여 무언가를 이루어내려는 적극적인 정신을 가지고 파도처럼 웅장하고 격동하는 인생을 살았기 때문이다.

낙관적 천재가
고난에 대처하는 자세

●

소식은 평생 수도 없이 많은 고난과 시련을 겪었다. 그래서 그는 과거를 돌아보며《서퇴지시書退之詩》에서 탄식 조로 말했다.

"한유는 시에서 자신의 별자리는 마갈魔蝎을 신궁身宮으로 삼았다고 하였는데 나는 마갈을 명궁命宮으로 삼았으니 평생 수많은 비방을 들었구나. 가히 동병상련이라!"

남송의 갈입방葛立方 또한 이에 대해《운어양추韵語陽秋》에서 개탄하며 말했다.

"동파는 마갈을 신궁으로 삼고 또 명궁으로도 삼으니 어찌 신과 명의 궁이 같지 않을 수 있겠는가. 명궁의 길흉화복은 신궁의 중요함에 미치지 못한다고 한다. 동파는 신궁, 명궁이 동일하니 이런 까닭에 평생 받은 비방이 한유보다 더 심하였도다."

옛사람들은 자신이 출생하던 당시 달이 있던 별자리를 '신궁'이라고 하고, 그때 상승하는 별자리를 가리켜 '명궁'이라고 했다. 마갈 자리는 비방을 받을 운명의 별자리다. 소식은 신궁과 명궁이 모두 마갈 자리였으므로 당연히 한유보다 더 많은 비방과 고난을 겪어야만 했을 것이다. 그러나 실제로는 소식이 슬퍼하며 원망으로 보낸 날은 그리 많지 않았다. 오히려 그는 더 많은 시간을 낙관적이고 즐거운 마음으로 보냈다.

소식은 천성이 편안하고 부귀영화에 욕심이 없었다. 스물여섯 살 되던 해에 벼슬길에 처음 오르면서 변경을 떠나 임지인 봉상鳳翔을 향해 가게 되는데 이 때문에 정주鄭州 서문 밖에서 동생인 소철과 눈물의 작별을 하게 된다. 그러면서 소식은 불과 한 해 전 비가 보슬보슬 내리는 날 회원懷遠의 역참에서 둘이 세웠던 맹약을 떠올리며 《신추년십일월십구일기여자유별어정주서문지외마상부시일편기지辛醜年十一月十九日既與子由別於鄭州西門之外馬上賦詩一篇寄之》라는 글을 써서 동생에게 당부한다.

쌀쌀한 밤을 비추는 등불 아래 일 년 전 일이 떠오르는구나. 寒燈相對記疇昔
어느 때야 밤비 소슬하게 내리는 소리 둘이 함께 들을까. 夜雨何時聽蕭瑟
그대여 이 마음 절대 잊지 말고 君知此意不可忘
고관 벼슬에 대한 애착도 갖지 말기를. 慎勿苦愛高官職

두 번이나 과거에 급제해 이름을 드날려 위풍당당해야 할 청년이, 그것도 이제 갓 벼슬길에 나서서 전도유망한 청년 관리가 동생에게 당부하는 말이 고관대작의 권력과 부귀를 탐하지 말라는 것이니 이 얼마나 고결한 마음인가! 물론 소식이 평생 한 번도 부귀영화를 누리지 않았던 것은 아니다. 청년 시절 벼슬길에 나서서 철종 때에 조정으로 다시 돌아온 뒤로는 순풍에 돛 단 듯 소식의 관직 생활이 잘 풀렸다. 1088년 어느 저녁, 고태후가 한림원에서 당직을 서던 소식을 내전으로 불러내 오랜 유배 생활에 지친 그를 거듭 위로했다.

말을 마친 뒤 고태후는 좌우를 명해서 어전의 금련촉 등불을 가져오라 시켜서 소식이 안전하게 한림원으로 돌아가게끔 밤길을 호위하게 했다. 한림학사 지제고知制誥 직책과 황제 가까이서 강독하는 시독학사를 겸임하는 것도 문신으로서 영광인데, 당시 수렴청정을 하던 태후로부터 이 같은 은총을 받은 것은 대단한 일이었다.

그러나 소식은 부귀영화를 하늘 위의 뜬구름처럼 여겼기 때문에 승진을 하든 좌천되든 흔들림 없이 늘 소박하고 의연한 태도를 유지했다. 무언가를 일시적으로 얻는다고 기뻐하거나 한순간 잃었다고 근심하지 않는 사람이었다. 6개월 후 소식은 황제께 상소를 올려 외지로 전근 가기를 청했는데, 이는 물론 정적의 정치 음모와도 관련이 있었으나 그가 부와 귀를 뜬구름처럼 여겼다는 것을 보여주는 일이다.

10년 후 소식은 좌천되어 유배지나 다름없는 해남도의 담주로 가게 된다. 하루는 그가 큰 지게를 지고 밭 가운데를 걸으며 노래를 부르고 있었다. 그때 노파 한 명이 지나가면서 그를 향해 "한림학사 시절의 지난날 부귀는 일장춘몽이지요?"라고 했다. 그러자 소식은 그녀의 말이 맞다 하면서 하하 웃고는 그때부터 그녀를 '춘몽파春夢婆'라고 불렀다.[36]

대범하고 품위 있게 고난을 뛰어넘다 - 소식

소식에게 부귀영화란 눈앞에 흩날린 뒤 순식간에 사라져버리는 연기에 불과했으니 그에게 무슨 특별한 가치가 있었겠는가? 일찍이 고태후가 소식을 극진히 대우했던 것은 소식으로 하여금 조정에 충성하게끔 고무시키고자 했던 것이다. 소식은 그로 말미암아 조정에 충성했을지는 몰라도 높은 지위와 후한 녹봉 때문에 충성한 것이 아닌 것만은 분명하다.

후대 사람들은 고태후야말로 소식의 재능을 제대로 알아보고 은혜를 베푼 지우지은知遇之恩이라고 한다. 그러나 사실 소식의 깊은 내면까지 알아본 지음知音, 그러니까 거문고 소리를 듣고 알 정도의 인물은 밭 가운데서 만난 춘몽파가 아닐까?

그러나 안타깝게도 운명은 전원에서 농사지으며 소박하게 살고자 한 소식의 소망을 무시한 채 그를 무정한 정쟁의 급류 속으로 끌고 들어갔다. 음험하고 악한 정치 세력은 소식에게 억울한 죄목을 씌워 감옥으로 밀어 넣은 것도 모자라 평생 험하고 황량한 외지를 돌며 유배 생활을 하게 했다. 장강 변의 황주에서 남해 변의 혜주, 다시 해남도의 담주에 이르기까지 그는 갈수록 편벽하고 황량한 시골로 향했다.

소식은 유배지에서 9년 10개월 정도를 보냈는데 이는 조정에서 임직했던 기간보다 1년이 더 많은 기간이다. 그렇다면 이렇게 기나긴 유배 시기를 소식은 어떻게 보냈을까? 그는 어떻게 그토록 어렵고 험한 환경에서 생존할 수 있었을까?

후대 사람들은 소식이 유배 생활을 견딜 수 있었던 힘은 전적으로 적극적이고 낙천적인 성격 덕분이라고 입을 모은다. 마치 소식이 고난이라는 것을 전혀 개의치 않는다는 듯, 그리고 활달한 성격 하나면 어떤 어려움이든 흔적도 없이 사라지기라도 하듯 말이다. 그러나 이는 소식이라는 사람을 잘못 이해한 것이다. 사실 소식에게 갑작스럽게 고난이 찾아올 때마다 그 고난은 이미 손을 쓸 수도 없을 만큼 상황이 악화된 경우가 많았다. 1079년 7월 29일 밤, 압송되어 변경을 향해 가던 소식은 배에 몸을 싣고 양자강을 건너던 중 말할 수 없는 원통함 때문에 강에 투신하여 자진하려는 생각마저 품었다.[37] 어사대가 있는 감옥에 들어가서는 밤낮으로 자백을 강요받자 치욕스러움을 이기지 못해 그간 모아두었던 금청단金青丹을 한꺼번에 먹어 자진하려고 맘먹기도 했다. 그래서 그는 옥중에서 두 차례나 절명시를 썼는데 그 어조가 침통하여 차마 끝까지 읽을 수 없을 정도다. 결국 증거가 없어 풀려나기는 했지만, 그 뒤로도 거듭되는 유배 생활 속에서 낙담과 고독을 끊임없이 경험해야만 했다.

1082년 한식에 소식이 지은 《한식우》를 감상하면서 그의 비통했던 심정을 함께 느껴보자.

봄에 불어난 강물이 집 안으로 넘어 드니 春江欲入戶

비의 기세는 수그러들지 않는구나. 雨勢來不已

내 작은 초가집은 고깃배처럼 小屋如漁舟

물안개 속으로 묻혀 아득할 뿐이네. 濛濛水雲裏

썰렁한 부엌에서 찬 나물이라도 삶아볼까 空庖煮寒菜

부서진 부뚜막에 물 젖은 갈섶이라도 땔까. 破竈燒濕葦

오늘이 한식인지 어찌 알랴 那知是寒食

다만 까마귀가 지전 물어오는 걸 보고 알았도다. 但感烏銜紙

임금 계신 곳은 구중궁궐의 깊숙한 곳에 있고 君門深九重

조상의 산소는 만 리 먼 곳에 있네. 墳墓在萬里

대범하고 품위 있게 고난을 뛰어넘다 – 소식

막다른 길 만나 울고 싶어도 也疑哭途窮

불씨 꺼져 싸늘히 식은 재는 살아나질 않는구나. 死灰吹不起

　소식이 처했던 진퇴양난의 고통이란 막다른 길에 이르렀을 때 그나마 통곡이라도 할 수 있었던 완적의 것보다 배나 심했다. 그의 심정은 한식날 부슬부슬 내리는 비보다도 더 침울하고 처량했다.《한식우》의 친필 작품은 후대에 와서 '천하제삼행서天下第三行書'라고 불리며 지금까지도 탁월한 작품으로 인정받고 있다.

　이 작품을 잘 보면 순간 커졌다가 돌연 작아지며 길이와 크기를 달리하여 써내려가는 비범한 글자와 행간에 주체할 수 없는 우울함과 넋두리, 비통함이 뼈저리게 느껴진다. 그러니 어떻게 그의 성격을 단순히 활달하다고 단정할 수 있으랴!

　좌천과 유배가 반복되는 삶에서도 소식이 끝까지 마음의 심지를 굳힌 채 좀처럼 변하지 않을 수 있었던 또 다른 이유는 세상을 맑게 하려는 의지와 도덕적 소양 덕분이었다. 덕분에 아무리 어사대에서 시의 내용을 죄목으로 삼아 추궁하는 등 온갖 고난이 갑작스럽게 찾아와도 그의 내면에는 재난에 대응할 정신적인 힘이 이미 준비되어 있었다. 그래서 황주에 막 도착하여 친한 벗 이상李常이 안부 서신에서 조우하지 못함을 슬퍼할 때도 동파는 회신《여이공택서與李公擇書》를 통해 이렇게 심중을 표현했다.

　"새롭게 지은 시들을 보노라면 서로 멀리 작별함으로 인한 실의와 망연함밖에 보이지 않네. 비록 이 형이 나를 아낌이 두터우나 나는 도리어 마음을 쇠처럼 하고 창자를 돌처럼 굳히어 공을 대하겠소. 내 처지가 비록 늙고 궁하나 여전히 내 안의 도만은 심장과 간을 관통하고 충의가 골수를 따라 흐르고 있으니 생사에 대해 웃으며 논하는 게 마땅하지. 만약 그대가 나의 곤궁함을 가련히 여긴다면 이는 도를 배우지 않은 자와 다를 것이 무엇이겠는가?"

이러한 심성을 품고 있었기에 소식은 어려운 환경에서도 낙관적이고 활달하며 자연스러운 풍격을 유지할 수 있었던 것이다.

소식은 황주에 도착하여 안정을 되찾은 뒤 그곳에 오래 머물 계획을 세웠다. 좋은 땅을 사서 가족을 다 데려와 함께 살 요량이었다. 그래서 1082년 3월 7일, 몇몇 벗과 동행하여 사호沙湖 부근의 땅을 보러 가기로 했다. 그런데 문을 나서고 얼마 지나지 않아 하늘이 어두워지기 시작하더니 폭우가 쏟아졌다. 폭우에 옷이 다 젖는 바람에 동행한 벗들은 하나같이 난감해 했지만 소식만은 전혀 두려운 기색 없이 오히려 시를 읊으면서 유유히 걸어가는 것이 아닌가! 일을 마치고 돌아오는 길에는 비가 그치면서 태양이 다시 고개를 내밀었다. 소식은 비록 이번 행로에서는 맘에 드는 땅을 사지는 못했지만 《정풍파定風波》라는 시를 지어 당시의 소회를 드러냈다.

숲을 뚫고 잎 때리는 빗소릴랑 듣지 않고 莫聽穿林打葉聲
시 읊으며 소소히 걷는 것도 괜찮지 아니한가! 何妨吟嘯且徐行
대나무 지팡이와 짚신만으로도 말 탄 것보다 경쾌하니 竹杖芒鞋輕勝馬
무언들 두려우랴! 誰怕
도롱이 입고 안개비에 평생 몸을 맡기니 一蓑煙雨任平生
차가운 봄바람에 술기운이 스러지는구나. 料峭春風吹酒醒

대범하고 품위 있게 고난을 뛰어넘다 – 소식

싸늘하여라. 微冷

산머리 걸린 석양이 날 맞이하네. 山頭斜照却相迎

고개 돌려 조금 전 소슬했던 곳 바라보니 回首向來蕭瑟處

지나가 버렸구나. 歸去

비바람도 없지만 개지도 않았어라. 也無風雨也無晴

만약 비바람이 굴곡진 인생의 상징이고 청명함이 순탄한 인생의 상
징이라면 "비바람도 없지만 개지도 않았어라"고 한 부분은 아주 굴곡
지지도 않고 순탄하지도 않은 담담한 인생을 의미할 것이다. 즉, 평화
롭고 담박하며 차분하고 여유 있는 군자의 인격을 드러내는 표현이라
고 하겠다. 구중궁궐에서의 호사도 누려보고 쇠사슬에 매여 감옥으로
끌려가는 치욕도 겪어봤으며 황주에서 밭 갈며 농사짓는 삶을 통해 온
갖 고난을 다 겪어봤던 동파거사였기에 그에게는 인간사의 어떤 영욕
과 위험에도 흔들리지 않을 수 있는 힘이 있었다.

이러한 대범한 성격은 고난을 겪는 과정에서 조금씩 연마된 것이었
다. 황주에 있을 때 고생스럽고 비통한 일을 겪는 과정에서《후적벽부
後赤壁賦》에 나온 것처럼 늘 "초연히 슬픈 마음에 숙연하고도 두려운"
감정을 느껴야만 했고 그래서 후일 혜주로 유배 갔을 때 즈음엔 이미
금강석처럼 변하지 않고 단단한 심지를 가질 수 있었다.

혜주의 가우사嘉祐寺에서 잠시 머물 때였다. 그는 가끔 산 중턱에 있
는 송풍정松風亭에서 지친 몸과 마음을 쉬곤 했다. 한번은 외출 후 돌아
오는 길에 피곤하여 정자에서 쉬고 싶은 마음이 들었다. 그런데 고개
를 들어 송풍정 있는 곳을 멀리 바라보니 아직도 빽빽한 나무에 가려
마치 정차가 나무 꼭대기에 걸려 있는 것처럼 보일 뿐 언제나 도착할

수 있을지 알 수 없었다. 그러나 그 순간 소식이 생각을 바꿔먹자 순식간에 모든 고민이 사라지게 되었는데, 그때의 심정은 《기유송풍정記游松風亭》에 기록되어 있다.

"일찍이 혜주의 가우사에 머물 때였다. 하루는 송풍정 부근을 걷다가 두 다리가 피곤하여 송풍정에 이르러 쉬고 싶은 마음이 간절했다. 그러나 멀리 송풍정 바라보니 지붕이 아직도 수풀 사이에 끼어 멀게만 느껴지니 도대체 언제쯤 도달할 수 있을지 까마득했다. 그러나 조금 뒤 생각을 바꾸자 돌연 깨닫게 되었다. '왜 이 자리에서는 쉴 수 없다고 생각한 것일까?' 그러자 마치 물고기를 낚아 올린 것처럼 한순간에 깨달음이 찾아왔다. 만약 이를 깨닫지 못했다면 적과 첨예하게 대립하는 전쟁터에서도 전고가 뇌성처럼 울려 퍼지는 가운데 비록 돌진하더라도 적의 손에 죽고 말 것이며 후퇴하더라도 군법에 의해 죽고 말 것이다. 이럴 때는 먼저 잘 쉬었다가 가는 것도 무방하다."

그렇다. 모든 목표는 자기가 정하는 것이고 금기사항이라는 것도 자기가 세우는 것이다. 따라서 초조해지고 번뇌하고 근심하고 비탄에 빠지는 것은 다 목표와 금기사항을 불변의 고정적인 것으로 못 박아 움직이지 못하게 했기 때문이다. 그러나 일단 목표와 금기사항이라는 것도 변경될 수 있는 것임을 깨닫게 되면 자기 자신을 옭아맨 구속으로부터 자유로워질 수 있으며 어떤 어려움과 번뇌도 사라질 것이다. 이러한 이유에서 해남도에 도착한 이후 소식의 성격도 더욱 대범해질 수 있었다. 소식이 1098년에 쓴 《시필자서試筆自書》를 감상해보자.

"내가 처음 해남도에 도착했을 때 사방이 바다로 둘러싸인 채 바다 끝이 보이질 않아 처연함이 비통함으로 변해 '언제쯤 이 섬을 벗어날 수 있을까'라는 말이 절로 나왔다. 그러나 잠시 멈추어서 생각해보니 천지가 물로 다 모여들고 구주九州가 모두 큰 바다에 몰려 있으며 나라도 사해 가운데 있으니 바다 안에서 섬이 아닌 곳이 있던가? 한 동이의 물을 땅에 뒤엎어 보면 풀들이 물 위에 떠다니고 개미는 물에 빠져 죽지 않으려고 허둥대며 풀잎 위로 기어 올라간다. 그러나 물이 다 마르면 어떠한가? 개미는 올라갔던 풀잎에서 내려와 동족을 만나면 울면서 '하마터면 너를 못 보고 죽을 뻔했다!'라고 외친다. 그가 어찌 알았겠는가? 조금만 기다리면 사통팔달의 너른 대도가 나타나게 될 줄 말이다. 이 점을 생각하면 참으로 우습지 않을 수 없다."

앞의 두 문장을 대조해보면 소식이 역경을 이겨내는 태도가 전에 비해 훨씬 성숙해졌음을 느낄 수 있다. 전에 송풍정으로 가는 길에서 멈추어 쉬는 것을 논할 때는 자신의 처지에 만족하고 안주하는 법을 깨달았다면, 해남도에서는 자신을 둘러싼 환경의 유한한 범위를 벗어나 더 넓은 시공간에서 고찰할 줄 아는 초월적이고 달관한, 좀더 성숙해진 시선이 느껴진다.

이처럼 소식은 높은 곳에 올라 세상사를 아래로 굽어보는 정신적 고지를 점했기 때문에 모든 어려움을 무시할 수 있었다. 승률이 거의 영에 가까운 악조건에서 그를 승리로 이끈 무기는 강하고 견고한 의지와 대범하고 낙관적인 마음가짐으로 무장한 적극적인 인생관이었던 셈이다.

소식의 이 같은 가치관은 본질이 무엇일까? 어떤 사상의 원천이 그에게 흔들리지 않는 정신적 힘을 안겨줬을까? 이에 대해 사람들은 의견이 분분하다. 유가, 도가, 불가 혹은 세 가지가 한데 융합하여 이를 가능하게 했다는 의견이다.

소식은 확실히 유가·도가·불가사상 모두에서 유용한 정수만을 흡수하여 이를 바탕으로 더욱 발전된 자기만의 독특한 인생관을 만들었다. 도가에서는 물질적인 것을 무시하고 오로지 정신적인 것만을 중시하여 물질세계에 대한 의존에서 탈피하라고 한다. 불가는 금욕주의적 색채가 있어서 속세의 물질에 대해 달관할 수 있는 정신을 가지라고 한다. 유가에서는 물질 생활을 포기하라고 하지는 않지만 도와 의에 부합하지 않는 부귀영화는 극도로 경멸한다. 따라서 《논어》 〈술이述而〉 편에 나온 것처럼 "거친 밥을 먹고 물을 마시며 팔로 베개를 삼고 사는" 검소하고 소박한 생활을 숭상하며 《논어》 〈위령공〉에 나온 것처럼 "군자는 궁할수록 단단해진다"라는 태도로 인생의 어려움에 대처한다. 소식은 이러한 사상을 모두 흡수하였으나 인생을 살면서 느낀 자기만의 독특한 깨달음을 더하였다.

소식은 의식주가 여유롭고 풍요로운 삶 누리기를 반대하지 않았다. 따라서 만약 혜주 시장에서 상등품의 양고기를 샀다면 그것 또한 물론 기뻐했겠지만, 그럴 형편이 아니었기 때문에 양의 등뼈에서 발라낸 조금의 살점에도 기뻐했다. 그래서 그는 《여자유제與子由弟》에서 "종일 발라내니 뼈와 힘줄 사이에서 꽤 많은 살점이 나와 마음이 자못 기뻤고 마치 게 요리를 먹는 듯했다"라고 표현하기도 했다.

동파는 사물 간의 차이를 없애야 할 대상으로 여기지 않고 서로 다름에서 나오는 아름다움을 오히려 좋아했으며, 그 가운데 장점은 취하고 단점은 버렸다. 그래서 영남嶺南 지역과 중원 지역은 각각의 장점이 있기

대범하고 품위 있게 고난을 뛰어넘다 - 소식

때문에 중원에 산다고 해서 반드시 좋은 것만은 아니며 또 반대로 영남에 산다고 해서 슬퍼할 필요는 없다고 했다.

그가 서로 다름을 인정했던 것은 상대의 마음을 상하지 않게 하기 위함이기도 했지만 또 다른 이유가 있었다. 《논어》〈이인〉에 나온 것처럼 "도에 뜻을 둔 선비로서 허름한 옷과 하찮은 음식을 부끄러워하는 자는 더불어 도를 논할 수 없다"라고 한 유가의 신념에 동의했기 때문이다. 소식이 받은 고난은 모두 정적의 박해 때문인데, 그가 고난을 무시했다는 것은 옳지 않은 어두운 세력을 무시한다는 뜻이다. 그러므로 그의 안빈낙도는 자신의 인격과 정신을 견고하게 유지하겠다는 것을 의미한다. 1096년 8월, 혜주에서의 생활이 벌써 3년째 접어들면서 첩 조운이 세상을 떠난 뒤 처지는 갈수록 곤궁해졌다. 친구인 장질부章質夫가 서신을 보내 이를 위로하자 오히려 소식은 《여장질부與章質夫》를 통해 이렇게 회신한다.

> "며칠 전 바람이 크게 불고 폭우가 내려 담이 무너지고 비가 샜다네. 시장도 물에 잠겨 먹을 것조차 구할 수 없었지만 신을 끌면서 시경을 읊조렸지. 서생강항書生强項도 이러했다 하니 이를 들으면 흔염절도掀髯絶倒하리!"

이 글에 나오는 '서생강항'은 현실에 굴하지 않는 강직한 뜻과 의지를 드러낸 말로 위나라 서생 증삼과 동한의 강항령 동선董宣에 관한 다음 두 가지 고사를 합해 표현한 것이다. 첫째, 《장자》〈양왕讓王〉에 나오는 위나라에 살았던 증삼에 관한 이야기부터 살펴보자.

"증삼이 위나라에 살았는데 해어진 솜옷은 겉감이 거의 떨어져 나가고 얼굴에는 부황기가 돌았으며 손발에는 굳은살이 박였다. 삼 일 밤낮 밥도 못 짓기 일쑤고 십 년간 옷도 지어 입지 못했다. 관을 바로 쓰려 해도 갓끈이 끊어지고 옷깃을 여미려 하면 옷이 작아 팔꿈치가 삐져나왔으며 신을 신으려면 뒤축이 닳아 떨어져 나갔다. 그러함에도 그가 신을 끌면서 시경을 읊조리면 그 소리가 하늘과 땅에 가득 차서 흡사 금석으로 만든 악기 소리처럼 맑고 드높았다."

둘째는 동한 시기 동선이라는 사람에 관한 이야기다. 동한에 동선이라는 사람이 살았는데 본래 낙양령洛陽令이었던 그는 강포함을 두려워하지 않는 강직한 성격의 소유자였다. 어느 날 호양공주湖陽公主의 종이 살인죄를 범했는데 지체 높은 공주의 집에 숨어버리는 바람에 체포할 길이 없었다. 하지만 동선은 공주의 집 밖에 잠복했다가 종이 공주와 함께 외출하는 것을 잡아다가 바로 처형했다. 광무제는 권위 앞에서 굴복하지 않고 법도를 바로 세운 그를 칭찬하며 '강항령強項令, 즉 강직하여 굴하지 않는 현령'이라고 불렀다.

결국 소식이 말한 '서생강항'은 어떤 고난에 처하더라도 이를 피하지 않고 맞서 싸우겠다는 소식의 결연한 의지의 선언이었던 셈이다. 또한 '흔염절도'라는 말은 수염을 쓸어내리며 웃어넘긴다는 뜻으로, 고난을 무시할 때 나오는 당당하고도 오만한 비웃음을 나타낸다.

소식은 이러한 성품의 소유자였기에 심지어 그의 정적조차도 넓은 도량으로 이해할 수 있었다. 1097년 소식은 혜주에서 《종필縱筆》이라는 시를 썼다.

성긴 백발은 서리 긴 찬바람에 흩어지고 白頭蕭散滿霜風

작은 집 등나무 침대에 병든 몸을 뉘였네. 小閣藤床寄病容

도 닦는 선생에게 봄잠이 아름답다 하니 報道先生春睡美

도인은 오경 알리는 종을 가볍게 치는구나. 道人輕打伍更鐘

이 시가 수도 변경에 전해지자 장돈 무리는 "이토록 즐겁게 지내는 걸 보면 소자첨이 아직 고생을 덜했나 보구나!"라고 하면서 즉시 그를 땅끝 해남도의 담주로 다시 유배 보낸다. 이 시는 고난을 소탈한 웃음으로 승화하는 소식 특유의 유머감각으로 포장되어 있기는 하지만, 사실 그 안에는 어두운 정치 세력에 대한 불굴의 항쟁의지가 담겨 있다. 장돈이 노하여 소식을 해남으로 다시 유배 보낸 것도 그가 소식의 웃음 속에 함축된 의미를 읽어냈기 때문이리라. 그래서 황정견도《발자첨화도시跋子瞻和陶詩》에서 다음처럼 말했다. 그는 소식의 웃음에 담긴 의미를 더욱 깊이 알아차렸던 것이다.

자첨이 해남으로 유배 가니 子瞻謫海南

당시 재상들 그를 죽이려 했지만 時宰欲殺之

그는 혜주의 음식을 배불리 먹으면서 飽喫惠州飯

도연명의 시에 꼼꼼히 화답했네. 細和淵明詩

소식은 고난으로 점철된 인생을 살았지만 한편 그의 삶은 시적인 정취로 가득 넘쳤다. 그는 파란만장한 삶을 통해 관료사회의 흥망성쇠, 인생의 이별과 만남을 수없이 겪었지만 어떤 영욕에도 동요하지 않았으며, 여유 있고 담담한 자세로 이겨냈다.

그는 정치가로서 잘못된 것은 간언하여 고치게 하는 당당하고 의연함을 보였고, 지방 관리로서 인애의 마음으로 백성을 다스려 후대 사람들에게 지금까지도 칭송받고 있다. 어려운 환경에서 그를 더욱 두드러지고 빛나게 한 것은 강한 의지와 낙관적인 태도였다. 살면서 그 누가 비바람의 고난을 피할 수 있겠는가만 소식처럼 "도롱이 입고 안개비에 평생을 맡기는" 자세를 잠시 묵상해보는 것은 어떨까.

에필로그

시와 함께한 최고의 인생수업

지금까지 우리는 여섯 고대 시인의 시적인 인생을 순례해보았다. 굴원은 시 세계의 열사로서 살신성인의 뜨거운 열정으로 속세와의 타협을 거절했고, 도연명은 시 세계의 은사로 소박하고 평범한 생활을 시적 운치가 농후한 삶으로 승화시켰다. 이백은 시 세계의 호기로운 선비로서 도도하고 오만한 행동으로 숭고한 자유를 추구했으며, 두보는 시 세계의 선비로서 조국과 백성을 먼저 걱정하는 배려의 정신으로 쓰디쓴 고난으로 점철된 인생을 초월해서 살았다. 소식은 시 세계에서 벼슬 않는 거사로 살면서 시시각각 다가오는 영욕의 순간에 동요하지 않고 비바람 세차게 불어오는 인생을 묵묵히 걸어갔다. 그리고 신기질은 시 세계의 협사로 장렬하고 원대한 포부를 가지고 청사에 불후의 공을 남겼다. 분명히 이 여섯 시인의 인생은 처한 환경이나 품었던 인생 목표가 저마다 달랐을 것이다. 그렇다면 이들 인생에서 처한 환경에 비슷한 점은 없었을까? 바꿔 말하면, 무엇이 그들로 하여금 우리를 시적인 인생으로 이끌게 하는 공통의 힘을 실어주었을까?

중화민족은 사유세계가 유동적이다. 생각하는 방식이 융통성이 있고 민첩하다는 뜻이다. 대표적인 예로 유가에서는 비록 원칙을 중시하기는 하지만 구체적인 행위에서는 시기와 상황에 맞춰 적절히 변화하면서 대처하라고 한다. 《논어》〈미자〉에 보면 공자도 여러 선인의 행위를 열거하면서 "나는 그들과 달라서 반드시 해야만 하는 것도 없고 반드시 하지 말아야 하는 것도 없다"라고 했다. 맹자는 이에 대해 "서둘러야 할 때 서두르고 기다려야 할 때 기다렸으며 머물러야 할 때 머물고 나아가야 할 때 나아갔다. 그게 공자였다"라고 해석했다.

누군가를 평가할 때 옛사람들은 이와 비슷한 태도를 취했다. 상나라가 멸망한 뒤 상나라 중신들은 각자 행적을 달리했는데 《논어》〈미자〉에 보면 "미자는 떠났고 기자는 노예가 되었으며 비간은 간언을 하다가 죽었다"라는 말이 나온다. 비록 세 명은 각자 다른 인생길을 택했지만 공자는 그 세 명에 대해 "은(상)나라에는 세 명의 어진 이가 있었구나"라는 의외의 평가를 한다.

우임금, 후직, 안회 세 사람에 대해 맹자가 내린 평가도 비슷한 맥락이다. 우임금은 물에 빠진 백성이 있으면 자신이 물을 잘못 다스린 탓으로 여겨 슬퍼했으며, 후직은 굶주리는 백성이 있으면 자신이 농사를 잘못 주관했기 때문으로 여겨 책임을 통감했다고 한다. 반면 안회는 평생 부귀와는 거리가 먼 가난한 삶을 살았다. 이 셋은 일생의 사적이 모두 달랐지만 맹자는 《맹자》〈이루하〉에서 도리어 이렇게 말했다.

"우임금과 후직은 태평한 시기를 살았지만 자기 집 문 앞을 세 차례나 지나가면서도 도리어 집에 들어가지 않을 정도로 맡은 일에 몰두했다. 그래서 공자는 그들을 가리켜 어질다고 했다. 반면 안회는 난세를 살았지만 누추한 골목에 살면서 소쿠리 밥을 먹고 표주박의 물만 마실 뿐이었다. 보통 사람들은 그토록 가난하면 근심을 이기지 못하지만 안회는 극심한 가난 속에서도 즐거워하는 마음을 잃지 않았다. 그래서 공자는 안회를 향해서도 어질다고 했다. 맹자가 이르기를 우임금과 후직, 안회는 모두 같은 도라고 했다. 아마 우임금, 후직, 안회 이 세 사람은 서로 처지를 바꾸어 살았어도 모두 똑같이 행동했을 것이다."

후대 사람들도 역사적인 인물을 평가할 때 이러한 사유 방식을 계승했다. 주희는 제갈량과 두보, 안진경, 한유, 범중엄의 다섯 사람을 '오군자'라고 일컬은 뒤《왕매계문집서》에서 "이 다섯 군자는 처한 환경도 다르고 세운 뜻도 다르나 그들이 추구하는 마음만은 광명정대하고 막힘없이 통하여 가리는 것이 없다"라고 하였다. 원나라 오징嗚澄도《첨약린연명집보주서詹若麟淵明集補注序》에서 "나는 초나라의 굴원, 한韓나라의 장량, 한漢나라의 제갈량, 진나라의 도연명을 사군자로 칭한다. 이들은 행동이 다 다르고 살던 시기도 다르나 그 마음이 하나였다"라고 말했다. 주희가 말한 오군자나 오징의 사군자는 맹자가 말한 것처럼 "처지를 서로 바꾸어 살아도 모두 똑같이 행동했을 것이다"라는 의견에 대한 확실한 예증이다.

앞서 등장했던 여섯 시인도 마찬가지다. 비록 각자 거쳐온 삶의 종적은 천차만별이지만, 그들은 분명 처지를 서로 바꾸어 살아도 똑같이 행동했을 것이다. 분명한 것은 여섯 시인이 하나같이 평범한 삶의 경계를 뛰어넘어 시적인 운치가 넘쳐나는 경지에 이르렀다는 것이다.

이제 이들 여섯 시인을 세 그룹으로 나누어 평가하고자 한다. 우선 굴원과 도연명이다. 겉으로 보기에 전자는 정치적인 이상을 위하여 생명을 바쳤지만 후자는 현실 정치를 버리고 혼자 거하기를 즐겼기에 둘의 인생관은 거의 상반되는 것처럼 느껴진다. 하지만 원나라 산곡散曲, 즉 대사가 없는 시가 형태의 곡 중 범강范康의 《기생초寄生草》를 보면 이런 말이 나오는데 이것이 가장 명확한 표현일 것이다.

"굴원은 홀로 깨어 있고자 했으나 사람들은 그가 시대의 조류에 편승하지 못했다는 이유로 그를 틀리다며 비웃었고, 도잠陶潛은 자연에 은거하며 술을 즐겼으나 그를 아는 사람은 도잠의 행위가 옳다고 말한다."

사실 오징이 "행적이 서로 다르지만 마음은 하나였다"라고 한 것처럼 굴원과 도연명은 살았던 시대와 행적이 모두 다르지만 마음은 하나였다. 이 때문에 도연명은 굴원이 품은 뜻을 존경해서 굴원과 가의를 기리어 《독사술구장·굴가讀史述九章·屈賈》에서 이렇게 말한다.

"덕을 향해 나아가고 학업을 닦으면 언제든지 기회가 왔을 때 뜻을 펼칠 수 있는 법인데, 후직과 설도 모두 그렇게 되길 원했다. 하물며 굴원과 가의 두 사람은 시기하는 자를 만나 임금과 멀어졌도다. 굴원은 후첨候詹한 뒤 글을 써 심정을 토로하고 가의는 붕새 나는 것 보고 애도의 글을 썼도다."

여기서 '후첨'이라는 말은 굴원의 작품 《복거》에 나오듯이 굴원이 점쟁이 정첨윤鄭詹尹을 찾아가 처사를 물은 일을 가리킨다. 정첨윤은 굴원이 '충심을 다했으나 가로막히고 참소를 당하는' 상황에 이르게 된다며 굴원을 동정한다.

《독사술구장·굴가》의 앞 네 구절 즉, "덕을 향해 나아가고 학업을 닦으면 언제든지 기회가 왔을 때 뜻을 펼칠 수 있는 법인데, 후직과 설도 모두 그렇게 되길 원했다"라고 한 부분을 보면 도연명이 공과 업적을 세우는 것을 무척 중시했음을 알 수 있다. 그뿐 아니라 중신이 되어 공을 세웠던 후직과 설을 인생의 모범으로 삼아 굴원과 마찬가지로 세상을 향한 의지를 품고 있었음을 확실히 보여주고 있다.

더욱 주목할 만한 것은 도연명이 유가에서 말하는 인의 정치사상을 숭상하며 포악한 진나라를 대표로 하는 폭정에 반대했다는 점이다. 그래서 그는 《음주》에서 이렇게 말한다.

복희씨와 신농씨 우리 떠난 지 오래니 羲農去我久

천하에 순박했던 본래의 성정을 회복하는 이가 점차 줄어들고 擧世少復眞

노나라 늙은이 공자는 급급하여 汲汲魯中叟

임시변통으로 세상을 순화하려 했네. 彌縫使其淳

비록 봉황 같은 성인은 오지 않았지만 鳳鳥雖不至

예악은 잠시 새로워졌네. 禮樂暫得新

공자가 죽어 수수와 사수에 오묘한 소리 그치고 洙泗輟微響

표류하다가 분서갱유와 같은 미친 짓 하는 진나라에 이르렀네. 漂流逮狂秦

시경과 사서에 또 무슨 죄가 있어 詩書復何罪

하루아침에 잿더미가 되는가. 一朝成灰塵

또한 도연명은 진나라의 폭정을 두려워하지 않고 이를 전복시키려 했던 형가를 앙모해서 《영형가》를 짓는다.

> 아깝구나, 검술이 미숙하니 惜哉劍術疏
> 뛰어난 공적은 마침내 이루지 못한다. 奇功遂不成
> 그 사람 비록 이제 없으나 其人雖已沒
> 천 년이 흘러도 그 뜻 길이 남으리. 千載有余情

또한 도연명이 구축했던 세상 밖의 낙원인 도원은 자신의 작품에도 쓴 것처럼 "진나라 때의 난리를 피한" 시대를 배경으로 하고 있다. 그리고 또 다른 시구에서는 "진시황 영 씨가 천기를 어지럽히자"라고 표현함으로써 세상을 향해 진시황을 고소한다. 도연명은 진과 송의 정권이 교체되던 난세에 태어나 살았기 때문에 굴원처럼 조국의 앞날을 근심하여 《의고》에서 이렇게 표현하기도 했다.

> 장강 변에 뽕나무 심고 種桑長江邊
> 뽕잎 따기 위해 삼 년을 기다렸도다. 三年望當采
> 이내 가지가 자라고 우거지려 하는데 枝條始欲茂
> 홀연 산하가 뒤바뀌는 지경에 이르렀네. 忽値山河改

이 시가 유송이 진을 멸한 역사적 사실을 묘사한 것이라고 단정할 수는 없지만, 글자와 행간에 숨겨진 비통한 심정만큼은 분명하게 느껴진다. 이처럼 굴원과 도연명은 모두 난세에서 태어나 살았지만 그들이 선택한 인생길의 방향은 각자 달랐다. 그래서 굴원은 《이소》에서, 도연명은 《귀거래혜사》에서 각각 이렇게 말한다.

길을 눈여겨 살피지 않은 불찰을 후회하고 悔相道之不察兮

목 길게 빼고 발돋움하여 왔던 길 되돌아보니 장차 되돌아가리라! 延佇

乎吾將反

나의 수레 되돌려 옛날 가던 길로 가려 했더니 回朕車以復路兮

길 잃고 헤맸지만 그리 멀리 가지는 않았더라. 及行迷之未遠

－《이소》

이미 지난 일을 탓하고 후회해봤자 소용없고 惡已往之不諫

이제부터 바른길 가는 것이 옳다는 것을 깨달았다. 知來者之可追

인생길 잘못 들어서서 헤맨 것 사실이나 그리 멀리 가진 않았으니 實迷

塗其未遠

이제야 오늘 생각이 맞고 어제 행동이 틀렸음을 알았다. 覺今是而昨非

－《귀거래혜사》

두 사람 모두 마침내 길 잃었음을 깨달은 뒤에는 각자 인생의 귀착
점을 찾고자 애썼고, 그 결과 굴원은 멱라수에 몸을 던졌고 도연명은
전원에서 은거했다. 표면적으로는 두 사람이 서로 다른 인생길을 걸은
것처럼 보이지만, 결국 두 사람의 행동은 어두운 세력에 대한 비판이
자 오염된 세상에 대한 항거의 의미였다는 점에서 동일하다. 모두 범
속한 인생을 철저하게 초월하는 삶을 산 셈이다. 이러하니 행적이 서
로 다르다고 어찌 그 마음조차 다르다고 하겠는가!
이백과 두보는 각각 '시선'과 '시성'이라고 불리는 당나라 시단의 대

표적인 시인으로 이 두 사람의 개성 있는 성향과 종적은 후대 사람들에게 끊임없는 화젯거리가 되고 있다. 그러나 사실 이백과 두보 두 사람 사이에는 차이점보다는 비슷한 점이 훨씬 많다. 745년 가을, 이백과 두보는 노군에서 재회하는데 두보가 《증이백》을 써서 그의 마음을 전달했다.

> 가을이 되어 서로 돌아보나 여전히 들 쑥처럼 떠도는 신세 秋來相顧尚飄蓬
> 신선약초 단사 못 얻어 갈홍에게 부끄럽네. 未就丹砂愧葛洪
> 원 없이 마시고 미친 듯 노래하며 헛되이 세월 보내니 痛飮狂歌空度日
> 멋대로 세차게 날뜀은 누구를 위한 허세던가! 飛揚跋扈爲誰雄

어떤 이는 이 시가 이백을 묘사한 작은 초상이라고 말하는데, 사실 이 시는 이백과 두보를 합한 두 사람 모두의 초상이다. 이백은 자신의 재능이 뛰어남을 알고 있었기 때문에 도도하고 오만한 면이 있었다. 그런데 과연 두보에게는 그런 점이 없을까? 이백은 《상이옹》에서, 두보는 《망악》에서 모두 호기로운 말과 장려한 시어로 다음처럼 표현했다.

> 하루는 대붕이 바람과 함께 날아올라, 大鵬一日同風起
> 회오리바람 타고 곧장 구만 리를 날아갔다는데 扶搖直上九萬里
> -《상이옹》

> 내 반드시 산꼭대기 올라 會當凌絶頂
> 뭇 산의 작음을 굽어보리라. 一覽衆山小
> -《망악》

이백은 자신의 원대한 뜻이 언젠가는 임금에게 받아들여질 것이라고 믿었다. 그렇다고 두보에게는 그런 웅지가 없었을까? 이백은《대수산답맹소부이문서》에서, 두보는《봉증위좌승장이십이운》에서 각각 다음처럼 표현한다.

지혜와 능력을 분발하여 奮其智能

왕을 보필하고 願爲輔弼

천하를 크게 안정시키며 使寰區大定

세상을 통일시키고 싶었다. 海縣淸一

-《대수산답맹소부이문서》

군주를 도와 섬기기를 요임금, 순임금처럼 되게 하여 致君堯舜上

순박한 사회 풍토를 회복하게 한다. 再使風俗淳

-《봉증위좌승장이십이운》

또한 이백은《여산요기노시어허주》에서 공자의 이름을 불러대며 호기로운 시어를 내뱉었는데, 두보라고 그렇지 않았겠는가? 두보의 《취시가》에서 그 호방함을 엿볼 수 있다.

나는 본래 초나라의 광인 我本楚狂人

봉새야 노래하며 공자를 비웃었지. 鳳歌笑孔丘

-《여산요기노시어허주》

공자나 도척도 먼지로 돌아갔거늘 孔丘盜跖俱塵埃

유가의 가르침이 내게 무슨 소용이 있으리오. 儒術於我何有哉

　-《취시가》

　두보는 현실을 중시하고 조국과 백성에 대한 염려로 밤잠을 설치는 시인이었다. 그렇다면 이백이라고 두보와 같은 충정을 품지 않았을까? 두보는 광문관廣文館 박사博士를 지내면서도 검소하게 생활한 정건鄭虔을 동정하며 《취시가》를 지었다. 이백 또한 《고풍》에서 어진 선비를 냉대하고 우매한 것을 높이 평가하는, 가치가 전도된 풍조와 불공평한 사회를 비판했다. 다만 한 사람은 표현이 구체적이고 다른 한 사람은 추상적이라는 차이가 있을 뿐이다.

　뭇 고관 줄줄이 높은 벼슬자리 오르는데 諸公袞袞登臺省

　광문 선생 홀로 한직에 머물러 있구나. 廣文先生官獨冷

　화려한 저택 즐비하고 흰쌀밥과 고기반찬 싫증 내나 甲第紛紛厭粱肉

　광문 선생 끼니조차 잇지 못한다네. 廣文先生飯不足

　-《취시가》

　옥과 구슬로는 계집의 노래와 웃음을 사지만 珠玉買歌笑

　겨와 술지게미로는 어진 선비를 대접하도다. 糟糠養賢才

　-《고풍》

　또한 두보는 《봉증선어경조이십운奉贈鮮於京兆二十韻》에서, 이백은 《답왕십이한야독작유회》에서 간신 이임보가 어진 신하를 모함하여 해치고 정권을 좌지우지했던 행적을 비판한다. 다만 한 명은 어조가 완곡하고, 다른 한 명은 직설적일 뿐이다.

> 이임보의 집정 기간을 돌아보니 간담이 서늘해지는구나. 破膽遭前政
> 권모술수에 능해 제멋대로 날뛰었으니 陰謀獨秉鈞
> 일개 서생인 나는 그로부터 늘 질투와 모해를 받았고 微生沾忌刻
> 이후의 삶도 더욱 쓰라려졌도다. 萬事益酸辛
> -《봉증선어경조이십운》

> 그대는 보지 못했는가! 북해 태수 이옹이 지닌 君不見李北海
> 영웅호걸의 풍모와 기상 지금 어디 있단 말인가! 英風豪氣今何在
> 그대는 보지 못했는가! 형부상서 배돈복의 君不見裴尚書
> 무덤에 쑥 풀과 가시덤불만이 무성한 것을! 土墳三尺蒿棘居
> -《답왕십이한야독작유회》

두보는 《삼리》, 《삼별》에서 전란으로 인해 도탄에 빠진 민생의 참상을 그려냈고, 이백 또한 《고풍》에서 이를 소재로 다루었다. 둘 다 전란으로 인한 백성의 고통을 애도했지만, 한 사람은 가까이서 관찰했고 다른 한 사람은 멀리서 바라보았을 뿐이다. 《고풍》의 내용을 살펴보자.

> 낙양 땅을 내려다보니 俯視洛陽川
> 망망한 벌판에 반군들이 내달리도다. 茫茫走胡兵
> 흐르는 피가 들풀까지 적시는데 流血塗野草
> 승냥이와 이리 떼들 죄다 고관이 되었구나. 豺狼盡冠纓

이처럼 이백과 두보 두 사람은 단지 외적인 행위만 다를 뿐 내면의 가치관과 인생관은 대동소이하다고 할 수 있다. 둘 다 대당 제국이 흥성기에서 쇠락기로 접어드는 전환기를 살았고, 둘 다 재능을 품었지만 때를 못 만나 방황하는 운명을 타고났다. 이 둘은 서로 다른 방식으로 현실 생활을 초월했다. 행적은 다르지만 그 마음은 결국 한곳을 바라보고 있었기 때문이다!

이상의 여섯 시인 중에서 가장 마지막으로 다룰 그룹은 소식과 신기질로 굴원, 도원명, 이백, 두보보다 훨씬 뒤늦은 시대에 태어났다. 소식은 폭넓은 인생 경험을 바탕으로 넓은 도량을 품었고 문화적 성과 또한 두텁고 폭넓어서 사람들에게 '소해'라고 불릴 정도의 위대한 시인이었다. 시가 분야나 예술뿐만 아니라 인생 태도에서도 그는 앞선 선조들의 것을 다 흡수했다. 그래서 소식은 굴원에 대해서는 《굴원탑屈原塔》이라는 시와 《굴원묘부屈原廟賦》라는 부에서 경외심을 표현했다. 특히 그는 굴원이 멱라수에 빠져 순국한 장렬한 행위를 깊이 칭송했다.

굴원은 그 옛날 장엄한 선비여서 屈原古壯士
죽음으로 향하는 마음 또한 심히 장렬했도다. 就死意甚烈
세상 사람들 어찌 알랴, 世俗安得知
그조차도 임금을 잊지 못해 선뜻 결행할 수 없었음을. 眷眷不忍決
- 《굴원탑》

"사람에게 한 번 죽는 것은 정한 이치거늘, 어떻게 죽느냐가 쉽지 않구나. …… 조국에 작별하고 속세를 버리며 의를 위해 죽으면 후대로부터 질책받기를 면함에 어찌 부족함이 있겠는가!"

－《굴원묘부》

소식은 이백에 대해서도 《서단원자소시이태백진》을 통해 도도한 왕
후와도 같은 그 기개를 찬양했다. 만약 이백이 이 시를 들었다면 분명
히 "나를 진정으로 아는 이, 소동파뿐이로구나"라고 외치지 않았을까?

> 평생 고력사 따위는 안중에 두지도 않고 平生不識高將軍
> 흙 묻은 신발 벗기게 하여 노하게 했네. 手汗吳足乃敢瞋
> 웃으며 지은 시, 그대도 들었기를. 作詩一笑君應聞

그리고 그는 두보에 대해서도 그의 시의 아름다움을 찬양하였을 뿐
아니라 《왕정국시집서》에서는 "굶주림과 추위에 떨고 평생 중용되지
않더라도 한 끼 밥 먹을 때조차 임금을 잊은 적이 없는"이라고 묘사함
으로써 두보의 인격적 풍모도 예찬했다. 그리고 《차운장안도독두집시
次韵張安道讀杜集詩》에서는 그와 한 시대에 태어나지 못함을 한탄하기도
했다.

> 지금 그 누가 글쓰기를 주관하랴. 今誰主文字
> 장안도께서 깃발을 드셔야 하겠소이다. 公合把旌旄
> 그대의 문장을 보면 까마득히 두보를 떠올리게 되는데 開卷遙相憶
> 마음 통하는 두 사람이 만날 수는 없다네. 知音兩不遭

소식은 도연명도 거의 숭배에 가깝게 추앙해서 거의 모든 도연명의
시에 화답시를 쓸 정도였다. 《자첨화도연명시집인子瞻和陶淵明詩集引》은

소식이 도연명의 시에 화답한 시에 소철이 서문을 단 것인데, 거기에
는 소식이 소철에게 보낸 서신의 원문이 다음처럼 인용되어 있다.

"나는 시인 중에 특별히 좋아하는 이 없으나 오직 도연명의 시만큼은
유독 좋아한다. …… 이것이 도연명에 감복하는 이유이며 이 때문에 만
년에 그의 장점을 배우고자 한다."

소식이 도연명의 시와 인격적 품성을 어찌나 높게 평가했던지 장계
張戒가《세한당시화歲寒堂詩話》에서 "도연명의 시는 후일 소동파에 의해
발견됐다"라고 평할 정도였다.

신기질은 시 창작에서 스승으로 삼은 선배들이 많았는데, 특히 인생
을 대하는 태도에서는 굴원과 도연명을 존경하여 닮고자 했다. 신기
질도 굴원처럼 국가가 위급한 상황에 처한 난세에 태어났으며 영웅적
인 기질과 재능, 책략, 그리고 조국에 대한 사랑과 열정 면에서 굴원에
조금도 뒤지지 않았다. 일찍이 그는《희천앵喜遷鶯》에서 굴원의 작품을
찬양했으며《화부암수매화和傅巖叟梅花》에서는 굴원의 인격과 됨됨이
를 칭송했다.

굴원은 이미 떠나 없지만 그의 작품《이소》는 천고에 남아 千古離騷文字
그 향기가 지금까지 퍼지는구나. 芳至今猶未歇
-《희천앵》

굴원이 지금 함께하지 못함 한스러우나 靈均恨不與同時
은은한 향기 매화 꺾어 그대에게 드리리. 欲把幽香贈一枝

- 《화부암수매화》

신기질은 또한 도연명처럼 마음의 포부를 실현할 수 없어서 산중에 은거하였다. 《염노교》와 《자고천》에서는 도연명의 고결한 마음과 인격을 흠모하였고, 《하신랑》에서는 도연명의 인생 태도에서 영웅호걸의 일면을 찾아내 노래하기도 했다.

동쪽 울타리에서 국화를 따던 須信采菊東籬
천고의 세월을 흘러온 고결한 정 高情千古
오직 도연명뿐이라. 只有陶彭澤
- 《염노교》

부귀영화를 누리는 고관대작이라도 若教王謝諸郎在
싸리문 뽕나무 앞 도랑에 뒹구는 티끌만도 못할 뿐. 未抵柴桑陌上塵
- 《자고천》

도연명을 보면 看淵明
제갈량처럼 풍치 있고 멋스럽다. 風流酷似臥龍諸葛
- 《하신랑》

이처럼 소식과 신기질은 굴원, 도연명, 이백, 두보와는 비록 다른 시대를 살았지만 마음은 한 방향을 바라보았다. 굴원이나 도연명, 이백, 두보, 소식, 신기질 등의 시인 앞에 서면 어떤 생각이 드는가? 자신의 삶이 부끄럽기만 하고 그들의 삶은 감히 오르지 못할 높은 산처럼 보이는가? 혼탁하고 어지러운 현실 세계에 빠져 헤어 나오지 못한 지 오래여서 세속이라는 거대한 그림자에 가려 빛을 잃었는가? 눈앞에는 현실의 범속함과 하찮은 것들만 보이고 시적인 의미가 담긴 빛을 발견할 수가 없는가? 그렇다면 어떻게 해야 눈앞에 펼쳐진 현실을 극복하여 초월적인 삶을 살 수 있을까? 우리도 과연 시적인 삶에 대한 희망을 붙들 수 있을까?

나의 답변은 '그렇다!'이다. 루쉰은 《희망希望》에서 "절망이라는 것은 허망하다는 점에서 희망과 같다"고 했다. 그렇다면 노력하는 것조차 포기하고 가만히 앉아 절망의 바다로 침몰하는 걸 기다리기보다는 일어나 힘을 내서 다시 한 번만 도전해보는 것은 어떨까? 그렇다면 어떻게 해야 분위기를 쇄신해서 스스로 힘을 내고 도전할 수 있을까?

가장 간단한 방법은 바로 시를 읽는 것이다. 이 책의 도입부에 언급했던 것처럼 이 책에 선별된 여섯 시인의 좋은 시를 읽다 보면 분명 아득하고 먹먹하기만 했던 마음을 깨울 만한 가르침을 얻게 될 것이다. 그리고 분명 혼란스럽고 혼탁한 범속의 환경을 벗어나 시적인 삶을 가능케 할 길을 찾을 수 있을 것이다.

만약 막대한 양에 지레 겁을 먹었다면 우선 고시를 소개한 각종 서적에 자주 등장하는 유명 시 몇 편을 먼저 감상해보는 것도 좋은 방법이다. 그러한 작품들은 하나같이 특정한 삶의 처지를 배경으로 탄생한 것이라서 시적인 시선으로 바라본 삶의 모습을 간접적으로 느낄 수 있다. 그래서 우리로 하여금 시적인 삶에 좀더 가까이 다가설 수 있게 한다.

세상살이가 어렵고 마음의 뜻을 이루기 어려울 때가 있는가? 좌절하거나 낙심하기 전에 오균의 《증왕계양贈王桂陽》과 육유의 《장가행長歌行》을 읽어보는 것은 어떨까?

소나무 어려 길이 몇 촌 되지 않으면 松生數寸時

풀섶에 가려 보이지도 않듯 遂爲草所沒

높고 원대한 뜻 드러나지 않을 땐 未見籠雲心

굳은 지조 그 누가 알아보겠는가? 誰知負霜骨

약한 가지는 쉽게 부러지고 弱幹可摧殘

가는 줄기는 눈여겨보지 않지만 纖莖易陵忽

언젠가 수천 척의 거송 되는 날 何當數千尺

임금 위하여 밝은 달을 뒤덮으리라! 爲君覆明月

-《증왕계양》

한번 세상에 태어났으면 선인 안기생처럼 人生不作安期生

술 취한 채 동해에서 고래를 타고는 못 놀아도 醉入東海騎長鯨

마땅히 서평왕 이성과 같은 장군 되어 猶當出作李西平

역적을 죽이고 옛 수도 장안을 수복해야 하건만 手梟逆賊清舊京

번쩍이는 금 인장 여태 되찾지 못한 채 金印輝煌未入手

흰머리만 늘어나니 흐르는 건 무정한 세월이구나. 白髮種種來無情

늦가을 성도에 있는 옛 절에 비껴 누워 成都古寺臥秋晚

승방의 창문 통해 지는 해 바라보고 있노라니 落日偏傍僧窗明

어찌하여 말에 올라 적을 부수러 가지 못하고 豈其馬上破賊手

시나 지어 매미처럼 읊어대고 있는가. 哦詩長作寒螿鳴

주흥이 오르면 다리 옆 술집의 술 모두 사들여 興來買盡市橋酒

큰 수레에 차곡차곡 쌓아둔 채 大車磊落堆長瓶

구슬픈 노래와 함께 마음껏 마셔보리라. 哀絲豪竹助劇飮

거야 호수가 황하의 물을 받아내듯 말이다. 如鉅野受黃河傾

평소 술 한 방울 마시지 않지만 平時一滴不入口

이번에는 호기롭게 마셔 사람들도 놀랄 테니 意氣頓使千人驚

원수들 쫓아내기 전에 몸이 먼저 늙어버리고 國仇未報壯士老

밤의 적막을 못 이긴 보검이 칼집 속에서 쟁쟁거리니 匣中寶劍夜有聲

그 언제 개선 장수 모아놓고 잔치 열어볼까. 何當凱旋宴將士

깊은 밤 비호성에는 속절없이 눈만 쌓여가네. 三更雪壓飛狐城

-《장가행》

　사회생활을 하다가 불공평한 대우를 받을 때, 특히 집안이 가난하고 어려워 꿈을 펼치지 못하고 있다면 좌사의《영사》와 포조鮑照의《의행로난擬行路難》을 마음으로 읽어보자.

산 아래 소나무 계곡에 뿌리내려 울창하지만 鬱鬱澗底松

산 위의 묘송 축 늘어졌어라. 離離山上苗

한 뼘 남짓 묘송이라도 以彼徑寸莖

정상에 있으면 산 아래 백 척 청송을 뒤덮는구나. 蔭此百尺條

권세가의 후손이면 높은 작위 물려받고 世冑躡高位

그렇지 않으면 출중한 영웅이라도 하찮은 관리로 떨어진다네. 英俊沈下僚

지세의 높낮이 때문에 그리된 것이라면 地勢使之然

하루 이틀 일이 아닌데 由來非一朝

김 씨, 장 씨가 옛 업적에 기댄 채 金張藉舊業

칠 대가 넘도록 한나라에서 고귀한 벼슬살이 하니 七葉珥漢貂

풍공38)이 어찌 위대하지 않은가. 馮公豈不偉

머리 다 세도록 부름받지 못했으니. 白首不見招

-《영사》

밥상을 받고도 차마 먹을 수 없어 對案不能食

장검을 뽑아들고 기둥 치며 탄식하노니. 拔劍擊柱長嘆息.

대장부로 태어나 큰 꿈 품은 적 언제인데 丈夫生世會幾時

종종걸음치며 어깨만 축 늘어뜨리고 있는가. 安能蹀躞垂羽翼

아서라, 다 그만두고 벼슬도 버리자 棄置罷官去

고향으로 돌아가 맘 편히 쉬겠노라. 還家自休息.

아침에 나오며 부모님께 알리고 朝出與親辭

저녁에는 돌아와 부모 곁에 있으리. 暮還在親側.

아이들과 밥상머리에서 놀아주며 弄兒床前戲

베틀에 앉은 아내를 바라보리라. 看婦機中織.

자고로 성현은 모두 빈한했거늘 自古聖賢盡貧賤

하물며 외롭고 고지식한 우리네 같은 사람이랴. 何況我輩孤且直

-《의행로난》

살면서 깊은 실의에 빠졌을 때, 한밤중 잠을 이루지 못해 전전반측할 때, 몸을 일으켜 불을 켜고 완적의《영회》와 악비岳飛의《소중산小重山》을 음미해보는 것은 어떨까?

깊은 밤 잠 못 이뤄 夜中不能寐

일어나 앉아 거문고를 탄다. 起坐彈鳴琴.

얇은 휘장에 밝은 달 비치니 薄帷鑒明月

청량한 바람 내 옷깃 스쳐 가네. 清風吹我襟

외로운 기러기 밖에서 울고 孤鴻號外野

북쪽 새는 북녘 숲에서 우는구나. 朔鳥鳴北林

서성이며 누구를 기다리는가. 徘徊將何見

근심스러운 마음에 홀로 마음만 아파하네. 憂思獨傷心

-《영회》

어젯밤 날 추워져 귀뚜라미 울음소리 그치질 않고 昨夜寒蛩不住鳴

깊고 깊은 꿈에서 놀라 깨어나니 이미 깊은 밤이네. 驚回千里夢已三更

일어나 홀로 계단을 서성이니 起來獨自繞階行

사람은 없고 창 너머 희미한 달빛만 비치는구나. 人悄悄簾外月朧明

머리가 세도록 공명을 위했건만 白首爲功名

고향의 송죽조차 늙어 귀향길을 막는구나. 舊山松竹老阻歸程

수심을 없애보려 옥금을 타려 하나 欲將心事附瑤箏

알아줄 이 적고 줄도 끊겼으니 누가 들어줄까? 知音少弦斷有誰聽

-《소중산》

삶이 무미건조하고 재미없게 느껴지며 매일이 무의미한 일상의 반복이라고 여겨진다면 도연명의 《화곽주부》와 두보의 《강촌江村》을 읽어보자.

대청 앞 숲이 무성하게 우거져 藹藹堂前林

한여름 시원하게 그늘을 드리우고 中夏貯清陰

남풍이 철 따라 불어오니 凱風因時來

회오리바람 내 옷깃을 풀어 젖히네. 回飆開我襟

사귐을 쉬고 한가롭게 살고자 息交游閒業

자다 일어나 책이나 보고 거문고를 타본다. 臥起弄書襟

텃밭엔 맛좋은 채소가 넉넉하고 園蔬有餘滋

묵은 곡식도 남음이 있도다. 舊穀猶儲今

필요한 만큼만 기르고 가꾸며 營己良有極

족함을 넘어서는 건 바라지 말지니. 過足非所欽

차조를 찧어 맛좋은 술 빚고 舂秫作美酒

술 익으면 홀로 잔을 기울이네. 酒熟吾自斟

어린 아들놈 내 옆에서 노는데 弱子戲我側

말을 흉내 내나 아직 제소리 못 이루는구나. 學語未成音

이 모든 일이 참으로 즐거우니 此事眞復樂

잠시 이것으로 화려했던 벼슬살이 잊어본다. 聊用忘華簪

멀리 흰 구름 바라보며 遙遙望白雲

옛일 생각함이 참으로 간절하구나. 懷古一何深

-《화곽주부》

맑은 강이 굽이쳐 마을을 안고 흐르니 淸江一曲抱村流

긴 여름 강촌이 일마다 한가롭구나. 長夏江村事事幽

멋대로 왔다 멋대로 가는 건 마루 위의 제비요, 自去自來堂上燕

서로 친하고 가깝기로는 물 위의 갈매기라. 相親相近水中鷗

아내는 종이에 장기판 그리고 老妻畫紙爲棋局

아들놈은 바늘 두드려 낚싯바늘 만드네. 稚子敲針作釣鉤

숱한 병에 필요한 것 오직 약재뿐이니 多病所須唯藥物

하찮은 이 몸이 이 밖에 더 무얼 바라랴. 微軀此外更何求

－《강촌》

　시간이 유수처럼 덧없이 흘러가 마음이 처량하고 근심스러운가? 도
연명의《잡시》와 이백의《선주사조루전별교서숙운》을 가만히 음미해
보자.

　　태양이 서산으로 지자 白日淪西阿

　　흰 달이 동쪽 마루에 솟아오른다. 素月出東嶺

　　멀고 먼 만 리까지 밝게 비추니 遙遙萬里輝

　　넓고 너른 공중의 풍광일세. 蕩蕩空中景

　　바람 불어와 문 사이로 들어차니 風來入房戶

　　밤중엔 베갯머리가 서늘하구나. 夜中枕席冷

　　기후가 변하면 철 바뀐 것 알고 氣變悟時易

　　잠 못 드니 밤 길어졌음 깨닫노라. 不眠知夕永

　　말 주고받고자 하나 함께하는 이 없으니 欲言無予和

　　잔 들어 외로운 그림자에게 술 권한다. 揮杯勸孤影

　　세월은 날 버리고 속절없이 가버리니 日月擲人去

　　뜻을 품고도 펼치지 못함이 有志不獲騁

　　가슴이 서글프고 처량하여 念此懷悲悽

　　이 새벽 다할 때까지 마음 가라앉질 않는구나. 終曉不能靜

　　－《잡시》

　　날 버리고 떠나버린 棄我去者

　　어제라는 날은 붙잡아둘 수가 없고 昨日之日不可留

내 마음을 어지럽히는 亂我心者

오늘이라는 시간은 얼마나 근심스러운지. 今日之日多煩憂

만 리 먼 데서 불어온 바람 그대 떠나게 하니 長風萬里送秋雁

때를 빌려 누각에 올라 그대와 함께 취하리라. 對此可以酣高樓

그대의 문장은 건안의 풍골을 갖추었고 蓬萊文章建安骨

사조의 시풍을 닮아 청아하고 수려하네. 中間小謝又淸發

그대와 함께 탈속의 흥으로 장대한 꿈 날려보니 俱懷逸興壯思飛

하늘에 올라 밝은 달조차 잡고자 하노라. 欲上靑天覽明月

칼 뽑아 베어도 물은 다시 차 흐르고 抽刀斷水水更流

잔 비워 술 없애본들 시름만 깊어가네. 擧杯銷愁愁更愁

인생이란 세상과 뜻이 맞지 않나니 人生在世不稱意

내일 아침 머리 풀고 작은 배나 띄워보리라. 明朝散發弄扁舟

  -《선주사조루전별교서숙운》

　좋은 시절이나 아름다운 경치, 그 모든 게 순식간에 사라져버리니 순간순간을 즐기고 싶다면 도연명의 《의고擬古》와 한유의 《동수부장원외적곡강춘유기백이십이사인同水部張員外籍曲江春遊寄白二十二舍人》을 감상해보자.

날 저문 하늘엔 구름 한 점 없고 日暮天無雲

봄바람 부채질하듯 부드럽게 불어온다. 春風扇微和

미인은 맑은 밤 좋아하여 佳人美淸夜

새벽까지 술 마시고 노래하네. 達曙酣且歌

노래가 끝나 길게 탄식하니 歌竟長歎息

이에 많은 사람 감동하게 하는구나. 持此感人多

구름 사이 달은 밝게 빛나고 皎皎雲間月

잎사귀 사이 꽃이 화사하네. 灼灼葉中華

어찌 한때의 호시절 없으랴만 豈無一時好

그 시절 길지 않음을 응당 어찌하리. 不久當如何

     -《의고》

열은 안개와 구름이 절로 스러지니 漠漠輕陰晚自開

맑은 하늘 밝은 해가 누대를 비춰온다. 靑天白日映樓臺

곡강의 물 넘쳐 강변의 꽃 만개하고 나무 울창한데 曲江水滿花千樹

무엇이 바빠 오지 않으려는가. 有底忙時不肯來

     -《동수부장원외적곡강춘유기백이십이사인》

    물 맑고 수려한 산에 올랐거나 유명한 곳을 유람하여 마음의 휴식을 취하며 구석구석 세심히 돌아보고 감상해야 할 필요가 있을 때는 왕유의《청계靑溪》와 한유의《산석山石》을 미리 읽고 가보자.

황화천에 들어올 때면 言入黃花川

청계의 물줄기 쫓아 흘러간다. 每逐靑溪水

산을 휘감고 만 번을 돌아도 隨山將萬轉

곧은길로 따지면 백 리도 못 미치네. 趣途無百里

흩어진 바위 사이 물소리 요란하고, 聲喧亂石中

깊은 소나무 숲 풍광 고요하기만 하며 色靜深松裏

마름은 물에 둥둥 떠 있고 漾漾泛菱荇

물에 비친 갈대 그림자 선명하구나. 澄澄映葭葦

내 마음도 본래 고요하고 한가해 我心素已閑

맑은 개울물 담박하기가 내 마음과 같아라. 淸川澹如此

바라건대 너른 바위에 머물러 請留盤石上

낚싯대 드리우며 여생 보내련다. 垂釣將已矣

-《청계》

산 위의 돌은 험하고 가는 길 좁은데, 山石犖确行徑微

황혼 무렵 절에 다다르니 박쥐들 나다닌다. 黃昏到寺蝙蝠飛

법당에 올라 섬돌에 앉으니 비가 흠뻑 내려 升堂坐階新雨足

파초 잎도 무성해지고 치자 열매도 살 올랐다. 芭蕉葉大梔子肥

낡은 벽 부처 그림 좋다고 스님 말씀하기에 僧言古壁佛畵好

등불 들고 비춰보니 그림은 희미하구나. 以火照來所見稀

자리 펴서 상 놓고 국과 밥 차려주니 鋪床拂席置羹飯

거친 잡곡이나 넉넉하여 주린 배를 채웠네. 疏糲亦足飽我饑

밤 깊어 가만히 누우니 벌레 소리도 잠잠한데 夜深靜臥百蟲絶

밝은 달빛만이 산 고개 넘어 뜰을 채우는구나. 淸月出嶺光入扉

날 밝아 홀로 나서니 길은 따로 없어 天明獨去無道路

안개를 헤치며 산을 오르내려 본다. 出入高下窮烟霏

붉은 산 푸른 물 어우러져 볼만한데 出紅澗碧紛爛漫

이따금 보이는 아름드리 소나무와 상수리나무. 時見松櫪皆十圍

개울물 만나면 맨발을 담그고 개울 돌을 밟아본다. 當流赤足踏澗石

물소리는 콸콸, 바람에 옷자락 날리네. 水聲激激風吹衣

이만하면 인생 즐길 만한데 人生如此自可樂

구차하게 굴레에 매여 남을 위해 살 것 무어냐? 豈必局促爲人鞿

애달프다, 벗들이여! 嗟哉吳黨二三子

어찌 다 늙도록 권좌에서 물러나 돌아오지 못하는지. 安得至老不更歸

- 《산석》

    운 좋게 보기 드문 풍광을 발견했다면 그냥 지나치지 말고 잠시 멈춰 서서 유종원의 《우후효행독지우계북지雨後曉行獨至愚溪北池》와 소식의 《주중야기舟中夜起》를 읽어보자.

밤새 떠 있던 구름은 모래톱 가에 그림자로 비치고 宿雲散洲渚

이른 해의 여명이 마을의 둑을 밝혀오는구나. 曉日明村塢

물 맑은 못가에 높은 나무 있어 高樹臨淸池

바람 부니 잎에 맺힌 지난밤 빗방울 털어내네. 風驚夜來雨

내 마음 한적하여 予心適無事

평화로운 풍광과 마주하니 주인이 손님 마주한 듯하여라. 偶此成賓主

- 《우후효행독지우계북지》

가벼운 바람 스쳐 줄풀과 창포 서로 부딪혀 바스락거리네. 微風蕭蕭吹菰蒲

비 내리나 싶어 문 열어보니 호수에 달빛만 가득하구나. 開門看雨月滿湖

사공도 물새도 모두 잠들었는데 舟人水鳥兩同夢

물 부딪히는 소리 들리니 큰 물고기 놀라 도망가는 듯 大魚驚竄如奔狐

밤 깊어 온 세상 고요한데 夜深人物不相管

홀로 나만 그림자 벗 삼아 야경 바라보누나. 我獨形影相嬉娛

밀물이 조금씩 들어오는 소리 마치 지렁이 꿈틀대는 소리 같고 暗潮生渚

吊寒蚓

지는 달 서편 버드나무에 걸린 것이 거미가 거미줄에 걸린 듯. 落月掛柳看

懸蛛

내 평생 근심으로 불안하게 보냈으니 此生忽忽憂患裏

이 맑고도 아름다운 풍광 또한 금방 지나가 버릴까. 清境過眼能須臾

닭 울고 사원의 타종 소리 울려 퍼지면 雞鳴鐘動百鳥散

이 배 또한 닻줄 풀고 북소리 맞춰 출항하리라. 船頭擊鼓還相呼

- 《주중야기》

연일 내리는 음울한 빗속에서 번민하고 답답할 땐 진관陳觀의《완계사浣溪沙》와 하주賀鑄의《청옥안》을 홀로 조용히 읊어보자.

이른 아침 쌀쌀한 공기 헤치고 작은 누각에 가만히 오르니 漠漠輕寒上小樓

새벽 기운 차가워 마치 늦가을 같구나. 曉陰無賴似窮秋

희미한 물안개, 흐르는 물, 병풍 속 그림인 듯 淡煙流水畫屏幽

흩날리다 사뿐히 내리는 꽃잎, 마치 꿈속인 듯 自在飛花輕似夢

아득한 대지 적시는 이슬비, 내 맘속 근심인 듯 無邊絲雨細如愁

지는 달빛은 한가로이 주렴에 걸려 있구나. 寶簾閑挂小銀鉤

- 《완계사》

그대 사뿐히 걸어 횡당로를 넘지 않으니 凌波不過橫塘路

향기로운 내음만 남기고 간 당신을 다만 눈으로만 바라볼 뿐 但目送芳塵去

화려한 장식의 거문고 켜던 청춘, 뉘와 함께 보내려나. 錦瑟華年誰與度

달빛 어린 다리 옆 꽃 핀 뜰, 아름다운 창, 붉은 대문 月橋花院瑣窗朱戶

오직 봄바람만 임 있는 곳 알리라. 只有春知處

하늘엔 구름 유유히 떠가고 향기로운 풀 자란 성안 저물어가니 碧雲冉冉

蘅皐暮

붓 들어 애끊는 글 지어보노라. 彩筆新題斷腸句

내 슬픔 얼마나 되느냐 묻는다면 試問閑愁都幾許

시내에 가득한 연초만큼 성안 가득 날리는 버들 솜만큼 一川烟草滿城風絮

매실 익어갈 즈음 부슬부슬 내리는 가랑비만큼이리라. 梅子黃時雨

-《청옥안》

　　이사를 했는데 운 좋게 좋은 이웃을 만났거나 훗날 좋은 이웃을 만
나게 되길 바랄 때는 도연명의 《이거》와 백거이의 《욕여원팔복린선유
시증欲與元八卜鄰先有是贈》을 읽어보자.

예전부터 남촌에서 살려고 애썼던 것은 昔欲居南村

집터가 좋아서가 아니라네, 非爲卜其宅

소박하고 마음씨 좋은 사람이 많다고 들었기에 聞多素心人

조석으로 자주 만나 즐거이 지내고 싶어서라오. 樂與數晨夕

이 일을 생각한 지 꽤 여러 해인데 懷此頗有年

오늘에야 비로소 이곳으로 이사 오게 되었구나. 今日從玆役

낡은 초가야 넓을 필요 없고 幣廬何必廣

침상과 앉을 자리만 가리면 족하도다. 取足蔽牀席

때때로 이웃이 찾아와 隣曲時時來

소리 높여 옛일을 담론하며 抗言談在昔

뛰어난 글을 함께 감상하고 奇文共欣賞

의문 나는 글은 서로 풀어본다오. 疑義相與析

-《이거》

우리는 한평생 뜻과 취향이 맞는 가장 친한 벗 平生心迹最相親

함께 벼슬 내려놓고 은거하고자 했지. 欲隱牆東不爲身

밝은 달은 삼 경의 두 집을 고르게 비추고 明月好同三徑夜

푸른 버들 또한 두 집의 봄을 알리니 綠楊宜作兩家春

잠깐의 외출에도 좋은 동행이 생기리라 기대해본다. 每因暫出猶思伴

평안히 오래 살려 하면서 어찌 이웃을 안 가리랴. 豈得安居不擇鄰

우리 이웃 되면 평생 자주 만날 뿐 아니라 可獨終身數相見

자손까지도 담을 사이로 오랜 이웃이 되리. 子孫長作隔牆人

-《욕여원팔복린선유시증》

만약 고향을 떠나 타지에 있어 명절이 다가올 때마다 먼 곳 가족과 친구들이 그리워진다면 왕유의《구월구일억산동형제九月九日億山東兄弟》와 소식의《수조가두》를 감상해보자.

나 홀로 타향에서 나그네 되어 獨在異鄉爲異客

해마다 중양절 되면 부모 형제 생각 간절하네. 每逢佳節倍思親

멀리서도 알 수 있는 것은 형제들 모두 함께 산에 올라 遙知兄弟登高處

나 없이 수유나무 심었을 테지. 徧揷茱萸少一人

-《구월구일억산동형제》

밝은 달은 언제부터 있었는지 明月幾時有

술잔 들어 하늘 향해 물어봅니다. 把酒問青天

모르노라, 천상의 궁궐에선 不知天上宮闕

오늘 밤이 어느 해에 속할지. 今夕是何年

바람에 몸 실어 돌아가려 해도 我欲乘風歸去

옥으로 된 누각에 옥 같은 집이라도 두렵기만 한 것은 又恐瓊樓玉宇

너무 높아 추울까 하노라 高處不勝寒

일어나 춤추며 맑은 그림자와 노나니 起舞弄清影

어찌 인간 세상에 비하리오. 何似在人間

붉은 누각 돌아 비단 창에 달빛 비치니 잠 못 이루노라. 轉朱閣低綺戶照無眠

달도 한을 품은 건지 不應有恨

어찌 이별의 순간에만 둥그러지는고. 何事長向別時圓

사람이란 기쁨과 슬픔, 이별과 만남을 겪게 되고 人有悲歡離合

달도 어둠과 밝음, 둥글고 이지러짐을 아네. 月有陰晴圓缺

예로부터 이런 일은 온전하기만을 바랄 수는 없는 법. 此事古難全

다만 바라기는 그대 오래도록 但願人長久

천 리 먼 곳에 있어도 이 아름다움 함께하기를. 千里共嬋娟

-《수조가두》

벗을 먼 곳으로 떠나보내면서 손 흔들어 아쉬운 작별을 고해야 한다면 왕유의 《송원이사안서送元二使安西》와 이백의 《황학루송맹호연지광릉》에 마음을 맡겨보자.

위성에 아침 비 내려 흩날리던 먼지 가라앉히니 渭城朝雨浥輕塵

객사 앞 버들 연둣빛이 더욱 푸르러졌구나. 客舍青青柳色新

그대여 또 한 잔 받으시게나. 勸君更進一杯酒

서쪽 양관에 가면 친구도 없을 것이니. 西出陽關無故人

-《송원이사안서》

옛 친구 서쪽 황학루를 떠나 故人西辭黃鶴樓

아지랑이 꽃 피는 삼 월에 양주로 내려간다네. 煙花三月下揚州

외로운 돛 그림자 창공으로 사라지고 孤帆遠影碧空盡

오직 하늘 끝으로 흘러가는 장강만이 보이누나. 惟見長江天際流

-《황학루송맹호연지광릉》

연인과 이별했을 때, 놀라서 떠나버린 기러기처럼 다시 만날 인연이 아니라면 최호崔護의 《제도성남장題都城南莊》과 안기도晏幾道의 《임강선臨江仙》에 감정을 실어 보내는 것은 어떨까?

지난해, 이날, 이 마당에서 去年今日此門中

임의 얼굴 복숭아꽃처럼 붉었지. 人面桃花相映紅

그 임은 어디로 가셨나 人面不知何處去

복사꽃만 여전히 봄바람에 웃음 짓네. 桃花依舊笑春風

-《제도성남장》

꿈에서 깨니 누대는 높게 잠겨 있고 夢後樓臺高鎖

술에서 깨니 주렴이 낮게 드리워져 있구나. 酒醒簾幕低垂

지난해 봄날의 애상이 다시 떠올라 去年春恨卻來時

낙화하는 잎 사이 홀로 나뿐이라. 落花人獨立

가랑비 속 제비들 짝지어 날고 微雨燕雙飛

기억하노라, 소빈을 처음 만났을 때 記得小蘋初見

마음 '심'이라는 글자 중첩하여 수놓은 비단옷 입고 있었지. 兩重心字羅衣

비파 소리에 그리움을 담아내던 琵琶弦上說相思

그 밤, 밝은 빛이 있어 當時明月在

꽃구름 같은 그녀 돌아가는 길 비추었겠지. 曾照彩雲歸

　-《임강선》

　타지를 떠돌며 홀로 처량한 불빛 아래 적막을 마주할 때면 대숙륜戴叔倫의 《제야숙석두역除夜宿石頭驛》과 이상은의 《야우기북夜雨寄北》을 감상해보자.

객사라 누구 하나 찾는 이 없어 旅館誰相問

홀로 싸늘한 등불만 벗 삼는구나. 寒燈獨可親

한 해가 또 저물어가는 이 밤을 一年將盡夜

만 리 먼 고향으로 돌아가지 못하는 사람일세. 萬里未歸人

쓸쓸히 지난날 서글퍼하는데 寥落悲前事

파리해진 이 내 몸 우습기만 하도다. 支離笑此身

시름에 찬 얼굴과 하얗게 센 귀밑머리 털 愁顏與衰鬢

내일이면 또 새봄을 맞겠지. 明日又逢春

　-《제야숙석두역》

그대는 돌아올 날 물으나 기약이 없다오. 君問歸期未有期

파산에 밤비 내려 가을 물이 불어나누나. 巴山夜雨漲秋池

언제나 둘이 함께 서쪽 창가에서 촛불 심지 깎으며 何當共剪西窓燭

파산의 밤을 이야기할 수 있으려나. 却話巴山夜雨時

－《야우기북》

저물녘 짙어만 가는 황혼에 아련한 감성이 되살아날 때, 혹시 당신
이 강직한 성격의 소유자라면 한유의 《추회秋懷》를 읽어도 좋을 것이
다. 그 밖에 이청조李淸照의 《성성만聲聲慢》도 권해본다.

하늘하늘 땅에 떨어진 잎사귀 卷卷落地葉

바람 타고 마당을 구르네. 隨風走前軒

울리는 소리는 마치 뜻이 있는 듯 鳴聲若有意

엎치락뒤치락하는 게 서로 쫓는 듯 顚倒相追奔

빈집엔 저물녘 빛만 비추고 空堂黃昏暮

홀로 나 묵묵히 말이 없네. 我坐默不言

아이 녀석 밖에서 들어와 童子自外至

등불 붙여 내 앞에 두곤 吹燈當我前

내게 물으나 나 대답 않고 問我不應

내게 밥상 차려오나 나 먹지 않고 饋我不餐

아이 녀석은 물러나 서쪽 벽에 앉아 退坐西壁下

시 읽으니 여러 편이라. 讀詩盡數編

시를 지은 이 지금의 선비 아닌 作者非今士

천 년 넘게 먼저 간 사람들이라. 相去時已千

그들의 말에 와 닿는 바 있어 其言有感觸

나를 더욱 처량하고 쓸쓸하게 하는구나. 使我復凄酸

둘러보고 이르기를 너 동자야 顧謂汝童子

책 덮고 이제 편히 자거라. 置書且安眠

대장부 지금 생각하고 있네. 丈人屬有念

공적 세우는 일 그만두는 날이란 있을 수 없다고. 事業無窮年

-《추회》

찾고 또 찾아봐도 차갑고도 싸늘하다. 尋尋覓覓冷冷淸淸

슬프고 처량하며 외롭기만 하구나. 凄凄慘慘戚戚

잠시 따뜻했다가 금세 추워지는 변덕스러운 날씨라 乍暖還寒時候

마음 놓고 쉴 수가 없구나. 最難將息

두세 잔 싱거운 술로 三盃兩盞淡酒

어찌 이겨내랴 날 저물면 세차지는 바람을. 怎敵他晚來風急

기러기 날아가니 이 마음 아프지만 雁過也正傷心

예전엔 임에게 소식 전해주던 기러기였지. 卻是舊時相識

온 땅 가득 노란 국화꽃 쌓여 있지만 滿地黃花堆積

시들어 초췌하니 憔悴損

이제 누가 저 꽃을 꺾어주리오. 如今有誰堪摘

창문을 지키고 앉은 이 守著窗兒

어찌 홀로 어둠 맞으랴. 獨自怎生得黑

오동잎에 가랑비 내리니 梧桐更兼細雨

황혼녘까지 후드득 귀청을 때리네. 到黃昏點滴滴

지금의 이 처지, 這次第

근심 '수'라는 글자 하나로 어찌 다 표현하리. 怎一個愁字了得

-《성성만》

어릴 적 집을 떠나게 되어 멀리 떠날 당신을 위해 부모님이 정성스레 짐을 싸주실 때, 그대를 향해 애절한 당부 말씀 남기실 때, 그분들의 간절한 마음을 귀하게 새겨듣자. 그리고 맹교의 《유자음游子吟》과 위응물韋應物의 《송양씨녀送楊氏女》를 가만히 떠올려보자.

자애로운 어머니 손에 실 들고 慈母手中線

길 떠날 아들 입을 옷 짓는다. 游子身上衣

먼 길에 해질까 촘촘히 기우시고 臨行密密縫

행여 돌아옴이 늦어질까 걱정이시네. 意恐遲遲歸

누가 그랬나, 미약한 효심으로 誰言寸草心

봄볕 같은 어미의 사랑 보답할 수 있다고. 報得三春暉

－《유자음》

온종일 걱정되고 애처롭더니 永日方戚戚

이제 문 나서 떠나보내는 길 아득하기만 하구나. 出行復悠悠

딸 아이 오늘 시집보내는 날 女子今有行

너른 강 배 타고 거슬러 올라가야 하리. 大江泝輕舟

너희 자매 어려서 어미 여읜 터라 爾輩苦無恃

안쓰러움에 더욱 다독이며 키워왔는데 撫念益慈柔

언니가 어미처럼 어린 동생 잘 보살피더니 幼爲長所育

이별 앞에 둘이서 한없이 우는구나. 兩別泣不休

그 모습 보자니 이 가슴도 메지만 對此結中腸

어찌 너를 붙잡겠느냐. 義往難復留

어미의 가르침 제대로 받지 못해 自小闕內訓

시집살이 잘 해낼지 걱정이지만 事姑眙我憂

다행히 네 가는 곳 훌륭한 가문이니 賴玆托令門

널 불쌍히 여겨 허물 삼지는 않으시리라. 任恤庶無尤

내 평소 검소하게 살아온 탓에 貧儉誠所尙

네게 줄 혼수도 제대로 장만하지 못했다만 資從豈待周

효와 공경함으로 시부모 섬기고 아내의 도리를 지켜 孝恭遵婦道

용모와 언행 조심하여 눈에 나지 않게 하여라. 容止順其猷

이 아침에 이 아비 너와 헤어지고 나면 別離在今晨

언제 다시 널 볼 수 있으랴. 見爾當何秋

평소에는 근심도 혼자 삭여왔지만 居閑始自遣

너 보내는 오늘은 쓸쓸한 마음 거두기 어렵구나. 臨感忽難收

집에 돌아와 작은아이 바라보니 歸來視幼女

눈물이 갓끈을 타고 흘러내린다. 零淚緣纓流

　　　　　　　　　　　　　　　　　　-《송양씨녀》

　가족과 멀리 떨어져서 오랫동안 편지조차 하지 못했을 땐 장적張籍의 《추사秋思》와 잠삼의 《봉입경사逢入京使》를 음미해보자.

낙양성 안 가을바람 불어옴 보며 洛陽城裏見秋風

집에 보낼 편지 쓰려니 할 말도 많구나. 欲作家書意萬重

서두르다 할 말 다 못 썼을까 염려되어 復恐忽忽說不盡

떠나려는 사람 막고 봉함 뜯어 다시 훑어보네. 行人臨發又開封

　　　　　　　　　　　　　　　　　　-《추사》

고향 땅 향해 동쪽 바라보니 길은 아득하고 故園東望路漫漫

두 소매 눈물 젖어 마르질 않는구나. 雙袖龍鐘淚不乾

말 위에서 서로 만나 종이도 붓도 없으니 馬上相逢無紙筆

나는 잘 지낸다고 그대 부디 말이라도 전해주오. 憑君傳語報平安

　-《봉입경사》

　　수년간 떨어져 있다가 오랜만에 친구를 만났을 때 옛 추억을 안주 삼아 주흥이 오르면 왕안석의 《시장안군示長安君》과 두보의 《증위팔처사贈衛八處士》를 호탕하게 읊어보자.

젊어서 한 이별도 마음 가볍진 않지만 少年離別意非輕

늙어서 만나도 다음을 기약할 수 없으니 서글프긴 매한가지. 老去相逢亦愴情

조촐한 술상 차려 함께 웃으며 草草杯盤共笑語

침침한 등잔불 밑에서 지난날 이야기한다. 昏昏燈火話平生

바다 사이에 두고 떨어져 산 삼 년도 서러운데 自憐湖海三年隔

다시 헤어져 만 리 길 가야 하는 이 신세. 又作塵沙萬里行

훗날 다시 언제 만나려나 欲問後期何日是

남쪽으로 가는 기러기 편에 편지 들려 보내마. 寄書應見雁南征

　-《시장안군》

사람이 살아가면서 서로 만나는 게 쉽지 않은 것이 人生不相見

마치 삼성과 상성이 따로 노는 것과 같다네. 動如參與商

오늘 밤 같은 날 또 얼마 만인가! 今夕復何夕

등불 아래 둘이 함께 있을 수 있게 되었네. 共此燈燭光

젊고 기운 좋던 때 엊그제 같은데 少壯能幾時

두 사람 모두 머리가 세었구나. 鬢髮各已蒼

옛 벗 찾아보니 반이나 세상을 떠나 訪舊半爲鬼

놀라 외치다가 가슴 속이 타들어 가네. 驚呼熱中腸

내 어찌 알았으랴, 이십 년 만에 焉知二十載

다시 그대 집에 오게 될 줄을. 重上君子堂

지난번 헤어질 땐 그대 아직 혼인도 안 했었건만 昔別君未婚

아이들 어느새 훌쩍 자랐네. 兒女忽成行

제 아비 절친을 즐겁게 공경함으로 맞이하고 怡然敬父執

어디에서 오셨느냐 내게 묻던 것 問我來何方

내 대답 미처 끝나기도 전에 問答未及已

아이 시켜 술과 안주를 내놓는구나. 驅兒羅酒漿

밤비 맞은 봄 부추 베어다가 夜雨剪春韭

누런 기장 섞어 새로 밥 지어낸다. 新炊間黃粱

자네 말하기를 다시 얼굴 보기 어렵다며 主稱會面難

열 잔을 거푸 권하는데 一擧累十觴

열 잔을 마셔도 술은 안 취하니 十觴亦不醉

그대와의 옛정 오래됨에 감동해서라네. 感子故意長

날 밝으면 다시 헤어지고 말 텐데 明日隔山岳

세상일 생각하면 다시 만날 일 아득하도다. 世事兩茫茫

- 《증위팔처사》

늘그막에 지나온 생을 돌아보며 만감이 교차한다면 진여의陳與義의 《임강선》과 장첩蔣捷의 《우미인虞美人》을 감상해보자.

그 옛날 오교에서 실컷 술 마시며 憶昔午橋橋上飲

자리에 있던 이들 모두 영웅호걸이라. 坐中多是豪英

강에 비친 달은 물 따라 고요히 흘러가기만 하고 長溝流月去無聲

살구꽃의 흐릿한 그림자 속 杏花疏影裏

피리 부는 소리 들리니 새벽이 밝아오는구나. 吹笛到天明

이십여 년 세월이 일장춘몽과도 같으니 二十余年如一夢

이 몸은 살아 있으나 지난 일 돌아보니 놀랍기만 하여라. 此身雖在堪驚

무료함에 작은 누각 올라 비 갠 하늘 바라보니 閑登小閣看新晴

예로부터 지금까지 그 얼마나 많은 일 있었는지 古今多少事

한밤중 어민으로 하여금 노래하게 하는구나. 漁唱起三更

　-《임강선》

젊어선 술집에서 빗소리 들으며 少年聽雨歌樓上

비단 휘장에 가물거리는 촛불을 바라보았고 紅燭昏羅帳

장년 때는 나그네 배 위에서 빗소리 들으며 壯年聽雨客舟中

나직한 구름에 너른 강과 서풍에 우는 기러기 보았지. 江闊雲低斷雁叫西風

절간의 처마 밑에서 빗소리 듣는 지금은 而今聽雨僧廬下

백발 이미 성성해졌구나. 鬢而星星也

이별과 만남, 슬픔과 기쁨도 모두 덧없고 悲歡離合總無凭

섬돌 앞 비 젖은 채 날 밝기만 기다리네. 一任階前點滴到天明

　-《우미인》

이제 충분하다! 아무리 또 다른 예를 끄집어내 설명한다 해도 고전시의 풍성한 보물창고는 영원히 바닥을 보이지 않을 것이다. 우리로

하여금 시적인 삶을 가능하도록 일깨울 만한 가치 있는 시는 이 밖에도 무궁무진하다. 가장 좋은 방법은 사람들이 스스로 고전 시의 보물 창고에서 세월의 무게에 짓눌려 빛을 보지 못한 진주와도 같은 숨은 시를 발견해내는 것이다. 그 시를 통해 범속의 먼지를 털어내고 당신의 삶이 다시 빛을 발하게 되면 내면 깊은 데서 우러나는 기쁨을 만끽할 수 있을 것이다.

고전 시가 우리에게 이처럼 많은 유익이 있는데 무엇을 망설이는가. 지금 바로 시를 읽기 시작하자. 《시경》과 《초사》를 비롯해서 당시, 송사 등은 가치를 측량할 수 없는 보물들이다. 그 보물들은 우리로 하여금 시적인 생존을 할 수 있도록 인생의 지침이 되어줄 것이다!

1) 찬따오빈傳道彬의《시, 감상할 수 있다-예악문화와 주대 시학정신》서론2 〈'육경개사'와 역사비평의 시학적 입장〉, 중화서국, 2010년, 7~11쪽.

2) 획린은 '기린을 잡다'라는 뜻으로 역사서《춘추》를 쓰던 공자가 '획린' 기사에 이르러 절필한 것을 말한다.

3) 조나라에 두 사람의 모수, 즉 평원군의 식객으로 있던 모수와 야인 모수가 있었는데 하루는 야인 모수가 우물에 빠져 죽었다. 식객 중 한 사람이 이를 평원군에게 고하자 평원군이 이 말을 듣고 "아, 하늘이 나를 버리셨도다"라고 탄식하였다고 한다.

4) 공자의 제자 증삼曾參과 같은 이름을 가진 증삼이라는 자가 살인을 저질렀다. 누군가 증삼의 어머니에게 "증삼이 사람을 죽였습니다"라고 알리자 증삼의 어머니는 "내 아들이 살인을 할 리가 없소"라고 하며 태연하게 베틀을 돌렸다. 얼마 후 또 다른 사람이 증삼이 사람을 죽였다고 하자 이번에도 같은 말로 아들이 그럴 리 없다며 베를 계속 짰다. 그러나 세 번째 다른 사람이 달려와 "증삼이 사람을 죽인 것이 확실하답니다"라고 하자 어머니는 놀라서 베틀 북을 던지고 담을 넘어 어디론가 숨어버렸다. 증삼처럼 어질고 어머니의 신뢰를 받는 사람이라 하더라도 세 사람이 의심하면 자식을 더는 믿을 수 없게 되는 법이다.

5) 남조 송대 산수시인으로 여산에 올라 '절벽에 오르니 비치는 석경의 풍경'이라는 시구를 지었다.

6) 전국 시대 연나라 사람. 진시황이 불러 박사로 삼았으며 그로 하여금 신선을 찾게 했으나 가서 돌아오지 않았다고 한다.

7) 문운文運을 주관하는 별로 문단에서 혜성처럼 명성을 떨친 문인을 비유한다.

8) 술에 관한 일을 맡고 있다는 별.

9) 류커좡劉克莊의《후촌시화속집後村詩話續集》제4권, 중화서국, 1983년, 134쪽 참조.

10) 한고조 유방을 도와 한나라의 개국공신이 된 한신이 불우하고 가난했던 젊은 시절 빨래터 아낙에게 밥을 얻어먹었던 고사를 인용한 것이다.

11) 《정관정요貞觀政要》제3권,《군신감계君臣鑒戒》, 상하이고적출판사, 1978년, 85쪽.

12) 《중국사학발미中國史學發微》, 타이베이둥따도서공사, 1989년, 237쪽.

13) 양계초梁啓超의《정성두보情聖杜甫》,《두보연구논문집杜甫研究論文集》제1편, 중화서국, 1962년, 1~13쪽.

14) 《태보비문헌공고집太保費文憲公稿輯》,《속수사고전서續修四庫全書》제1331권, 상하이고적출판사, 2002년, 287쪽.

15) 천엔윈陳衍畳이 "시는 삼원三元 시기에 가장 왕성하게 발전했다. 상원上元은 개원開元을, 중원中元은 원화元和를, 하원下元은 원우元祐 연간을 말한다"라고 했다.《석유실시화石遺室詩話》제1권, 런민문학출판

사, 2004년, 7쪽.

16) 《문천상전집文天祥全集》 제17권, 《기년록紀年錄》, 중국서점, 1985년, 465쪽.

17) 《두보杜甫》, 《당시잡론唐詩雜論》, 상하이고적출판사, 1998년, 135쪽.

18) 이 부분은 푸장칭浦江淸의 견해를 따른다. 굴원의 탄생 연도에 대해서는 역사적으로 의견이 분분하나 비교적 사실에 가까운 견해로는 쩌우한쉰鄒漢勛의 기원전 343년 설, 탕빙정湯炳正의 기원전 342년 설, 곽말약의 기원전 340년 설 등이 있다. 자세한 내용은 궈웨이산郭維森의 《굴원평전屈原評傳》, 난징대학출판사, 1998년, 59~60쪽 참조.

19) '정칙'과 '영균'은 각각 '평平'이라는 글자와 '원原'이라는 글자의 은어. 왕부지는 이를 두고 "평은 바름의 법이고 원은 땅의 선함과 고르게 함을 의미한다. 그 이름을 숨기고 그 안의 뜻을 취한다"고 해석했다. 진카이청金開誠, 동훙리董洪利, 까오루밍高路明의 《굴원부교주屈原賦校注》, 중화서국, 1996년, 9쪽 참조.

20) 이는 판샤오룽潘嘯龍, 짜오다푸趙逵夫의 설에 따른다. 굴원의 사망 시기에 대해서는 의견이 분분하나 린윈밍林雲銘이 말한 기원전 288년 설과 곽말약의 기원전 278년 설, 여우궈언游國恩의 기원전 277년 설 등이 유력하게 받아들여진다. 자세한 내용은 판샤오룽의 《굴원과 초나라 문화》(안후이문예출판사, 1991년, 44~59쪽)와 짜오다푸의 《굴원과 그의 시대》(인민문학출판사, 1996년, 369~377쪽)를 참조.

21) 《좌전》〈양공 26년〉에 성자聲子가 "초나라에는 비록 인재가 있으나 실제 그들을 쓰는 것은 진나라입니다"라고 말한 뒤 "초나라는 형벌이 힘들어서 사람들이 죄를 짓기라도 하면 도망하여 타국의 군주를 섬기는데 이들은 머지않아 초나라에 위협적인 존재가 됩니다"라고 한 말이 수록되어 있다. 《좌전정의左傳正義》 37권, 베이징대학출판사, 1999년, 1043~1045쪽 참조.

22) 이 부분은 궈웨이산이 제시한 관점의 영향을 받았으며 이에 감사의 뜻을 표한다. 궈웨이산의 《굴원평전》, 난징대학출판사, 1998년, 286쪽 참조.

23) 저우리엔周建忠의 《초사고론楚辭考論》, 상무인서관, 2003년, 143~150쪽 참조.

24) 《이소전》 원문은 이미 소실되었으나 학자들의 고증을 통해 일부 내용이 《사기》〈굴원열전〉에 전해져 내려온다. 자세한 내용은 이성李誠의 《초사논고楚辭論稿》, 중국사회과학출판사, 2006년, 475~498쪽 참조.

25) 시에팡더謝枋得의 《강동운사책문江東運司策問》, 짜이리우쉔載劉塤의 《은거통의隱居通儀》 제20권, 《총서집성초편叢書集成初編》, 중화서국, 1985년, 202~204쪽.

26) 《회남자淮南子》〈도응훈道應訓〉에 "공자는 성문의 빗장을 들어 올릴 수 있을 정도로 힘이 세었다"라는 표현이 나온다. 《회남자주淮南子注》 제1권 · 제2권, 상하이서점, 1986년, 192쪽.

27) 하늘에서 가장 밝은 별이자 점성술에서 재난을 불러오는 별로 본다. 북방 오랑캐의 침입을 예고하는 별로도 여겨진다.

28) 삼국지에서 강동 오나라의 주군이었던 손권이 호랑이 사냥을 하다 말이 공격을 당해 쓰러졌으나 마차를 바꿔 타고 사냥을 계속하였다는 일화에서 인용한다.

29) 덩광밍鄧廣銘의 《신가헌연보辛稼軒年譜》(삼련서점, 2007년, 111쪽), 궁번둥鞏本棟의 《신기질평전辛棄疾評傳》 제2장(난징대학출판사, 1998년, 42쪽).

30) 소진蘇秦은 전국 시대의 달변가로 진나라의 혜왕을 설득하기 위해 찾아갔는데, 자신의 허름한 옷차림 때문에 돈을 벌기 위해 찾아왔다는 인상을 줄까 봐 일부러 귀한 담비 모피 옷을 구입하여 입었다는 일화를 인용한다.

31) 소식이 응시한 제과制科는 현량방정능직언극간賢良方正能言直言極諫과와 재식겸무명어체용과才識兼茂明於體

用料라고 불렸는데 공범례孔凡禮에 의하면 이 두 과는 하나로 관리되고 있었다고 한다. 《소식연보蘇軾年譜》제4권, 중화서국, 1998년, 91쪽 참조. 북송의 제과는 5개 등급으로 나눠져 있으며 1, 2등은 이름만 있을 뿐 아무에게도 수여하지 않았다고 한다. 그러므로 소식이 3등을 했다고 하나 이는 최고 등급인 장원 급제나 다름없는 것이고, 북송 전체에서 두 명만 이런 영예를 얻었다고 한다.

32） 과도한 군사비를 뜻하는 용병冗兵, 관료체제 유지를 위해 쓰이는 비용인 용관冗官, 황실의 낭비를 뜻하는 용비冗費를 가리킨다.

33） 적빈적약積貧積弱의 줄임말로 '나라 재정과 국방력 약화가 갈수록 심해지는 현상'을 말한다.

34） 동양거사의 《복아가사復雅歌詞》, 쭈무祝穆의 《신편고금사문류취·전집新編古今事文類聚·前集》 제11권 참조, 중문출판사, 1989년, 139쪽.

35） 《미적역정美的歷程》, 중국사회과학출판사, 1989년, 153쪽.

36） 이 일을 가리켜 조령치는 《후청록侯鯖錄》 제7권에서 "사람들은 이를 두고 춘몽파라고 불렀다"라고 기록하고 있다. 그러나 소식의 시에는 이를 "부채를 바꿔 생각하는데 춘몽파를 만나다"라는 시구로 기록하고 있다.

37） 《항주소환걸군상杭州召還乞郡狀》, 《소식문집蘇軾文集》 제2권·제3권, 중화서국, 1986년, 912쪽. 이 일에 대해 공평중孔平仲은 《공씨담원孔氏談苑》 제1권에서 배가 태호太湖를 지날 때 발생한 일로 소문에 근거하고 있다고 기록하고 있다.

38） 한나라 사람 풍당馮唐을 가리킨다. 평생 하급관리로 지내다가 90여 세가 되어서야 문제가 그와 문답해보고 그 인물됨을 알아주었으나 이미 늙어서 소용이 없게 된 때였다.

39） 청대학자 웨이위엔魏源의 통계에 따르면 《좌전》에는 시가 총 217차례 인용되었고, 《국어》에는 총 31차례 인용되었다고 한다. 《위원전집》〈시고미詩古微〉, 악록서사岳麓書社, 1989년, 182쪽 참조.

40） 청쳰판程千帆의 《황지강 선생 비사》, 《쌍유억왕》, 《청쳰판 전집》 제15권, 허베이교육출판사, 2000년, 77쪽.

41） 형경이 진시황을 암살하기 위해 역수를 건너면서 "다시는 돌아오지 않으리"라고 하며 애절하게 부른 역수가易水歌를 가리킨다.

42） 완사종이 모친의 임종이 임박했음에도 태연하게 바둑을 마저 두어 승부를 낸 뒤 살진 돼지 한 마리를 삶아 술 세 말을 마시고 소리를 지르며 한 번 통곡하더니 몇 되의 피를 토하고는 오랫동안 혼절했던 데서 유래한다.

43） 주희朱熹의 《사서장구집주四書章句集註》 참조, 중화서국, 1983년, 52쪽과 63쪽.

44） 주희의 《사서장구집주》, 중화서국, 113쪽과 115쪽.

시의 격려

초판 1쇄 인쇄 2016년 2월 22일 초판 1쇄 발행 2016년 2월 29일

지은이 모리펑 | 옮긴이 오수현
펴낸이 연준혁

출판2분사편집장 박경순
책임편집 윤서진

펴낸곳 ㈜위즈덤하우스 출판등록 2000년 5월 23일 제13-1071호
주소 (410-380) 경기도 고양시 일산동구 정발산로 43-20 센트럴프라자 6층
전화 031)936-4000 팩스 031)903-3893 홈페이지 www.wisdomhouse.co.kr

값 15,000원 ISBN 978-89-6086-904-2 03320

* 잘못된 책은 바꿔드립니다.
* 이 책의 전부 또는 일부 내용을 재사용하려면
   사전에 저작권자와 ㈜위즈덤하우스의 동의를 받아야 합니다.

시의 격려 / 지은이: 모리펑 ; 옮긴이: 오수현. -- 고양 :
위즈덤하우스, 2016
   p. ;   cm

원표제: 詩意人生
원저자명: 莫礪鋒
중국어 원작을 한국어로 번역
ISBN 978-89-6086-904-2 03320 : ₩15000

중국 시[中國詩]

821.09-KDC6
895.11009-DDC23   CIP2016003305